思政篇 / 经济篇 / 心理篇 / 管理篇 / 文化篇

汤效禹文集

汤效禹 著

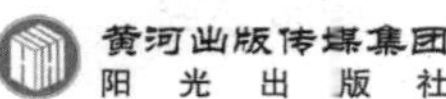

黄河出版传媒集团
阳光出版社

图书在版编目(CIP)数据

汤效禹文集 / 汤效禹著. -- 银川:阳光出版社,
2017.11

ISBN 978-7-5525-4033-8

Ⅰ. ①汤… Ⅱ. ①汤… Ⅲ. ①汤效禹-文集②社会科
学-文集 Ⅳ. ①C53

中国版本图书馆 CIP 数据核字(2017)第 294189 号

汤效禹文集 汤效禹 著

责任编辑 贾 莉
封面设计 小 勉
责任印制 岳建宁

黄河出版传媒集团
阳 光 出 版 社 出版发行

出 版 人 王杨宝
地　　址 宁夏银川市北京东路 139 号出版大厦(750001)
网　　址 http://www.yrpubm.com
网上书店 http://www.hh-book.com
电子信箱 yangguang@yrpubm.com
邮购电话 0951-5045842
经　　销 全国新华书店
印刷装订 宁夏凤鸣彩印广告有限公司
印刷委托书号 (宁)0007211

开　　本 720 mm×980 mm 1/16
印　　张 18
字　　数 270 千字
版　　次 2017 年 12 月第 1 版
印　　次 2017 年 12 月第 1 次印刷
书　　号 ISBN 978-7-5525-4033-8
定　　价 58.00 元

目　录

一　思政篇

二　经济篇

三 心理篇

四 管理篇

五　文化篇

一　思政篇

思想政治工作者要正确对待先进典型

典型，在古文《说文·土部》中解释是“型，铸器之法也。”我国清代学者段玉裁注释：“以木为之曰模，以竹曰范，以土曰型，引申为典型。”由此看来，典型原指模型或模范。

在现实生活中，典型，一般有两种解释：一种是文学作品中的典型，如《水浒传》中的武松，《高山下的花环》中的梁三喜等，是作者运用概括、综合、抽象的手法把众人的品格集中于作者理想的人物身上，塑造出一个能反映时代特征的文学形象。一种是宣传教育中的典型，如雷锋、焦裕禄等，是各级领导机关根据客观事实，把那些已经存在于某个人物的先进事迹发掘出来，加以筛选、总结，进而再现出一个反映现实生活的先进形象。宣传教育中的典型，一般分为集体典型和个人典型。本文就思想政治工作中，不能忽视先进个人典型表率作用的问题作一探讨。

一、先进典型的特征和作用

先进典型应该具备以下特征：一是真实性。就是先进典型的事迹应该是客观存在的，是真人真事，不是演员，无须化妆，应该存天然，去雕饰。二是先进性。先进典型都是具体的人，是各行各业的先进代表。他们的具体特点是千差万别的，但有两点是共同的，即先进的思想和突出的成绩，这二者的统一，就是我们学习的典型。三是时代性。先进典型身上总是体现着他们所处的时代特征。不同的典型代表了不同的时代。岳飞、郑成功是封建社会产生的；孙中山、黄兴是我国民族资产阶级上升时代产生的；而雷锋、焦裕禄只能产生在社会主义时代。四是群众性。典型之所以有生命力、号召力和影响力，原因就在于它产生于群众之中，它代表了群众的意志和前进的方向，因而受到了群众的爱戴和崇敬。

先进典型的作用在于：一是他们的先进事迹、先进思想对社会的教育作用；二是他们改造主观世界与客观世界的经验对社会的指导作用；三是典型所获得的奖励和荣誉，对人们奋发向上的激励作用；四是他们的模范行为影响别人的榜样作用。

从以上对先进典型的特征和作用的分析看，具有时代特征的先进典型，使广大人民群众能从他们的身上看到事物发展的方向，听到时代脉搏的跳动，从而自觉地学习典型，以典型为榜样去工作、去奋斗，积极推动社会进步和各项事业的顺利进行。然而在现实生活中，有的先进典型往往在前进的洪流中“搁浅”甚至“翻船”，给革命事业造成了不应有的损失，教训是很深刻的。某单位一名连续七年受奖励的老典型，因贪污公款被判刑，人们都觉得惊奇。某部一位功臣突然自杀身亡，他的首长和部属都“没想到”。之所以出现这些不应有的现象，主要在于我们对先进典型缺乏经常性的教育培养。也就是说，在思想政治工作中出现了失误。

二、思想政治工作忽视先进典型的原因

第一，认识上的片面性。由于受“左”的思想影响，一些思想政治工作者总是认为先进典型的思想觉悟高，行为动机纯，对自己要求严，为人表率作用好，不会出什么问题，不属于思想政治工作范围，随之从思想上产生了一种放心感。其实，这种看法本身就是片面的。比如，有这样一个典型，工作勤勤恳恳，任劳任怨，一年干了两年的活。他在谈到自己的动机时说，我首先想到的是报答党的恩情，我还想到了出人头地，光宗耀祖。还有的典型往往容易把成绩、贡献、名誉当作资本，产生骄傲自满情绪，看不起别人，有了成绩后就不愿再做艰苦的工作。有的人在入党前积极上进，拉车不松套，而入党后一落千丈，坐在车上还发牢骚。有些人在荣誉上满足后，容易计较个人利益，追求“实惠”。以上问题的出现，除典型本身不过硬外，与领导对典型的片面认识是有直接关系的。

第二，把先进典型当成“万能工具”。有的单位、部门领导为了满足某种需要，不尊重客观实际，什么经验都向典型要，使他们难以招架。有一个

单位，在两年时间内，为了方方面面的需要，竟让一个先进个人八次扮演不同类型的典型，使其正常工作无法进行，家庭经济困难，而又有苦难言，最后导致这位典型情绪低落，连本职工作都干不好。某单位一位优秀共产党员，在他挂上第五个标兵头衔时，竟向上级领导递交了一份辞职报告，说要“休息休息”。这与一些单位的领导抓先进典型的指导思想不正确有直接关系。他们认为，本单位出了典型大家脸上都有光，把典型当成了门面，从而把什么鲜花都往典型身上插，哪怕添枝加叶、改头换面也在所不惜。这样的后果，打击了大多数人的积极性，使他们认为不真实的典型没学头，对典型冷眼相看，降低了典型的威信，典型本身痛苦，疲惫不堪，怨天尤人，此乃“一举双失”。

第三，对先进典型出现的问题处理过于迁就。有些领导和思想政治工作者，对先进典型只注重总结他们的经验，要现成的材料，而不注意帮助他们找自身存在的问题，看优点多，看缺点少；说表扬话、鼓励话多，指出问题、讲批评话少。有些问题即使发现了，且认识到了危害性，也是睁只眼闭只眼，轻描淡写地说几句，缺乏中肯的分析和帮助，甚至以种种方法加以粉饰，以瑜蔽瑕，久而久之，先进典型对批评意见就不愿意听，尤其不愿在大庭广众面前接受批评。有位年轻的人民教师，他认为在教师岗位上干不出惊天动地的大事业，决心投笔从戎。入伍后积极肯干，各方面都表现突出，被上级树立为“训练标兵”“优秀团员”，由于入伍动机不纯，当上典型后就开始向组织伸手，要求入党提干，单位领导怕批评了他而影响典型声誉，一味迁就。一次，副班长当面批评了他虚荣心强的缺点，他就接受不了，情绪开始低落，在发展党员没有他时便认为是副班长“捣了鬼”，怀恨在心，认为副班长断了他“光宗耀祖”的路，顿起杀机，凶狠地用枪托打死了这位副班长，他本人被判处死刑。对于罪犯，用他自己在遗书中的话说，“活该”。但从领导角度来讲，教训是深刻的，令人痛惜的。

三、如何正确地对待先进典型

第一，辩证地看待。典型同一般群众一样，既有优点，也有缺点，既有成绩，也有不足。任何典型不可能一开始就是典型，也不可能永远正确。

"金无足赤，人无完人" "尺有所短，寸有所长"。长与短是相比较而言的。诸葛亮用兵布阵，神机妙算，可谓稀世之才，然而要论冲锋陷阵，他就不如"五虎上将"。可见，任何人都有自己的长处和短处。对于先进典型来讲，就是成绩比较突出，贡献比较大，往往比常人表现出更多，更明显的优点。但是，典型也有自己的缺点，作为思想政治工作者首先要教育典型本身一分为二地看自己。一个先进典型如不能看到别人的长处，看到自己的短处，虚心向别人学习，善于把人家的长处变成自己的长处，这本身就说明他不够一个先进典型的标准。更重要的是思想政治工作者要一分为二地看待先进典型，既看到他们的优点，也要看到他们的缺点，既要总结他们的经验，又要总结他们的挫折和教训，这样做，先进典型就能在不断发扬成绩、纠正错误中前进。

第二，严格要求，重锤常敲。对先进典型要加强思想政治工作，对他们的缺点、错误不迁就、不包庇、不护短。对他们不断提出更高的要求，让他们在风浪尖上锻炼提高，不断做出新的贡献。一般来讲，先进典型的觉悟高，思想好，工作成绩突出，他们在万马奔腾中一马当先。但他们毕竟是人不是神，也生活在社会之中，每天也在接触各种思想，在他们的工作生活中，也会遇到各种矛盾，产生各种想法。因此，必须及时提醒教育他们，对他们的缺点、错误严厉批评，甚至给予必要处分，以防微杜渐。此外，还要对典型压担子，让他们在实践中不断锻炼摔打，不断有新的贡献，新的发展，"沧海横流，方显出英雄本色"，就是这个道理。如果对先进典型不严格要求，放任自流，甚至包庇袒护他们的缺点错误，就会造成一种使其脱离群众、骄傲自满的特殊环境。而这样的环境，很容易使他们放松思想改造，工作上失去开拓精神，增强依赖心理，从而走向自己的反面，也会降低典型的感召度。"人无压力轻飘飘"，领导对先进典型的"偏爱"容易使他们丧失前进的动力，做不出什么新的成绩。也会使一般的群众产生一种逆反心理，认为反正先进典型是领导"保出来的"，领导越表扬他越反感，越宣传他越不相信。从而挫伤群众学先进、赶先进的积极性。一般群众认为领导不主持公正，偏袒典型，就会对学习典型失去信心。

第三，合情合理地宣传和使用。先进典型的长处比较明显，缺点也容易暴露。因此，在实际工作中，对典型要根据不同特点实事求是地宣传，用其所长。不能什么经验都从他们身上找，什么担子都往他们身上压。一些单位“黛玉挂帅”“李逵绣花”的事时常发生。有些人指责“黛玉”说，我看你的两下子也不怎么样，又指责“李逵”绣花不如三岁的孩童绣得好。以人所短，盖其所长，结果是典型人物的先进性体现不出来，本人泄了气，群众不服气，领导威信扫了地。宣扬和使用先进典型，要从他们各自的特点长处出发，有什么经验，就总结什么经验，能干什么工作，就分配他干什么工作，不能主观从事。马谡失了街亭，从某种意义上讲，不是马谡本人的过错，而是诸葛亮错误用人所致，如果让马谡去当参谋，未必不是好参谋。近年来党重视知识分子作用，有的单位就给科研或教学上的优秀知识分子给一个什么“长”，结果，使这些人丢了业务，失其所长，有的还因为不称职而犯了错误甚至被判了刑，这是多么深刻的教训。因此，对先进典型的宣传，使用一定要合情合理，特别是给他们交代工作时，要从实际出发，既要考虑需要，又要考虑可能；既要适当地给他们压担子，加以摔打锻炼，同时又要照顾到他们原有基础和承担任务的能力。

第四，扶正压邪，支持和关心先进典型。对歪风邪气敢于理直气壮地批评，对先进事物敢于理直气壮地表扬，这是思想政治工作者的责任。各行各业的先进典型，是四化建设的突击手和冲锋陷阵的排头兵。他们在各自的工作岗位上起着骨干、桥梁和带头作用，本应受到爱护、尊重和奖励。但在有些单位，先进人物却偏偏遭到奚落、孤立，受到不公正的待遇。因此，作为领导和思想政治工作者一定要旗帜鲜明地支持先进典型，不要因为他们的某些缺点不敢宣传他们的成绩。要教育和引导群众学习典型，正确对待先进典型的缺点和不足。要批判和抵制那些诬蔑和打击先进典型的歪风邪气。同时，还要关心先进典型。典型的本质特点是大公无私，勤勤恳恳。因此，在一般情况下，他们很少讲自己的困难，而是把更多的精力放在工作上。而我们有些领导和思想政治工作者在关心对象中却恰恰忘记了他们，只讲先进典型要严格要求自己，而不去解决他们的困难，结果是“爱哭的孩子多吃奶”，这样久而久之，就冷了典型的心。

关心先进典型，就是要从思想上帮助，对他们常打“预防针”，增强

"免疫力"。先进典型有了"毛病"要及时"治疗"，生活上要主动照顾。作为先进典型，对自己应该严格要求，但作为领导，不能不关心他们的切身利益，先进典型也是人，同样也有个人问题，也有七情六欲，只不过出于种种原因，他们一般不会主动提出要求，这就更应该引起领导的重视。对他们的身体状况、家庭情况，领导都应该经常过问，只有关心他们的切身利益，其积极性才能持久。

发表于《宁夏大学学报》1992 年第 3 期，中国人民大学复印报刊资料《思想政治教育》1992 年第 11 期全文复印。

充分利用高校教育优势　形成思想政治工作合力

所谓思想政治工作合力，就是在一定时间内和一定环境影响下，各项教育实施后所产生的综合作用。思想政治工作是一个综合性的系统工程，各项思想教育之间有着共生互补的关系，必须相互协调，密切配合。要做好思想政治工作，必须深刻认识教育的诸多要素，充分利用高校教育优势，形成思想政治工作的强大合力，发挥思想教育的整体效能。目前，在高校可以合成的思想教育力量有以下几个方面。

一、理论灌输的说服力

学校思想教育的基本任务是用马列主义、毛泽东思想和党的路线、方针、政策教育学生，培养一代“四有”新人。列宁指出：共产主义思想在群众中不能自发产生，要靠灌输。理论灌输是提高人们思想觉悟的有效方法，是一种“治本型”的教育，是学校思想教育的“基本建设”，也是学校的优势所在。经验证明，就事论事，“治标”不“治本”，往往会使问题“按下葫芦浮起瓢”，而就事论理才能使人心悦诚服，使人们的世界观得到根本转变。前几年，由于自上而下的淡化党的领导，“改造”思想政治工作，使政工干部讲话理不直，气不壮，思想政治工作出现了明显的倾斜，大大削弱了理论灌输的说服力。比如，讲物质文明建设多，讲精神文明建设少；讲民主对话多，讲法制纪律少，讲疏导多，讲灌输少；只注重“活血顺气”忽视了“正骨强筋”，使一部分人只讲索取，不讲奉献，只讲个人需要，不讲自我牺牲，甚至使一些“自我需要”色彩浓厚的人，在个人利益上“得陇望蜀”。无数事实告诉我们，大道理管小道理，一切事情好处理，不讲革命大道理，个人主义就有理。

有人认为，当今是“务实”的年代，人们注重实际，厌恶说教，大道理不管用，讲大道理没人听，事实果真如此吗？回答是否定的。我们认为问题不在道理本身，而在灌输什么和怎样灌输。李燕杰、刘吉、曲啸的报告都是讲革命的大道理，但为什么能引起人们的强烈共鸣，关键是他们把大道理讲透讲活了，更主要的是他们能把大道理同人们的思想实际结合起来，使人们能听得进，信得过，照着做。

二、管理教育的约束力

长期以来，学校的教育和管理存在着脱节现象，搞教育的忽视管理，抓管理的不重视教育，使管理和教育形成两张皮。笔者认为教育和管理是一个问题的两个方面，二者相辅相成，密不可分，应该管教结合，教中有管，管中有教，融思想教育于管理的全过程，使管理的每一环节都以思想教育为前提，为基础，为保证。只有这样，才能使思想政治工作卓有成效。

学校，特别是大学，担负着培养“四化”需要的高级专门人才的重任。学生在校期间，不仅要向他们传授专业知识，而且要把他们培养成具有高尚的品德，良好的作风，严谨的治学态度及文明的言谈举止的人。要达到这一目的，一方面要靠学校强有力的思想政治工作，另一方面还要靠严格的管理与纪律。常言道，不以规矩，难成方圆。搞好管理工作，健全一系列规章制度，并严格执行，是学校各项工作得以顺利进行的重要保证，也是培养学生形成良好的作风与品德的重要途径。因此，抓好对学生的管理工作非常重要。它可以维护学校的正常学习、生活秩序，创造良好的学习、生活环境，使学生养成良好的学风，形成积极进取，奋发向上的精神风貌，从而使学生的身心得到健康的成长。相反，如果学校的管理松弛，既不可能建立起良好的学习与生活秩序，也不可能真正形成生动活泼的政治局面，就难以培养出“四化”需要的合格人才。

我们强调管理，并不是要把学生管死。管理工作本身就包含着教育。因为真正有效的管理工作基于启发学生的自觉性，正确引导他们学会自己教育管理自己，逐步养成“自立、自律、自强”的精神，而良好风气的形成对学生又是无形的教育，会强有力地影响他们的思想言行。只要我们正确处理管理与教育的关系，就能产生良好的校风。

三、优化家庭、社会影响的辅助力

人的本质是一切社会关系的总和。学生入学前都生活在家庭和社会关系之中，毕业分配仍要回到家庭和社会中去。因此，大学生与家庭、社会有着千丝万缕的联系，家庭和社会对大学生的思想有着巨大的影响。随着商品经济的发展，横向联系越来越广泛，社会上的各种信息通过多种渠道、媒介无不影响着学校，且这种影响越来越大。

家庭和社会的影响具有两重性，积极的一面可以使学生刻苦钻研，奋发向上，消极的一面也可使学生消沉失望。

学校思想教育是在家庭和社会教育的基础上进行的，要搞好学校的思想教育，不仅要了解学生的思想脉搏，还要了解他们的家庭和社会的有关情况，变“关门自救”为学校、家庭、社会相结合的开放式教育，形成“教育环”同家庭联系，主要是家访和通信，后者应更多一些，把学生的学习情况，思想品德及突出的成绩或问题，以书信形式简要告诉家长，希望家长配合进行教育。同社会的联系，主要是通过走出去，参观访问，实地调查等接受教育；请进来，邀请社会上的先进模范人物或有关人员做报告，开座谈会，介绍情况，把社会教育纳入学校教育系统之中。

四、群众性思想教育的推动力

群众性思想教育是我党思想政治工作的传统方法，这个传统今天没有过时，在新的历史时期，思想政治工作面临新的形势，任务更重，要求更高，仅靠政工干部单枪匹马是很不够的，因此，加强群众性思想政治工作就显得尤为重要。

在高校，可以调动的力量有以下几个方面。一是发挥教师队伍的作用。人数众多的教师与学生经常接触，对学生情况熟悉，说话具有说服力和针对性。教师的言传身教对学生有着潜移默化的影响，教师主动关心学生，寓思想工作于教学之中，就会收到事半功倍的效果。挑选思想好，责任心强的教师兼做学生班主任，不仅给学生教业务知识和学习方法，还可以针对学生思想问题，教学生正确认识人生，起到一举两得的作用。二是发挥学生干部和学生会组织的作用。学生干部生活在学生之中，对学生的思想非常了解，只要把他们的作用发挥出来，就可以加强思想政治工作的针对性和有效性。三是发挥学校各级行政组织的作用。学校的行政组织不仅要担负起学校各级职能部门的日常行政工作，而且要把学生思想政治工作作为自己的一项任务，做好教书育人、管理育人、服务育人工作，全面贯彻党的教育方针。行政领导也要重视思想政治工作，在布置、检查、总结工作时，要德、智、体全面考虑。机关应树立为基层、为学生服务的思想，关心学生的学习和生活，多深入下去了解情况，听取意见，及时解决问题，并把思想政治工作同解决实际问题结合起来。

五、扶植正气的熏陶力

风气是一种潜移默化的教育力量。从某种意义上讲，创造一个优良的环境，扶植一种好的风气，往往比做好某一环节、某一阶段的思想政治工作更为重要，因为风气象“春雨润物细无声”一样，使人们能自觉地改变某种观点和习惯。同在一个学校甚至同在一个系，班与班之间就有先进、一般、落后之分，究其原因是多方面的，但班风是一个重要方面。实践证明，良好的风气就象“挡风墙”，歪风邪气在这里没有市场，良好的风气又似“洗涤剂”，被污染的东西在这里得到净化。

一个人的健康成长，需要两种适宜的气候，一种是国家的“大气候”，一种是单位的“小气候”。现在我们党和国家在以江泽民同志为核心的中央集体领导下，社会主义事业稳步前进，“大气候”是很好的，搞改革，奔四化，做贡献是社会发展的主流，置身其中就可以受到感化，感奋。作为站在教书育人第一线的学校，一定要在本单位扶植正气，努力创造一种适合学生成长进步的“小气候”。

良好的风气，一是要靠正确的舆论导向和奖惩分明的措施。对正气和扶植正气的人和事要大力表彰、奖励。对歪风邪气要坚决制止。二是要靠教育者以身作则。欲令之行，己要先行，欲禁之止，己要先止。教育者的表率行为会在学生中引起潜移默化的作用。三是要靠思想教育量的积累和一点一滴的养成。作为学校，一定要在本单位扶植勤奋学习，积极上进，团结互助，遵纪守法的风气。一个个好风气扶植起来了，就会使人们互相影响，相互熏陶，形成良性循环。

六、以情动人的催化力

“情”是“理”的催化剂，情通则理达。当代青年普遍重感情，从对青年人特别是大学生多角度的问卷调查中不难看出，年轻人最需要的是理解，最渴望的是尊重，最感动的是信任，最失望的是冷漠，最反感的是歧视。社会学的“互助”学原理告诉我们，“只能爱交换爱”，用信任交换信任。爱和信任能产生一种“自己人效应”。关心学生，信任学生，就会换来学生的尊重、敬仰。如果你在教育学生时仅有革命道理而缺乏深厚的感情，一副冷冰冰的脸，几句硬邦邦的话，学生就会与你“话不投机半句多”，产生逆反心理。中国古代有句名言：“士为知己者死”，从希望被信任，被理解的意义上讲，学生又何尝不希望教育者视他们为“知己”呢？许多学生曾这样说：“只要老师出于对我们的关心，就是批评过了头，我们也能接受，甚至批评错了，我们也能谅解。”因此，我们要充分认识到“情”的重要性，教育学生要动之以情来导之以行。

怎样才能做到这一点呢？一是要端正对学生的态度。“诚于中才能行于外”，思想政治工作中情是靠对学生的爱来激发，要善于发现他们身上的“闪光点”，对学生多一点理解，少一点猜意，多一点友情，少一点冷漠，多一点发现，少一点偏见。要理解学生的兴趣爱好，尊重他们的民主权利，造成一种宽松、和谐的环境。教师，特别是政工干部，要多到学生中间走走，聊聊，有利于沟通思想，建立感情。二是要关心学生生活。关心群众生活，是我党的优良传统，在新的历史条件下，在改革的形势中，这一点显得更加重要。青年学生正处于身心发展时期，搞不好生活就不能很好的学习，并且，当代大学生对生活的理解是非常广泛的，他们关心自己的衣、食、住、行，也要求有丰富多彩的娱乐活动，还考虑如何处理事业与生活的关系，甚至恋爱问题。如果我们对这些听而不闻，视而不见就很难了解学生的真实情况，就不能赢得他们的信任，甚至引起学生的反感。做思想政治工作要把思想工作同实际问题结合起来，与学生谈生活，谈友谊，谈家庭，谈事业，把思想政治工作做到了家，就会收到事半功倍的效果。做思想政治工作不仅要讲以理服人，更要讲以情感人，帮助学生解决生活中的各种各样的难题，开展各种各样的为他们所喜爱的文化娱乐和社交活动，这些都是思想工作的正业，而不是“副业”。这样做了，我们就会和青年学生建立深厚的感情，思想政怡工作就会收到春风化雨的效果。

以上从不同角度对思想政治工作中的合力进行了分析。我们知道，正确思想的形成或错误观点的产生和发展，往往有多方面的原因，不是某种单一因素作用的结果。因此，要做好思想政治工作，就要综合运用各种力量，即运用不同的思想政治工作手段，采取不同的途径和方式，集中力量、达到同一目标。只要我们坚持全面、系统、辩证的观点，调动各方面的力量，强大的思想政治工作合力就能形成，从而把高校的思想政治工作提高到一个新的水平。

发表于《固原师专学报》1992年第3期

后进青年的心理特征及其转化

一般说来，任何一个人类群体，都存在着先进、中间、后进三个层次。青年群体也不例外。从实际情况看，后进层的青年虽然为数很少，但活动能量和不良影响却远远超过他们的实际人数。因此，做好后进青年的思想转化工作是十分重要的，它是思想政治工作的攻坚战。本文试从对后进青年的心理特征分析入手，提出如何做其转化工作的几点看法，与同行探讨。

一、后进青年的心理特征

后进青年的心理特征，主要表现在以下几个方面。

第一，自卑心理。这是后进青年自我评价过低而表现出来的一种失望心理。后进青年往往不能正确认识和评价自己，总认为自己什么都不行，什么工作也干不好，自己看不起自己，自轻自贱。在群众的眼里往往视后进青年为拖集体后腿的累赘，经常受到人们的指责和非议，在群体中得不到应有的尊重，从而产生自卑心理。其反映在思想上则悲观失望，认为自己没有前途，别人看不起，领导不信任，干得再好也没用，精神萎靡不振，抱着混日子的态度，对他人的关心和帮助麻木不仁。在行为上消极被动，对所从事的工作马马虎虎，没有强烈的社会责任感，不愿做“分外”事，不愿参加集体活动。即使有时干一些工作，也是被迫无奈，往往被别人“拖着走”。

第二，戒备心理。这是一些后进青年由于受到“负强化”的刺激而对外界产生的一种自我保护心理。人们在人际知觉中容易产生“一好百好，一坏百坏”的晕轮心理偏差。对于后进青年来说，好事轮不着，坏事先想到。这就使他们产生一种无形的心理压力。思想上表现为过于敏感、疑虑，对外界刺激，尤其是不良刺激很容易和自身联系在一起。如领导不点名地批评一种人或事，他会觉得是针对自己而来，领导找他谈心，了解思想状况，他会担心这是搜集自己的“黑材料”，认为领导的动机不纯，从而紧锁心扉，敷衍了事。有时甚至把别人的脸色、声音和举止也当成“冲他而来”的信号。使他自我小心、戒备起来，以达到自我“保护”的目的。

第三，逆反心理。这是一些后进青年在“破罐子破摔”思想支配下产生的一种对抗心理。有的后进青年认为，他们被列为后进层不是他们自己落后，而是领导和他人的偏见认定的。加之社会上不正之风的影响和有些教育者的方法简单粗暴等原因，使他们看破红尘，对正面的思想教育产生反向思考的逆反心理。你组织政治理论学习，宣传党的方针政策，传达上级文件，他不屑一顾，对小道消息，奇谈怪论却洗耳恭听。对理想教育，他认为是空的，反而视“实惠”为第一理想。对先进人物及其事迹，他不但不学，反而讽刺挖苦。对“倡”字反感，对“禁”字有兴。同领导故意作对，你在台上讲话，他在台下小声或无声反驳，你要加强管理制度，他却有意违反，甚至找碴闹事，你对他进行批评或处分，他反而变本加厉，批评越多越不行，处分多了，更不在乎，“一个背上，两个挑上，即使他知道自己错了，你说的言之有理，他也拒绝接受，往往拧着劲，对着干。

第四，嫉妒心理。这是后进青年想超过他人不达目的时产生的一种怀恨心理。由于后进青年不能客观地认识自己和群众的关系，当他想改变自己在群体中的形象而不达目的，又看到别人提高了在群体中的地位时就产生嫉妒心理。一些后进青年自己不行，但又不愿意看到别人比自己先进，一旦有人超过他，他便讽刺挖苦，造谣中伤，若有人犯了错误，他却幸灾乐祸。后进青年的嫉妒心理也有一定指向性，对于本单位的同事、同学的嫉妒要强于其他人，尤其是当更不如自己的人和自己所厌恶而轻视的人超过自己时，嫉妒更为强烈，有时为了达到自己的某种目的而不择手段的报复，甚至丧失理智，一时冲动，带来终生悔恨。

从以上分析看，后进青年在行为上和思想上的外在表现都是消极的。那么，他们有没有积极心理呢？回答是肯定的，他们和正常人一样，都有要求进步的愿望。之所以没有表现出来，是因为受客观不良环境的影响和主观消极思想的压抑。消极的表现，往往是积极心理的极端反映。有的后进青年，表现越是消极，其内心越是“不甘落后”。这种自我反相呈现的目的是为了以退图进。因此，后进青年的外在表现和内心深处总是矛盾的，他们在矛盾中摇摆不定。

这种矛盾心理，有相对稳定的一面，它是影响后进青年不易摆脱后进层的主要原因。同时又有易变性、可塑性的一面，为我们做其转化工作提供了可能。巴甫洛夫在给自己的研究作总结时曾指出：“用我的方法研究高级神经活动，经常遇到的最主要最强烈的印象，就是这种活动的高度可塑性及其巨大可能性，任何东西不是不可变化的，不可影响的，只要有相应的条件，一切总是可以达到的，并向好的方面变化”。

根据这一原理，我们只要为后进青年创造有利于转化的各种条件，使其蕴藏在内心深处的上进心成为支配心理，他们就有可能转化。在现实生活中，常常是被人训导的“调皮王”要比小绵羊式的“老实头”更能出成绩。“浪子回头金不换”，就是这个道理。

二、后进青年的转化

如何做好后进青年的转化工作呢？全国优秀思想政治工作者、原中国科技大学党委副书记刘吉同志在谈到做思想政治工作经验时指出：“对于处在痛苦中徘徊的后进青年来说，最需要的是温暖，最渴望的是尊重，最感动的是信任，最盼望的是有人指路。”根据刘吉同志的经验，结合我自己的工作实践，谈几点看法。

第一，温暖是转化的春雨。后进青年同一般人一样，有缺点，也有优点。有的人把目前暂处于后进层的青年说成是“令人失望”的一代，因而对他们歧视、冷漠，采取往出推的态度，这是完全不应该的，只要我们满腔热情地去帮助引导他们，用“高温”融化，精诚所至，金石为开。只要我们用精神的甘泉去冲洗他们思想上沾染的灰尘，就会“子规夜半犹啼血，不信东风唤不回”。

温暖，首先要正确认识后进青年。后进青年不是生来就后进，他们的内心深处仍是不甘落后，只是由于种种原因，使他们不能摆脱后进层。从主观上讲，由于他们缺乏生活、工作经验，富于幻想，把什么事情都看得过于简单，一旦遇上挫折，由于思想准备不足，往往经受不住而产生消极心理。从客观上讲，有社会原因。在现实生活中，党内、社会上的不正之风，使他们在升学、就业、恋爱婚姻方面遇到许多困难，为了求得这些困难的解决，他们就走后门、行贿，结果使少数青年走向歪门邪道。当他们犯错误后，有的青年还得不到家庭的帮助和温暖，甚至反受歧视。在偶然错误中不能自拔。有的走向失足犯罪，也有教育者的责任。有的单位领导，遇到后进青年时，不是满腔热情拉一把，而是把他们当作包袱，帮助不够，歧视有余，本单位出了问题，首先怀疑是不是后进者捅了娄子。丢了东西，也首先从后进者身上调查，这种气氛使后进青年的积极心理被压抑，消极心理得到了扩张。久而久之，他们便失去信心，自暴自弃，甚至为所欲为了。因此，正确、客观、公正地认识后进青年是温暖的前提。

温暖，还要以真挚的感情、诚恳的态度关心后进青年的生活、学习，工作等，在关键时刻送去温暖。如逢喜事时登门祝贺，患疾病时主动探望，遭不幸时前往慰问，处孤立时给予友谊。如果我们抓住后进青年的心理需要，及时送去温暖，让温暖像春雨一样及时洒进后进青年的心田，就能使他们产生感情共鸣，唤起心灵的觉醒。

第二，尊重是转化的钥匙。每一个人都有自己的自尊心、尊严和人格。人人都需要尊重，后进青年需要尊重更为强烈，因为他们受到的尊重比一般人要少。尽管他们表现出来的是自卑、嫉妒等消极心理，但被压抑在内心深处的是自尊心和上进心。他们的自尊心得不到尊重，上进心得不到鼓励，这是他们摆脱不了后进的重要原因。这些自尊心和上进心正是他们能够进步的内在因素，能够转化的内动力。好比一把锈锁内部那些完好的锁簧一样，只要一经拨动，锈锁就会被打开。思想政治工作者如果真正掌握尊重人这一把“钥匙”，给后进青年以真诚的尊重，就会使他们引发感激、信赖和爱戴之情，就会唤起他们对社会的义务感，为集体多做贡献的荣誉感，以及犯了错误的内疚感，这些情感产生之后，又能使他们克服消极心理，从而在行动上表现出积极的转化。

后进青年如果失去人格和尊严上应有的尊重，久而久之，他们就变得心灰意冷，表面上麻木不仁，内心却深藏着极大痛苦，一旦遇上解不开的疙瘩，就可能导致不堪设想的后果。某单位一后进青年，因长期得不到应有的尊重而心里十分压抑，在一次打扫卫生擦玻璃时不慎将一块玻璃打碎，领导批评他有意打碎玻璃，他怎么解释也不行，他实在想不通，最后走上了自杀的道路。一块玻璃竟葬送了一个青年的性命，教训是多么深刻。如果这位领导多少给这位后进青年一点尊重，后果就可能避免。

诚然，尊重不是任其所以，不是百依百顺。如果对后进青年的要求，不管正确与否，都全盘接受，对他们的作为，不管是否得体，都通行无阻，那么，我们的思想政治工作就没有原则性可言。真正的尊重，应体现启发、引导的原则，通过正确的启发、引导，让他们正确认识自我，发展自我，实现自我。

第三，信任是转化的动力。信任，是对人的价值的一种肯定。给人以信任，可以激发后进青年挖掘自己沉睡的潜力。后进青年在人生旅途上遇到的一些坎坷，原因是多方面的。其中之一是失去了领导、同事的信任。我们做其转化工作，就应该把他们失去的还给他们，以信任求信任，这是做好后进青年转化工作的心理基础。某工厂一位青年工人多次犯偷盗错误，经团支部耐心教育后，他决心悔改。组织上大胆派他去管理仓库，他感到这是组织上对自己的莫大信任。上班后，不但工作积极，而且还冒着生命危险抓获了前来盗窃仓库物资的罪犯，保护了国家财产，受到上级表扬，当有人问他思想转变过程时，他说，领导的信任使我换了一双手，过去这双手偷过东西，现在这双手抓住了小偷。“当代雷锋”朱伯儒把一个失足青年带回家，多次和他谈心，当这位失足青年有所醒悟时，朱伯儒把自己的房门钥匙交给了这位青年，有人提醒他收回钥匙，可他认为，收回钥匙就是收回信任。充分的信任使这位青年很受感动，他终于痛改前非，告别了昨天。事实说明，信任能沟通人与人之间心灵的鸿沟，消除隔阂，产生“自己人”效应，起到转化的动力作用。

应当指出，我们对后进青年的信任，应建立在恰当、适宜的基础上，不能一味的器重青睐，更不能吹吹拍拍、拉拉扯扯，掌握不好信任的度，一味的厚爱，也会出现“爱煞”的问题，从而背离思想政治工作改造人、造就人的根本宗旨。

第四，耐心是转化的关键。后进青年在转化过程中常常会出现反复，甚至是较大的反复，使转化受到挫折，思想政治工作者应该正确对待这种反复，耐心地做好转化工作。因为事物发展都是波浪式前进，螺旋式上升的。所以，当后进青年出现反复时，我们应该认真了解并分析，找出反复的原因，进而采取适当的方法，有的放矢地进行耐心教育。决不能在一个后进青年出现反复时，就轻易下结论，全盘否定，失去信心。殊不知，后进青年就是在不断犯错误、又不断改正错误中最终完成转化的。

后进青年出现反复，一般都是由外部因素引起的。例如，转化过程中受到讽刺挖苦时；遇到挫折得不到关心时；某种欲望得不到满足时。思想政治工作者要耐心地、有针对性地做好出现反复的工作。当他们受到讽刺、打击抬不起头时，要给予鼓励、帮助，振作其精神；当他们受到挫折时，要热心扶植、关心、引导，使其继续前进；当他们的某种欲望未得到满足时，要帮助他们提高认识，正确对待，使其正确对待得失。我们只要耐心地持之以恒地开展深入细致的思想政治工作，就没有打不开的锁、融化不了的雪。

从事物的发展规律看，出现反复，转化受挫，往往是他们取得更大进步的起点，只要我们引导得当，就可能使后进青年在经风、长智中更好地实现转化。

第五，正确引导是转化的基础。后进青年在转化过程中，不仅需要温暖、尊重和信任等情感教育，更需要正确引导。情感教育是转化的有效方法，正确引导是转化的基础条件，没有情感的引导是空洞枯燥的说教，没有正确引导的情感教育也会背离思想政治工作的根本宗旨。因此，在情感教育中要注意引导，在引导时不能忽视情感教育的作用，二者不可偏废。

如何进行正确引导呢？笔者认为，一是要加强人生观教育。在做后进青年的转化工作中要帮助他们树立正确的人生观，学会用辩证唯物主义的立场、观点和方法去看待问题，看待自己。从心理学角度看，思想政治工作的最终目的，就是要帮助人们形成积极的完美的个性，而个性的核心又是世界观和人生观，因此，帮助后进青年的转化，在给予他们温暖、尊重和信任等情感教育时要和正确引导相结合，要由具体问题上升到一般问题，在树立正确人生观的过程中完成转化。二是要积极引导他们参加社会实践活动。心理学研究证明，实践活动是人的心理发生发展的基础。所以，做后进青年的转化工作，不仅要“晓之以理，动之以情”，还要“导之以行”，让后进青年在实践活动中不断提高认识，经受磨炼，看到差距，增强积极上进的自觉性。三是要重视内因作用。外因是变化的条件，内因是变化的根据。没有后进青年自己的最终醒悟，任何外因的作用都是有限的。因此，在尊重后进青年的同时要重视引发他们的自尊心，在给予信任时要激发他们的自信心。只有这样，才能调动他们的内在积极性，使后进青年的转化成为一个能动的过程。从而顺利完成转化工作。

发表于《宁夏大学学报》1994 年第 3 期

思想政治工作中的激励艺术

思想政治工作的宗旨是调动人的积极性，以实现好的工作绩效。现代管理学原理表明：人的工作绩效取决于工作能力和激励水平，当一个人的工作能力一定时，其工作绩效的大小取决于激励水平的高低。美国哈佛大学的心理学家威廉·詹姆期在对职工的激励研究中发现，一般情况下，职工的能力可发挥20%~30%，而受到充分激励后，其能力可以发挥到80%~90%，相当于激励前的3~4倍。激励作用如此之大，作为一个思想政治工作者，就应在其实践中充分运用激励艺术。那么，如何更好地运用激励艺术呢？笔者认为，主要是把握好激励的时机，选择好激励的方式。

一、思想政治工作中激励的时机

在军事活动中，能否抓住战斗的“时机”，是决定战争胜败的关键；在经济活动中，能否抓住经营的“时机”，则是企业在商品经济的激烈竞争中，能否立于不败之地的关键。那么，在思想政治工作的激励活动中，是否也存在着“时机”现象呢？回答是肯定。激励人的“时机”主要表现于四种情况。

第一，进入一个新环境时。客观环境，特别是人际环境，在很大程度上会影响并制约着人的积极性。所以当人们由一个环境转换到另一个环境时，会有一种较强烈的新鲜感。加上人们内心潜伏着的“自尊心”的催化作用，使刚进入新的环境的人总是暗自警告和提醒自己：“要干好一点，给领导和群众留下一个好的印象。”一个高明的思想政治工作者，总是善于利用人们进入新环境中所表现出的这种美好的心愿，艺术的恰如其分的向他们灌输新环境的价值观、团队精神和工作章程等，借以巩固他们的工作热情，为本单位、本部门的既定目标而奋斗。“南京路上好八连”对新入伍的战士进行连队光荣史教育，就是利用环境转换时机进行思想激励的典型范例。

第二，对过错有悔悟之意时。人非圣贤，孰能无过？况且“圣贤唯以改过为能，不以无过为贵”。只要不是自甘堕落、一意孤行，人有了过错以后，在外界某些因素的影响下，经过主观思想的矛盾运动，往往会表现出某种悔悟之意。这种“悔悟”哪怕是一丁点儿，都是知过改过的开端，是重新觉醒的希望，也是思想政治工作者进行激励的“良机”。

第三，物质或精神方面得到某种满足时。人在物质或精神方面得到一定程度的满足，就会表现出积极的情绪。心理学研究表明，人的情绪指数与需要满足值成正比。当然，人们的需要呈现出多样性和层次性。美国人本主义心理学家马斯洛认为：人的需求是有层次的，一旦某种需求得到满足，另一种需求就出现。从个人的需求差异性看：每个人需要的层次和内容都不尽相同，有的渴求学得一技之长，有的希冀得到升迁，有的则期望获得更多的奖金。无论哪种需要，一般来说，一旦获得一定程度的满足，人们就会产生喜悦感，充满生活的信心和工作的热情。

第四，处于某种困境时。人们一旦在工作和生活中遇到困难，心理必将承受巨大的压力，犹如落入陷阱的人一样，萌生一种获得理解和帮助的强烈愿望，即使是意志坚毅的人，也在所难免。这时，如果思想政治工作者能够及时表现出一种关切、热情和理解的态度，在力所能及的范围内为其排忧解难，将会收到事半功倍的效果。因此，作为一个政工干部，平时应关心人，在人们处于困境时更应关怀备至，尽心尽力，给予实实在在的帮助，使受助者由失望转生希望，由感动转发激情，由对工作和生活的厌倦，转为热爱自己的工作和生活。

二、思想政治工作中激励的方式

在思想政治工作中，施行激励的方式主要有四种。

第一，情感激励。人是有感情的高等动物，只有在愉快的情感体验中，才能充分地发挥其工作的积极性。(感情关系虽是无形的，但与有形的物质关系相比，能产生更为深刻、更为持久的激励作用）因此，思想政治工作者要尊重工作对象的感情，与他们热情相处，诚恳相待；要关心他们政治上的进步、工作中的困难、生活中的疾苦；要急其之所急，想其之所需。只有这样，思想政治工作者才能和工作对象沟通思想，产生感情上的共鸣；才能通过情感激励的方式，唤起工作对象的热情，使其振奋精神，产生巨大的积极性和昂奋的力量。

第二，榜样激励。榜样的力量是无穷的。榜样是一面旗帜，使人学有方向，赶有目标。榜样的思想品质，行为举动，功勋业绩，成为大部分人理想的目标，追求的偶像。人们耳闻目睹榜样感人的事迹，容易引起感情上的共鸣，得到感染、鼓舞、启迪和鞭策，激起模仿和追赶的愿望。这样，外在的榜样就转化为催人上进的内在激励。思想政治工作者在本单位选择榜样，应该选择思想进步、品德高尚但又不是高不可攀的人。榜样是群众公认的，应具有权威性，能使大家产生敬仰的心情。因此，运用榜样激励时应该注意：要实事求是地宣传榜样的先进事迹，不能凭空拔高，以免引起群众反感；要引导群众正确对待榜样，一分为二地看待榜样，学其所长，防止机械地学习或形式主义地模仿；要对榜样既学习，又帮助，使其不断地发扬优点，克服缺点，有所创造，有所前进。

第三，目标激励。设计适当的目标，能够激发人的进取心，调动人的积极性。我们知道，人的行为都有一定的目的，都是为了达到某个目标，所以目标本身就是一种刺激，能对人们起激励作用。此外，目标在心理学上被称为行为的“诱因”，即能够满足人的需要的外在物。目标的效价越大，社会意义越大，就越能激励人心。经过努力实现目标的可能性越大，人们就越有奔头，目标的激励作用也就越强。一般来说，目标的设置应注意：目标要切合实际，既不要设置过高，使常人难以达到，又不要设置过低，使大家唾手可得；目标要与工作对象的需要、动机密切联系，使目标能激励、鼓舞士气，满足其物质和精神需要；目标要依靠群众确定，使群众认可目标，提高责任感，发挥主人翁精神，为实现目标而奋斗。

第四，领导行为激励。领导者以身作则是一种无声的命令，也能起到巨大的激励作用。领导者优良的思想作风、工作作风和生活作风，能感染群众，教育群众；而领导者搞不正之风，就会使群众不信服，甚至挫伤群众的积极性。领导者的行为激励主要表现于水平激励、作风激励和赏识激励。就水平激励而言，高水平的领导者，能产生强大的非权力性的影响力，使群众众望所归，从而增强组织的凝聚力。就作风激励而言，领导者在群众中的形象和影响力大多来自领导者的作风。领导者一心为公，为人表率，就能有效地影响群众，收到上行下效的效果。领导讲民主，尊重同志，相信和依靠群众，在工作中坚持群众路线，就能得到群众的信赖，充分调动群众的积极性。就赏识激励而言，人们都有归属心理，希望得到组织特别是领导的肯定和赏识。当一个人做出成绩时，总是想得到领导恰当的评价和适当的激励。领导者要对部下的成绩及时给予表扬奖励，对于部下的过失给予帮助，以扬其所长，补短改错。这就就会产生巨大的激励作用。

综上所述，把握好激励的时机，选择好激励的方式，就能得心应手地运用激励艺术，促进思想政治工作，调动广大党员和群众的积极性，搞好各项工作，使社会主义事业日益兴旺发达。

发表于《共产党人》1991年第4期

思想政治工作中的谈心艺术

谈心，顾名思义，就是谈心里话。谈心是思想政治工作中常用的一种具体生动、行之有效的工作方式，也是我党做思想政治工作的优良传统。善于谈心，是每位思想政治工作者必须具备的基本功。谈心不仅要有思想性和原则性，而且还要讲究艺术性。那么，谈心艺术有哪些呢？下面，结合自己的工作实践谈点看法，与同行们探讨。

一、确定明确的主题

确定明确的主题，这是谈心前必须首先考虑的问题。通常我们谈心的内容一般包括以下几个方面：一是了解有关情况；二是处理问题；三是批评教育；四是鼓励进步；五是布置任务。一般地说，鼓励进步和布置任务是比较容易做到的，但要真正了解真实情况，解决问题就不那么容易了。因为往往同一种表现，如情绪低沉，工作消极，在不同的人身上思想根源就不相同。如果找不准问题的根源，谈心就会无的放矢，达不到谈心的目的。要找准产生问题的根源，明确谈心所要解决的问题，必须下一番功夫调查研究。只有了解到谈话对象的思想、情绪、起支配作用的因素是什么，思想问题发生、发展的过程及其主要原因是什么；谈话对象的觉悟程度；脾气秉性和性格特征；其他人对谈心对象的认识、反映和影响等情况，掌握了这些情况之后，对其进行综合分析，最后确定谈心的主题，主题明确了，谈心就会有的放矢。另外，一次谈心的主题一般应只有一个，主题多了会冲淡谈心的主要内容，影响谈心的效果。

二、选择有利的时机

时机是影响谈心成功的重要一环。谈早了条件不成熟，可能达不到预期目的，谈晚了就会时过境迁，失去意义。其艺术性关键在于及时或适时。一般地说，谈心的有利时机可分以下两种情况。第一，正常情况下。平时的思想政治工作是大量的，思想政治工作者每天去谈心是不可能的，也没有必要，只要遵循人的思想发展规律，把握好谈心的时机，一般的思想问题都可以通过正常谈心得到解决。那么正常情况下谈心的有利时机有哪些呢？笔者认为，以下十种情况是谈心的有利时机：一是在人的思想发生波动，情绪低落时；二是工作生活发生转折时；三是受到奖励、处分时；四是遇到困难急需别人帮助安慰时；五是身体有病时；六是人际关系冲突时；七是行动异常时；八是闹思想情绪时；九是入党入团时；十是出现意外事件时。第二，出现问题后。即有的人犯了错误后，其思想问题需要谈心解决时，可根据工作对象的情绪分类和解决问题的缓急程度确定。对于性格内向，心胸狭窄的人，遇到自己解决不了的问题就应立即谈，帮助他人放下思想包袱，否则，会出现“夜长梦多”的现象；对于脾气暴躁，考虑问题简单的人与别人发生纠纷时，不能当面训斥，也不能立即谈心，应让他静下来“冷却”一阵，对自己的问题有所“反省”后，再找他谈效果就会好些；对于迫切需要解决的问题，就应立即谈心，否则就会扩大矛盾；对于那些能缓解的问题就应缓一段时间再去谈心，适时的入情入理的解决问题。

三、讲究语言的使用

语言是征服人心的手段，是我们在谈心中打开对方心扉，拨动对方心弦的工具。语言运用得好，就能吸引人、教育人，反之，就不能达到教育的目的。俗话说：“一句好话三春暖，恶语伤人六月寒”。同样一句话，有的人把对方说得跳起来，有的人就能把对方说得笑起来。同样一件事，有的人把对方说恼了，有的人把对方说乐了。亲切中肯的语言，可以使谈心收到好的效果，反之，板着一幅说教者的面孔，企图训几句话就想使人家解开思想疙瘩，这是不可能的。有的思想政治工作者语言不美，谁要提出异议，他会用

"良药苦口利于病，忠言逆耳利于行"来辩解，其实为什么不能把逆耳的忠言进行"艺术加工"，把批评的语言"糖化"一下，使人乐于接受呢？例如，制造"四环素"的人，就深懂人的心理，给很苦的良药表面涂一层糖衣，既能治好人的病，又让人乐于服用。优秀思想政治工作者公方彬认为"良药宜口也利病，忠言顺耳更利行！"我认为很有道理。怎样讲究语言的使用呢？首先要根据工作对象的接受能力使用语言。对文化程度高的人，使用语言要文雅一些，以理释事，太俗气了他会觉得你不尊重他。对于文化层次低的人，语言应通俗一些，有理有例（事例），太文雅了他会觉得你要弄他。其次，要根据不同的个性使用语言。对于个性强的"炮筒子"，语言应委婉一些，可抑制他的暴躁情绪，也容易使他接受你正确的观点。性格内向的人，具有猜疑心强的特点，同他谈话语言应直率一些，太含蓄了会使他误解其义，疑心增强。再次，要根据不同习俗，不同的喜好使用语言。对于有农村经历的人用"只有精耕细作才能获得好收成"等常识启发，对于有草原生活经历的人用"赛马须骏马"来激励，对于渔民出身的人用"船的力量在帆上，人的力量在心上"来引导，等等。

四、把握合理的程序

人的思维活动是有规律的。任何人对一件事、一种意见的认识和接受都有个过程，因此，要使谈心获得成功，就要尊重人们认识事物的规律。根据人们认识事物和思维活动的规律，合理的谈心程序应分为以下几个阶段：一是导入阶段，即谈心前的"暖身运动"。不能开始就进入正题，一坐下劈头就问，最近有什么想法，那是什么想法也问不出来的，而应该谈一些无关要紧的话题，谈些双方的共同语言，建立亲切感，使对方放松下来。从对别人关心的一些"废话"自然的推展到主题上。没有"暖身运动"的谈心是生硬的，就像干什么事都没有准备阶段一样。二是转变阶段，谈些不直接涉及主题，但又与主题有关的话，实现话题的转变和接近，转变阶段的话要自然，不要让对方感到矫揉造作（有时可以有省略转变阶段或一带而过）。三是切题阶段，进入正题阶段后，不能讲废话，不能不着边际，而应紧扣中心，抓住要害，逐渐向深度发展，通过引导，使双方认识逐渐达到统一，从而达到谈心的目的。四是结束阶段，谈心结束前，一定要给对方说话的机会，耐心的听取对方的陈述和表态，恰如其分的提出希望和要求。巩固谈心的成果。

要取得谈心的成功，除了讲究艺术性外，还应注意以下几点。

第一，感情真挚，情理相融。真挚的情感，既是密切同志之间、上下级之间关系的基本因素，也是提高谈心效果的先决的条件。因为思想教育工作对象是一个个血肉之躯，都是具有“七情六欲”的现实生活中的人，所以，谈心不仅是思想交流，而且也是感情交流，如果你的谈心是仅有革命道理而缺乏深厚的感情，一副冷冰冰的脸，几句硬邦邦的话，人家就会与你“话不投机半句多”产生逆反心理。要做到感情真挚，一是要平时多关心群众，进行“感情储蓄”。多到群众中间走走、转转、聊聊，了解他们的思想脉搏，关心他们的衣食住行，同他们谈生活，谈友谊，谈家庭，谈事业，沟通思想，建立感情，消除群众的戒心，产生一种“自己人效应”。二是要真诚。“诚于中才能行于外”真诚的态度是打开人们心灵的钥匙。如果把谈心比做过河，那么，就应该从诚实的码头出发—乘坐交心的航船—荡起理解的双浆—绕过矛盾的礁石—达到友谊的彼岸。

“情”是“理”的催化剂，情通则理达。“通情”是谈心的基础，“达理”是谈心的目的。因此，谈心时要入情入理。要把情理相容的过程作为升华精神境界的过程，比如，在谈到解决具体问题时，既要诚心诚意地出主意，想办法，又不能只务实不务虚，既要热情关心、爱护，又不能搞无原则的感情至上，既要讲物质利益，又不能忘记“精神鼓励”为主的原则，谈心时，只有既健康的“通情”，又正确的“达理”，才能实现谈心的真正目的。

第二，谦虚谨慎，平等相处。谦虚谨慎，是一个思想政治工作者应有的风范，也是谈心成功的条件。在谈心时，教育者一定要持谦虚的态度，不要以盛气凌人的态度或以救世主的身份来对待群众。那种以领导者、教育者自居，用“领导权威”和正宗理论的“尚方宝剑”压人，是注定要碰壁的。那种“我说你听，我说你服，我打你通”的单向生硬说教的方法是对方所不能接受的，甚至会造成谈心对象的心理反感，产生逆反心理。即使你真理在握，心再热，意再诚，也难收到预期的效果。

谈心是心心碰撞，情情交融。因此，谈心时一定要与谈心对象建立在平等的基础上，不能有高低贵贱之分。现代教育观念告诉我们：疏导是平等双向的，所以，在谈心时，思想政治工作者应放下“架势”，抱着和对方“平起平坐”的态度，不仅要“我说你听”，而且要“你说我听”，变单向说教为双向交流。既要启发教育工作对象，也要向对方学习，听取对方的忠告，使谈心成为一个“互动”的过程。

第三，耐心细致，对症下药。思想问题的形成是有过程的，因此解决思想问题也不能一蹴而就。要不怕反复，不怕麻烦，不能指望谈一次话就解决别人的思想问题，要知道，群众中有些思想问题，特别是涉及世界观和人生观的问题，是长期形成的，解决这些问题，要经过长期努力，多次谈心帮助，只有调动了他自身的积极性，才能促进其世界观和人生观得到改造。必须承认思想转变有个过程，有些认识问题一时不能统一的，还可以暂时搁起来，等时机成熟了再解决，要做到这一切，没有耐心是不行的。

对症下药就是要“诊断”准确，“切脉”无误，这是正确下药的前提，如果将“肺炎”误诊为“流感”，将“胃炎”诊断为“肝炎”，无论你的医术多么高明，药的疗效多么好，剂量多么大，都不能达到“治病”的目的，而且是越治越糟，甚至还会“治人于死地”。有了正确的诊断，加上准确的用药，就能达到事半功倍的效果。例如，是认识问题，就从理论学习上提高，使群众以理论政策水平和分析判断能力克服思想认识上的片面性；是意识问题，就从道德修养上培养，以高尚的情操抑制不健康的心理；是思想问题，就从世界观上引导，从而用大道理管小道理；是实际问题，就要在力所能及的前提下帮助解决。这样做了群众就会对我们心服口服，我们讲的道理，群众才能听得进，信得过，照着做。

发表于《宁夏大学学报》1992 年增刊

思想政治工作中的批评艺术

批评，是思想政治工作中不可缺少的一种方式，也是进行思想交流的一种重要手段。一方面，它能警告人的缺点、错误对既定工作目标的损害，以保证既定目标的实现。另一方面，它是关心人、爱护人的表现。通过批评，帮助人们克服缺点、错误，以实现对人的关心爱护。随着社会的发展，文明的进步和民主观念的增强，过去那种简单粗暴、“你说我听，你打我通”的单向型批评方法早不适应了。要想更好地运用批评的武器，增强批评的效果，实现批评的目的，在批评时必须讲究艺术。那么，如何讲究批评的艺术呢？笔者认为，主要是把握好批评的原则，恰当地运用批评的方法。

一、批评的原则

批评人是为了真诚地帮助人克服缺点错误，振奋精神，促使人进步，而不是整人，报复人，更不是显示批评者的权力和威风。那种动不动就恶语伤人，侮辱人格的批评，那种以权压人，不允许被批评者解释的批评，那种不调查研究，不注重实据，偏听偏信的批评，是对批评艺术的亵渎，最终必然失去群众。正确地开展批评，必须遵循下列原则。

第一，尊重对方，通情达理。心理学原理告诉我们：自尊心是一个人参加社会活动的重要精神支柱。因此，批评时注重人的自尊心，就能使人产生对集体和公共事务的使命感、义务感，为集体多做贡献的荣誉感和对自己的过失、错误的耻辱感。这些情感产生后，就能促使被批评者克服内心深处的消极因素，积极进取，沿着正确的方向前进。犯过错误的人，有一种自卑感。其实，自卑不过是自尊的另一种表现形式，在他们的心灵深处，蕴藏着比一般人更强的自尊心，因此，批评犯有错误的同志时，更要注重尊重他们的人格，鼓励他们的点滴进步，充分信任他们，促使其内心的消极因素不断转化为积极因素。

批评不仅要尊重人，还要注意以情感人，感情是进行说理教育的心理基础，没有这个基础，批评再有理有据也难被人接受，只有感情沟通了，理中寓情，情中有理，情理交融，才能使道理扣人心弦，使人心顺，使人心服。怎样才能以情感人呢？一是要真诚，抱着诚恳的态度，从团结的愿望出发，使被批评者体会到你是为了他的利益着想时，批评就能够被对方所接受，就是批评过了头，对方也能谅解。二是要信任，用信任的目光和语言去批评，相信被批评者能改正错误，就能使被批评者产生一种强烈的上进心，从而乐于改正错误，积极进取。三是要平易近人，不能用威胁、命令、讥讽、责骂的语言，否则容易引发对方的逆反心理。在批评过程中，应注意尊重对方的人格和个性特点，注意引导，不宜压抑。盛气凌人、居高临下、自以为是的态度，只能引起被批评者的反感，不能达到批评的目的。

第二，调查研究，实事求是。深入调查，掌握第一手资料是进行正确有效的批评的前提，也是批评艺术的基础。首先，要弄清真相。批评前要经过深入调查，找出问题特别是主要问题的原因，并分析其性质、影响及危害，弄清楚这些，才能心中有数，才能防止主观武断，做到有的放矢。其次，要做批评准备。经过调查，弄清真相后要做一些准备，即批评什么，怎么批评，使用批评语言的程度，要求被批评对象如何改正等，都要有一个明确的基调，避免批评时不着边际，言之无物。做到准确具体，有理有节，语言适度，分寸得当。再次，要注重事实，坚持原则。开展批评要注重真实性。有一就是一，有二就是二，对问题不能随意扩大和缩小，批评如果失去真实性也就失去了批评的意义，如果作无原则的迁就，退让，听其自然，是不利于帮助对方改正错误的，也就达不到批评的目的。

二、批评的方法

批评不仅应该遵循正确的原则，还应该运用恰当的方法。方法不当，出发点再好，同样不能取得批评帮助的良好效果。因此，要善于根据不同对象、不同问题、不同场合，采用不同的批评方法。

第一，开门见山法。对于存在的问题一针见血，单刀直入地进行批评，一下子触及到要害。这种批评一般是在问题比较明显，被批评对象性格开朗，思想基础比较好，有一定辨别是非能力的前提下进行的，运用得好，这种方法解决问题干脆利落，见效快。但如果对问题掌握不准，可能一触即发出现僵局。所以，这种方法的运用一定要有比较充分的把握。

第二，婉转含蓄法。用含锋不露、柔中有刚的影射法进行批评。当某个问题出现了兆头和迹象，但还把握不准或没有造成事实，不便直接点出时，用这种含蓄、暗示的批评引起注意，以收敛某种错误动机或行为。不然，如果直接挑出问题，由于无确凿证据，若遇到反驳和纠缠，就会陷入被动。

第三，个别谈心法。采用单独谈心的方法进行批评。这种方法，影响范围小，因而便于说明教育，对于性格内向心胸比较狭窄的人进行批评时，宜采用这种“照顾面子”的个别式批评，效果会好一些。

第四，谅解宽容法。在批评一个人的错误时，批评者首先承担一些责任，对于自尊心强，对自己要求严，平时表现好的人，偶尔犯了错误后十分后悔，因内疚期待着重责，用这种宽容式的特殊批评，教育作用更深刻，感动作用更强烈。

第五，由浅入深法。由低层向高层分几步进行的批评。适用于思想基础差、错误缺点较多、思想认识一时跟不上，自尊心又较强的人，对于他们的批评，要采用逐个问题，由浅入深地批评。这种方法可以使问题解决一步，巩固一步，“步步为营”，不断占领其思想阵地，直至做好工作。

第六，追本溯源法。对新老问题一起清算的批评方式。这种方法适用于平时不严格要求自己，对批评帮助不大在乎，小毛病不断，结果发生了严重问题的人。对于这样的人，就要进行一番彻底的根治，这样往往能促使其转化得迅速明显。但绝不能平时不教育，等到问题严重时算总账。

第七，欲贬先褒法。喜爱表扬是人们的普遍心理特征，在批评前先肯定被批评对象的长处，然后再给予恰如其分的批评。对于自尊心强的人批评时更要注意这样做，这种方法运用得当，会使对方心悦诚服地接受，积极改正错误。

第八，借助外力法。借助外界的力量，造成一种有利于被批评者改正错误的环境。一个人犯了错误，且一时不能正确认识时，请其亲友或他信任、尊重的人来做一些规劝工作，会使他觉得接受意见并不是向权威屈服，从而达到批评使其接受并改正错误的目的。

第九，激情暴发法。高亢激昂、声色俱厉的批评。对于问题较为严重，又无理取闹的人，可采用这种方法。以刺激、震动被批评对象，不然就不能制止问题的发展。使用这种方法，要注意场合和语言的分寸，没有把握，一般不要在公开场合进行。因为在公开场合被批评对象如果好逞威风，容易发生非理智对抗，造成尴尬的局面，这种方法一般不轻易用。

第十，幽默诙谐法。用幽默的语言批评有时会胜过严厉的训斥，它既不伤害人的自尊心，又能使其明辨是非。一个人开会迟到，你批评他“为什么迟到”，就不如批评“你的表今天怎么慢了”更容易让人接受。正如德国著名演讲家海因·雷曼麦所说：“用幽默的方式说出严肃的真理，比直截了当地提出更能为人接受。”

第十一，无声批评法。即用体态语言（如眼神）批评的一种方法。这种方法在特定场合比训斥批评更有效。例如：课堂上学生吵闹，老师可突然停止讲课，盯住吵闹的学生，此时“无声胜有声”。

第十二，不批评法。在某种情况下，不批评也是一种很好的批评方法。对有些人，尤其是在工作中因缺乏经验办了错事者，可采用不批评的方法，让他们自己反省、总结，吸取教训，提高认识，自觉改正错误，批评者还可以自己承担一些责任，保护过失者的工作热情，调动其积极性。

综上所述，把握好批评的原则，灵活而恰当地运用批评的方法，就能增强批评的效果，实现批评的目的，发挥思想政治工作的威力，从而把思想政治工作提高到一个新的水平。

发表于《共产党人》1993年第3期

思想政治工作中的说理艺术

在思想政治工作中，说理是一种常用的方法。所谓说理，就是运用马克思主义、毛泽东思想和建设有中国特色社会主义的基本理论，说服教育广大群众，不断提高人民群众的思想觉悟和建设有中国特色社会主义的积极性。

但是，在现实生活中，往往出现这种现象，同样一个道理，有的人讲出来使人心悦诚服，乐意接受；而换一个人讲出来，不但没有被别人接受，有时还会引起反感。实践证明，说理是一门艺术。

我国古代就有很多掌握说理艺术的大师，如舌战群雄的诸葛亮，说服赵太后的触龙，就是其中的杰出代表。

今天，在我们思想政治工作队伍中，深谙说理艺术者不乏其人。李燕杰、曲啸、刘吉等一批优秀的思想政治工作者，他们用妙趣横生的语言，生动形象的比喻，绘声绘色的寓言，寓意深刻的哲理，使多少浪子回了头，使多少渺茫者看清了方向，使多少有志者成了大器。他们所以能有如此的感染力、说服力，不仅是因为他们有扎实的理论功底，而且还在于他们有高超的说理艺术。

说理，之所以是一门艺术，因为思想政治工作者无论是登台演讲，还是个别谈心，都不应是一般的言谈，而是应有一定的思想性，情趣和哲理的思想教育，并以此激发听者的情感，陶冶听者的心灵，引起听者的思索，启迪听者的智慧。

说理的艺术很多，笔者结合自己的工作体会谈几点看法，与同行商讨。

一、循序渐进

人的认识是由低级向高级渐进发展的，教育人、说服人就必须按照人的认识规律依层次，顺序进行，由浅入深，由表及里，不能一锅煮；还应根据人的思想觉悟，认识水平，教育对象的不同，区分不同类型进行。就像吃西瓜一样，把大道理切成若干个小道理，分块消化，通过小道理，达到灌输大道理的目的，不能一刀切。例如，对于思想基础差，缺点错误较多，思想认识一时跟不上，而又自尊心很强的人，对于他们的教育，就应采取这种方法，可以使问题解决一步，巩固一步，“步步为营”，不断占领其思想阵地，直至做好工作。

循序渐进就是运用逻辑的力量，但又不仅仅是由大前提和小前提推出结论，而是遵循了人类认识由个别到一般，由特殊再到普遍的秩序，这就是我们常说的慢火烧鱼，越炖越香。

二、叙事论理

从人们认识规律看，形象思维要比抽象思维更容易为人们所接受，一个高明的思想政治工作者，很懂得通过耐人寻味的典故、生动典型的事例，使人受到感染，教育。教育没有思想就意味着没有灵魂，然而没有事例，思想也会失取依托，使说理流于空泛，像一个瘦得皮包骨的人一样，干瘪无力。一位思想政治工作者在讲纪律与自由的关系问题时，就曾举了一个十分精彩的例子。他说，不知道大家发现了没有，火车跑得很快，但它必须在两条铁轨上跑，没有铁轨，火车肯定是跑不动。那么，你说这两条铁轨影响火车自由奔驰了吗？当然没有。相反，如果没轨道，还能谈得上火车的自由奔跑吗？同样，纪律与自由也是这个道理。遵守纪律不但不会影响个人自由，而且只有遵守纪律，才能保证个人自由。比如买东西，只要遵守按价提货的法规，你可以自由挑选，等等。

思想政治工作所需要的事例，并不是可以信手拈来的，需要善于观察，勤于积累，就像蜜蜂从万花中采蜜，采金者从散沙中淘金一样，锐意搜寻，积少成多。需要说明的是，寓理于事中的事例，要做到新颖、典型、真实、生动。不能老是翻来覆去地举一些“人人皆知”“石击浪溅”的例子，令人生厌。更不能举“捕风捉影”“道听途说”的例子。做到见人所未见，发人所未发，言人所未言，“道出人人意中语，千回百折费寻思”，只有这样，才能使人们接受你的思想、观点，从而起到潜移默化的教育效果。

三、换个角度

做思想政治工作时，直接说理，有时教育对象不买账。但启发对方变换一下考虑问题的角度。换个位置想一想，往往能使对方茅塞顿开，收到良好的教育效果。据载，解放军某部政工干部与大学生对话时，一位女大学生向他提出这样一个问题：我感到雷锋精神现在已经过时了，请问你怎么看？他没作正面回答，而是换一个角度，来了一个“假设”，他说：“假如你在大街上行走时，不慎被过往的车辆撞倒在地，不能动弹，有人从你身边走过，对你置之不理，甚至还嘲弄你。而我——雷锋的战友，这时却主动上前把你扶起来，并且立即把你送往医院，在这种情况下，请问，你是喝令让我走开，说这种精神过时了，还是从内心感激我呢？”这一巧妙的回答，使那位女大学生和在场的听众都露出了满意的笑容。试想，如果这位同志对这位女大学生提出的问题，张口便大讲特讲学雷锋的意义，并用大量事实去证明，再三强调雷锋精神没有过时，一二三四滔滔不绝，那效果会怎么样呢？

四、形象比喻

生动形象的比喻在说理中像神话中的魔杖一样，具有无比神奇的力量，犹如一朵瑰丽的鲜花，撩人耳目。如毛泽东在谈到党委既要抓中心工作，又要围绕中心工作同时开展其他方面的工作时。他概括为一句话：“弹钢琴”。用来说明工作既要有中心，又要兼顾其他。比喻贴切，使人耳目一新，深受启发。他在指出革命高潮即将到来时，用“欲出的朝日”“母腹的婴儿？”作比喻。形象生动，对于帮助人民树立信心，将革命进行到底，起到了很大的鼓舞作用。我国著名作家刘绍棠在一次报告中收到一张条子，内容是“共产党不是伟大、光荣、正确和战无不胜的吗？为什么就不能容纳一点点自由化的东西呢？”他立即回答说：“你们看我的身体怎么样？”大家见他身材魁梧，身体壮实，都说：“健康。”他接着说：“尽管我的身体如此壮实，但要我吞下一只死苍蝇，我决不！”此言一出，满堂喝彩。刘绍棠打了一个形象的比喻，既讲出了资产阶级自由化的危害，又给人留下思考回味的余地，可谓言简意赅，发人深省，自然收到了微言大义的效果。

妥帖的比喻，使抽象的道理具体了，晦涩的理论形象了，板滞的思想生动了，模糊的认识清晰了，浮露的观点深沉了。

五、以迂为直

这是《孙子兵法》中提到的一种战术法。有时办某件事情，看起来表面绕道虽远，但实际路途却短。有时退一步，却是为了进两步。思想政治工作中的说理也是这样，有时采用“以迂为直”的方法更为有效。一次，李燕杰教授作报告时有一位青年朋友对他说，他最烦政治说教，不知李教授对此有何感想。李燕杰没有直接回答，而是反问他希望什么，那位青年回答：“我别无所求，只希望人与人之间不要尔虞我诈，说远一点，希望世界大同。”李燕杰又问，你知道古今中外希望世界大同的倡导者吗？青年朋友不好意思地摇了摇头。于是，李燕杰从孔夫子说到孙中山，从耶稣讲到释迦牟尼，从他们良好愿望讲到现实世界，自然得出了大同世界是空中楼阁的结论。侃侃而谈，娓娓动听，青年朋友不但信了李燕杰的“说教”，而且听入了迷。这位青年一上来便开门见山，单刀直入，明确提出不信说教，给人以“山重水复疑无路”之窘。而优秀思想政治工作者李燕杰采用迂直之计，巧妙地借助反问、设问，一步一步地把问题引向深入，最终拔开了对方思想上的迷雾，到达“柳暗花明又一村”之境。我们做思想政治工作，就应该像李燕杰那样，当对方把话说“绝”，把路堵死的时候，运用“迂直之计”，就会“绝”处逢生，柳暗花明。

思想政治工作中的说理艺术，还有很多，恕不一一列举。良好的说理艺术，足以使思想政治工作之“舟”顺风扬帆直抵理想彼岸。可以这样说，不熟谙说理艺术的思想政治工作者，他的说理大都事倍功半，而具有娴熟说理艺术的思想政治工作者，他可以在思想政治教育的舞台上，得心应手地导出一幕幕有声有色的话剧来。

发表于《宁夏大学高教研究》1994年第1期

思想政治工作中的疏导艺术

1936年“西安事变”发生后，杨虎城部下的军官们，一致强烈要求杀掉蒋介石。周恩来同志受党中央委托，亲赴西安，面对群情激愤的军官们，他说：“杀他还不容易，一句话就行了！可是，杀了他以后怎么办？局势会怎么样呢？南京会怎么样呢？日本人会怎么样？国家、民族的前途会怎么样？各位想过吗?”在剑拔弩张的情势下，周恩来沉着冷静，从容不迫。他先是清楚明快地说了句“杀他还不容易”，使军官们感到他也同意杀蒋消仇，这就是“巧退”。这一“退”，暂时稳定了军官们的情绪。紧接着，周恩来一连提出了五个问题，然后又精辟透彻地分析了当时国内外形势，最后表明了他“逼蒋抗日”的主张，这是“妙进”。这一“进”，使刚才还摩拳擦掌、怒不可遏的军官们一改前态，心悦诚服。这“巧退妙进”的高超疏导艺术和睿智机敏的言辞，立刻收到了“一语化干戈”的奇效。说服人是一种高难度艺术，要使你的言语成为打开对方心灵的“钥匙”，自己首先得成为配制“钥匙”的能工巧匠。无论处理有关大局的国事，还是对待孩子“淘气”的问题，都需要“疏导艺术”。

一、疏导的概念

疏导，即疏通和引导，通过摆事实、讲道理的方式以理服人，把人们的思想引导到正确的方面来，以此获得思想认识上的统一和行动上的协调。疏通就是广开言路，让人畅所欲言；引导就是在疏通思想的基础上，循循善诱、说服教育，把人的思想引导到积极、健康、向上的正确方向上来。这种方法做到“佳”处、“妙”境，就是疏导的艺术。掌握了疏导的艺术，可以有效地克服工作方法的简单、生硬，增强渗透性。

二、疏导的原则

第一，融情原则。疏导的成败不是一厢情愿的事，它往往取决于教育者和被教育者之间的感情是否融洽，心理是否相容。现实生活中常有这样的事情，同样的道理，不同的人去讲，对方接受的程度就不一样。所以，必须把关心人、理解人、尊重人、体贴人作为感情基础，切实做到说理与关心相结合，教育与服务相结合，诚恳待人、以情感人，解决工作和生活中的实际困难和问题，使工作始终充满着人情味。只有这样，工作才能做到心中去。

第二，身教原则。“人不率，则不从；身不先，则不信”。从某种意义上讲，人格魅力显得更为重要。因此，必须从自身做起，为人师表，以自己的人格力量感召对方，以自身的模范行动实践职责和自己所倡导的人生价值。

第三，适度原则。只有坚持实事求是的原则，才能具有吸引力、说服力和生命力。工作中，要力戒“假、大、空”，做到讲真话、讲真事、讲真理，不说气话、不说绝话，既不能言过其实，更不能凭空捏造、虚构典型，更要注意时机和场合，不能为一些摆不上桌面的小事喋喋不休、抓住不放，以致引起心理隔阂。

第四，缓冲原则。必须注意掌握“火候”，时机不成熟时不能草率去做。现实工作中，由于教育者和被教育者感情基础不同、认识问题的角度不同、解决问题的方式不同，极易产生对抗情绪，如果事情发生后马上去做思想工作，会因为对方正处于激动期而使局面很僵。这时，就要像驾驶员行车拐弯那样，来个“减速”行驶，给对方一个认识问题、做好准备的机会，待事态平缓后再跟进工作，会收到意想不到的效果。

第五，明理原则。要将理论上的灌输、思想上的引导和行为上的要求有机地结合起来，注重运用民主的方法、讨论的方法、批评的方法、说服教育的方法，通过摆事实、讲道理、诉真情，使受教育对象明白什么是对的、什么是错的，哪些事情应该做、哪些事情不该做，应该提倡什么、应该反对什么，从而达到以理服人的目的。

三、疏导的方法

第一，找准相似点，激发兴奋点。思想疏导工作是一种思想沟通的工作，它与命令的方式有着明显的区别。命令是采取强制的方式使人接受你的观点，而思想疏导是通过说服教育使人接受正确的观点。如果做思想疏导工作的同志能够找准与工作对象开展思想交流的相似点，激发与工作对象情感交流的兴奋点，就能促进双方之间的真诚沟通，使双方在十分和谐融洽的气氛中展开心灵的沟通，以消除彼此之间心理上的隔阂。一是要做到以诚相待。做思想疏导工作时，有可能会被工作对象拒之门外，遇到这种情况时，尤其要做到以诚相待，要坚信“金诚所至，金石为开”。二是在思想疏导工作开始时，采用迂回办法，避开正题。根据自己对工作对象的了解，从兴趣爱好、人生态度等容易为对方所接受的事务入手，采用循序渐进的办法以产生思想共鸣，缓和气氛、融洽感情。通过这个过程，有利于找到与工作对象之间相同的爱好或共同语言，使工作对象向你敞开胸怀，消除戒备，道出思想问题和面临的矛盾，形成和谐的交流氛围，这样才能有利于思想疏导工作的顺利开展。三是冷却。任何事物的发展变化都有一个过程，人的思想转变尤其如此。不能指望通过一个报告、一次谈心就使工作对象转变思想观念、提高觉悟和认识。当碰到一些性质和原因十分复杂、一时不易弄清的问题，而且这些问题一时又不可能造成较大的影响时，不妨先将它搁置一旁，暂不处理。尤其是当工作对象处于激情状态或愤怒恐惧的心理状态时，更不能火上浇油，而应进行“冷处理”。通过冷静观察、耐心等待，弄清问题原委，抓住解决问题的有利时机，持之以恒地做好思想工作，最终达到使其转变的目的。

第二，分析对象特点，注重因人而异。在现实生活中，不少同志在做思想疏导工作时，往往就事论事、单刀直入，直接引入正题，这种简单的疏导方式往往会使工作对象难以接受。思想政治工作面临的问题往往比较复杂，即使是比较单一的思想问题，如果方法简单，也会使工作对象产生“逆反心理”、抵触情绪，使思想疏导工作无法进行下去。因此，做思想政治工作时，首先要了解工作对象各自不同的特点，采用不同的疏导方法，疏导方式要灵活多样，讲究因人制宜，做到“一把钥匙开一把锁”，切忌千篇一律，简单粗暴。政工干部应综合多方情况，多作调查研究，找准做好转化矛盾的最佳方法和方式，使职工口服心服，真正从思想上解决问题。

第三，树立群众观念，改进工作作风。身教重于言教，这是思想政治工作的成功经验。领导者要教育群众、影响群众，必须从自身做起，以身作则。通过自身的人格力量去影响人、感化人，尽力拉近与工作对象的思想距离，把握思想疏导工作的主动权。转变思想作风，要做到实事求是，深入细致地了解真实情况，倾听当事人和工作对象的意见和要求，不能仅听一面之词，就开始发号施令，如果不了解真实情况搞瞎指挥，就无法有效化解矛盾。在进行宣传教育的过程中必须实事求是，不能言过其实，更不能凭空捏造、虚构典型。对下属的批评要注意时机和场合，既不轻描淡写，也要适可而止。能个别批评的尽量个别批评，不扩大批评的范围；能不批评的不要过多指责，更不要为一些鸡毛蒜皮的小事纠缠不休，以至引起心理隔阂。

第四，掌握激励表扬，兼顾批评艺术。做好思想工作离不开表扬和批评，而表扬和批评都应重视心理疏导艺术，否则很容易产生对立情绪，使思想工作无法进行。瑞典心理学家卡尼曼的“前景理论”即“怎样公布好消息和坏消息”的理论，对于心理疏导中的“表扬和批评”具有重要的指导意义。

根据“前景理论”，如果你有几个好消息要发布，应该把它们分开公布，分别经历两次“获得”所带来的快乐，要大于把两个“获得”加起来所带来的一次快乐。这就是心理学上的“快乐体验的部分之和大于整体”。同理，在疏导工作中，如果一位成员有几件事情值得表扬，就应分开进行，可以在谈心过程中，可以在聊天或学习的场合，也可以在其他场合不经意地说出来，这样，受到表扬的对象就会多次产生自豪感，有利于调动其积极性。

如果有几个坏消息要公布，应当一起发布。因为两个坏消息合起来一次公布所带来的痛苦要小于两次公布所带来的痛苦，这就是心理学的“悲伤体验的整体感受小于部分之和”。在做疏导工作时，如果一位成员有几件错误需要批评，就要在其心理较平静时，选择一个合适的场合进行一次性批评。千万不能今天想起一件事批评一次，明天想起另一件事又批评一次，否则就会使受批评者产生逆反心理和抵触情绪。

如果有人办了一件“大好事”和一件“小坏事”，应该在同一场合先批评后表扬。“前景理论”认为，如果有一个大的好消息和一个小的坏消息，应该把这两个消息一起告诉别人。这样，坏消息带来的痛苦会被好消息带来的快乐所冲淡，负面效应就会小得多。因此，在进行疏导工作时，如果一位成员做了一件有影响的大好事和一件有影响的小坏事，应该在同一场合或者同一次会议上一次性地先批评后表扬，并把重点放在表扬上。

如果你有一个大的坏消息和一个小的好消息，则应该分别公布这两个消息。这样，好消息带来的快乐不至于被坏消息带来的痛苦所淹没，以利于感受好消息带来的快乐。在进行疏导工作时，对一位成员取得的较大成绩和所犯的小错误，要在不同的时机和场合分别进行表扬或批评，使其在受到批评以后，还有一次感受快乐的机会。这有利于强化人的积极心理感受，有利于调动工作积极性。

发表于《中国招标》2012 年第 12 期

战士的消极心理及其转化

战士的消极心理状态一般比较复杂，如果缺乏外因的有效影响，其仅有的积极心理往往被消极心理所压抑。因此，做好战士的消极心理转化工作，关键在于从分析和掌握其心理状态入手，有针对性地进行疏导。

战士的消极心理，主要表现在以下四个方面：一是戒备心理。通常表现为过于敏感，过于疑虑。你在大家面前不点名的批评一种人和事，他会觉得这是指桑骂槐讲自己；你找他谈心了解思想，他会担心这是搜集自己的“不是”，而对你紧锁心扉，有时甚至你的脸色、声音和举止也成了“冲他而来”的信号，使他神情紧张，处处戒备。二是逆反心理。这是一些后进战士在“破罐子破摔”思想支配下产生的一种心理对抗。批评越多越不行，反而比以前干得更差，跟你对着干。三是嫉妒心理。自己不行，他也不希望别人比自己强。谁做一件好事，他就说风凉话，别人当了典型，他有意中伤，别人犯了错误，他又幸灾乐祸。四是封闭心理。表现为不愿合群，不披露心事，不与人来往，不流于声色。非十分知己者，难以摸清其心思。

帮助战士克服消极心理，促其向积极状态转化，首先要以战友情、兄长爱打动战士的心，设身处地为战士着想，用真心实意换取战士的理解，感化战士的心灵。只有这样，才能心心相印，情理交融；也只有这样，后进战士才会敞开紧锁的心扉，产生感情共鸣，诉说衷肠。其次要让系铃人解铃。产生消极心理的后进战士，与干部一般都有隔阂，有自己的难言之“苦”，只要系铃人诚心解铃，就没有解不开的铃，融化不了的雪。第三要用冷却法加温。既要有耐心，不怕思想反复，不怕麻烦；还要帮助他们认识问题时不能在“火头”上，要待“冷却”了以后再进行。第四要敲打在点子上。帮助后进战士，不能只停留在“外围战”上，一旦在其对自己的问题有所认识时，必须点破其问题的实质所在，使其对自己有个清醒的认识。不能只敲边鼓，而要敲在鼓心上。

发表于兰州军区《基层政工通讯》1988年第6期

延安精神永放光芒

延安——革命的圣地，新中国的摇篮，党中央、毛主席曾在这里度过了13个春秋。延安，巍巍宝塔山，清清延河水，让人感到分外亲切，油然而生敬意。这不仅是因为，延安在革命战争年代曾是我们党的指挥中枢和战略后方，党中央和毛泽东主席在这里运筹帷幄，做出了关系中国革命前途命运的一系列重大决策，为夺取全国政权奠定了坚实基础；还因为，这片神奇的土地，孕育了伟大的延安精神。

延安精神是我们党的传家宝，是中华民族宝贵的精神财富。没有延安窑洞的灯，哪有祖国东方红？望着一盏小小的煤油灯，想当年在灯下，毛泽东同志写下了卷卷雄文。收入《毛泽东选集》的159篇文章中，就有112篇之多是毛主席在延安写的；杨家岭革命旧址，中共中央在此继续领导抗日战争和整风运动，召开了中国共产党第七次全国代表大会，领导指挥解放战争；这里修建了中央大礼堂、中央办公厅楼及百余孔窑洞、百余间房屋；1942年5月在这里召开了延安文艺座谈会；1944年5月到1945年4月，中共中央扩大的六届七中全会在此召开，并通过了《关于若干历史问题的决议》；说起南泥湾的大生产运动，仿佛那火热的场面又浮现在眼前，所到之处，无不令人感动、感慨；在枣园旧址，毛泽东、周恩来、刘少奇、朱德、任弼时等老一辈革命家的塑像前，让人久久肃立，思绪万千。今天的形势和条件，同延安时期相比发生的巨大变化，中国共产党人无论现在和将来，都要永远坚持和弘扬延安精神。

这就是中国共产党在延安时期，精心培育形成的坚定正确的政治方向，这是它的灵魂；实事求是的思想路线，这是它的精髓；全心全意为人民服务的宗旨，这是它的本质；自力更生、艰苦奋斗的创业精神，这是它的标志，这一切构成了延安精神的主要内涵。

我们党是靠艰苦奋斗起家的，我们的事业是靠艰苦奋斗不断发展壮大的。回顾党的历史，从在上海成立到井冈山时期，从遵义会议到延安时期，从西柏坡到夺取全国政权，从新中国成立到改革开放新时期，我们的每一个成就、每一次胜利，都离不开艰苦奋斗。艰苦奋斗是工作作风，也是思想作风，是我们党的优良传统和政治本色，是凝聚党心民心、激励全党和全体人民为实现国家富强、民族振兴共同奋斗的强大精神力量。这是一条极其宝贵的历史经验。

延安时期，我们党靠全心全意为人民服务的精神，在中国局部地区建立人民政权，并不断扩大执政区域。我们党历来把为中国最广大人民谋利益作为自己的根本宗旨，在延安时期响亮地提出了“为人民服务”的口号并在全党认真实践。那时的陕甘宁边区政府，就被誉为“民主的政治，廉洁的政府”。中国共产党就是以对人民的无限忠诚赢得了人民的拥护和支持。

延安时期，我们党发扬理论联系实际、不断开拓创新的精神。科学总结正反两方面经验，成功地推进马克思主义中国化、在理论上实现第一次历史性飞跃。毛泽东同志的许多重要著作，如《中国革命战争的战略问题》《实践论》《矛盾论》《论持久战》《新民主主义论》《论联合政府》等，都是在延安时期完成的。毛泽东思想正是在延安时期，逐步成熟并正式写到了党的旗帜上。今天我们要在新形势下弘扬延安精神，仍然要坚持与时俱进、开拓创新。

延安时期，我们党用实事求是来概括思想路线。实践表明，只有解放思想，才能达到实事求是；只有实事求是，才是真正地解放思想。革命传统要弘扬，也要创造新办法。切实做到发展要有新思路，改革要有新突破，开放要有新局面，各项工作要有新举措，坚持解放思想，坚持实事求是。

我们弘扬延安精神，因为弘扬延安精神是尊重历史，寻找精神家园的需要，是把握现实，回归精神家园的需要，是迎接未来，重建家园的需要。总之，延安精神是面镜子、是本教科书，值得我们对照思考。

弘扬延安精神，就是要带着解放思想、实事求是的精神做好招标采购管理服务工作。实事求是是延安精神的精髓，无论是在新的历史条件下坚持艰苦奋斗、执政为民，还是坚持与时俱进、开拓创新，关键要靠实事求是。我们工作在宁夏招标行业的第一线，必须坚持以科学发展观为统领，坚持实事求是的思想路线，切实做到发展要有新思路、改革要有新突破、各项工作要有新举措；同时，要树立终身学习的理念，不断地向书本学、向人民学、向实践学，见贤思齐、见不贤而内自省，推进学习工作化、工作学习化，努力提高管理服务能力，这是共产党人思想精髓的一种时代表现。

弘扬延安精神，就是要带着全心全意为人民服务的精神做好招标管理服务工作。全心全意为人民服务是延安精神的核心。作为人民的公仆，必须树立以人为本的观念，始终坚持执政为民，无论面对市场经济大潮何种诱惑和考验，都要坚持党性原则，保持共产党人的本色，从建设和谐社会的高度，和广大群众以诚相见、以容相处、以情相依；都要带着感情沉下去，到群众中去、到实践中去，这是共产党人宗旨意识的一种现实要求。

弘扬延安精神，就是带着艰苦奋斗的精神做好招标管理服务工作。自力更生、艰苦奋斗的创业精神，是延安精神的本色。我们必须永远保持艰苦奋斗的工作作风，发扬革命战争年代的干劲儿、拼命精神、燃烧的激情，不论出现什么样的风险和困难，都要咬定发展不放松、不走神、不退缩，敢于突破前人、突破常规、突破自己，这是共产党人革命本色的一种自然流露。

延安是历史的教科书，有关中国革命运动的问题在这里都有它的章节，有着极为详尽的阐释和说明。延安也是中华民族取之不尽的精神宝藏，值得我们去钻研，去挖掘。革命选择了延安，延安孕育了革命，哺育了伟大的延安精神。

延安精神永存！

发表于宁夏《延安精神研究会会刊》2017 年第 18 期

试论市场经济条件下共产党员如何保持先进性

中国特色的社会主义市场经济体制的确立，为发展生产力、实现全面小康社会提供了根本途径。然而，市场经济的两重性即双重影响，却不以人的意志为转移地展示出来。面临这场新的挑战，如何坚持共产党员的标准，保持共产党员的先进性，是一个值得深思的问题，也是我们党的建设中无法回避的一个重大课题。

在市场经济条件下，商品、货币、价值规律都是不以人的意志为转移的客观存在，由此带来的积极和消极的影响也是客观存在的。中国共产党和共产党员不仅不能逃避市场经济的影响，而且还必须指导和带领人民发展市场经济，制定并带头执行有关市场经济的法律和政策。

在发展市场经济中，绝大多数的共产党员能够自觉抵制市场经济的负面影响，起到了共产党员的先锋模范作用，但也确有少数共产党员程度不同地受到了市场经济的消极影响。主要表现在：一是理想信念发生动摇。有的党员对共产主义的前途命运信心不足，对中国特色社会主义产生怀疑；有的对消极落后甚至是错误的东西不但不抵制、不斗争，反而把“腐朽”当“神奇”，津津乐道，四处传播；有的思想庸俗化，沉湎于实用主义和所谓的关系学，热衷于一些低级趣味的东西；有的还积极参加宗教和封建迷信活动。二是宗旨意识不强。有的党员认为，全心全意为人民服务的宗旨不符合市场经济规律；有的认为，“吃苦在前，享受在后”与“带头致富”是一对矛盾；有的党员嘴上经常说为人民服务，实际上却不愿意为人民牺牲自己的利益，甚至想利用共产党员的身份谋私利、捞好处。三是党性观念淡薄。有的党员不遵守党的纪律，我行我素；有的不保守党的秘密，随意泄露组织未公开事项；有的不履行党员义务，甚至与党组织讨价还价。四是作风不正。有的党员干部严重违背党的思想路线，存在严重的官僚主义、形式王义、弄虚作假、贪图享受；有的高高在上，不调查研究，靠拍脑袋作决策，工作严重脱离实际；有的热衷于搞劳民伤财的“政绩工程”、“形象工程”，摆花架子，做表面文章；有的大手大脚，大肆挥霍国家、集体资金；有的为了追求自己的“生活质量”，拼命敛财，甚至不惜为此违法乱纪，堕落为腐败分子。

总之，在市场经济条件下，我们必须清醒地认识市场经济对党的建设带来的双重影响，既要发扬市场经济正效应，又要抵制负效应。我们不仅不能降低党员的根本标准，而且还要以更高的标准严格要求全体党员，特别是党的各级领导干部，充分发挥先进模范作用。只有这样，才能不断提高党员素质，保持党员队伍的先进性和纯洁性，提高党组织的战斗力。在市场经济条件下共产党员如何保持先进性呢？笔者认为要做到以下几点。

第一，既要参与市场竞争，又要有奉献精神。共产党员要在政治上保持与党中央的高度一致，坚决执行党的路线方针政策，这是党章明确规定的。在计划经济时期，党员只需要服从，不需要多思考。所谓的“驯服工具”，就是计划经济时期对共产党员先进性特征的生动写照。然而，在市场经济条件下，共产党员既要充分发挥主动性、创造性，在市场经济中搏击长空，冲锋陷阵，争取经济效益的最大化；又要表现出崇高的奉献精神，坚决执行党的路线、方针和政策，争取群众利益最大化。这是因为，我们要建立的市场经济是共产党领导下的社会主义市场经济，不是不要宏观调控的“自由经济”；既是利益驱动型经济，同时也是公平竞争型、质量效益型、法制纪律型经济。由现代市场经济派生出的创新意识、质量意识、法制观念、纪律观念、崇尚科学、重视教育、尊重人才以及加强宏观调控、诚实守信等，也正是同我们共产党人所倡导的思想相一致，共产党员投身市场经济的大潮中充分发挥主观创造性和能动性，并不影响其先进性的发挥。

共产党人的奉献精神，也就是共产党人的价值观和人生观，是在承认个人利益的基础上，把党和人民的利益看得高于个人利益。一旦个人的价值、利益与社会的价值、利益发生冲突时，他就要义无反顾地牺牲前者而保全后者。党对广大人民群众的要求与共产党员奉献精神的先进性要求，二者之间既有联系又有区别。其联系在于，二者都承认人们的正当个人利益，并把这种利益机制作为大力发展社会生产力，最终实现党的奋斗目标的重要手段。其区别在于，后者除承认正当的个人利益之外，更强调国家和人民的整体利益。不过，我们要看到市场经济的弱点和消极方面。如：市场经济的求利原则，使它难以实现效率与公平的双重要求，难以解决短期行为而应付生态环境和资源保护等未来的重大挑战。市场经济的竞争原则，使它难以控制垄断的产生而做到真正的公平竞争。唯利是图、一切向钱看等思想倾向不断滋生蔓延，党内消极腐败现象及腐化堕落分子不断出现，要求我们必须切实加强党员队伍建设，提高党员素质，用共产党员的党性来抵制市场活动中的消极因素，与党的纲领、章程和党规党纪保持一致，这也是市场经济条件下坚持共产党员先进性要求的一个重要内容。

第二，既要保持党的优良传统，又要弘扬时代精神。当前，党员队伍中存在的一个突出问题是，一些党员对市场经济条件下我党的优良传统还“需要不需要”、“管用不管用”等问题存在疑虑和困惑。有的认为，现在环境条件变了，那些优良传统已不适应新的历史条件下出现的新情况；有的觉得，当前强调的是解放思想，加快改革，担心传统讲得多了会导致思想僵化，不利于更新观念，开拓进取；还有的感到，讲传统吃亏，讲实惠得利，等等。

我们必须清醒地认识到，党的优良传统是无产阶级先进思想和我党几十年革命和建设实践相结合的产物，是我党本质和宗旨的生动体现，也是中华民族优秀思想和道德观念的体现，具有强大的生命力，永远是我们党奋进的强大精神支柱。只有一以贯之地坚持党的优良传统，特别是严肃认真地落实讲政治的根本要求，才能够把握方向，站稳立场，明辨是非，抵制资产阶级腐朽思想和生活方式的影响，才能够保持无产阶级的革命本色，取信于民，领导全国各族人民沿着有中国特色社会主义道路前进。

我们坚持党的优良传统，还必须赋予其时代含义。要着眼于时代发展，贯彻改革精神，不断研究新情况，总结新经验，以充实和丰富优良传统具体内容。比如，发扬艰苦奋斗的优良传统，不仅要保持艰苦朴素、勤俭节约的生活作风，更重要的是有知难而进、拼搏创新的进取精神，为国家的改革和建设争做贡献；再如，发扬密切联系群众的优良传统，除了要做到与人民同甘共苦、发扬民主、改进作风外，当前更为重要的是要从人民群众最根本的利益出发，大力发展经济，不断满足人民群众日益增长的物质文化生活需要。对共产党员来讲，发扬党的优良传统，对保持先进性固然重要，同时还必须适应时代需要，积极实践时代精神。时代精神是当代人们先进的思想观念、道德风尚的集中体现。它既是人们对当代社会变革深刻理解的产物，又是我党优良传统的延续和发扬光大。我党优良传统的许多基本精神和基本原则，正是时代精神的题中应有之义。在新形势下，广大党员必须顺应时代潮流，站在时代的前列，在深入改革开放和经济建设中发挥先锋模范作用，努力成为贯彻执行党的基本路线的模范，勇于开拓、勇于创新的模范，识大体、顾大局的模范，遵纪守法、建设精神文明的模范。只有这样，才能当好时代先锋，立于不败之地。

第三，既要带头执行党的现行政策，又要严格遵守党性原则。在市场经济条件下，其求利原则、物质利益原则，使人们往往注重于个人和小团体的物质利益；等价交换原则，强调等量劳动的相互交换，并以此作为个人自我价值的实现。而党员的先进性却要求党员提倡奉献精神，主张人生的价值在于奉献，追求个人社会价值的实现。这就带来了一些新的矛盾和问题。

在现实生活中，一些党员同志只是看到自己与群众相同的一面，而看不到自己与群众不同的一面。办事情、干工作仅仅满足于看是否符合党的现行政策，不考虑党性原则，把自己混同于一般的老百姓。表现在：有的只顾个人发家致富，不帮助和带领群众致富；有的人工作“按酬付劳”，不愿意做报酬少或没有报酬的事；有的从事经济活动，只注重经济效益，不重视社会效益，等等。很显然，对共产党员来说，把执行党的现行政策与遵守党性原则割裂开来的做法是错误的，有悖于党员先进性的要求。党员模范地执行党的现行政策，是落实党中央提出的讲政治这一根本要求的具体体现，是党性强的重要表现，是维护党的政治纪律的一个重要标志。但是，仅仅停留于执行党的现行政策是不够的，还必须严格遵守党性原则。因为党的现行政策和党性原则既有内在的统一性，又是有区别的。它们的统一性在于，两者的根本点是一致的，都是服从和服务于党在社会主义初级阶段的基本路线，体现了党和人民的根本利益。它们的区别在于，党的现行政策是面向全体人民的，而党性原则是面向广大党员的。党性原则对党员的要求高于党的现行政策对党员的要求。因此，党员在执行现行政策的过程中，要始终不忘共产党员光荣称号和应尽的义务，时刻用工人阶级先锋战士的标准要求自己。当前，要着重处理好以下三个关系：一是要正确处理好按劳分配与无私奉献的关系。共产党员在对待劳动报酬上，必须把按劳分配同主动奉献统一起来。只要是有益于国家和人民的事，就是报酬少一点也要不讲条件地尽最大努力去做。二是正确处理好个人致富与共同致富的关系。共产党员不仅应当通过诚实劳动，遵纪守法，带头致富，还要关心帮助群众，带领群众共同致富。特别是当个人致富与共同致富、个人利益与群众利益发生矛盾时，应当自觉牺牲个人利益，带领群众发展经济，走共同致富的道路。三是正确处理好经济效益与社会效益的关系。党的现行政策要求人们从事经济活动必须讲究经济效益。共产党员在经济活动中，既要追求经济效益，也要追求社会效益。当追求两个效益发生矛盾时，要坚持社会效益第一的原则，把党和人民的利益放在首位，做到经济效益服从社会效益，为社会精神文明进步做贡献。

第四，既要自觉加强自律，又要自觉接受他律。在改革开放、发展社会主义市场经济的新的历史时期，共产党员面临着严峻的考验：既有西方敌对势力“分化”、“西化”的渗透，又有市场经济等价性、竞争性、求利性、自发性负面作用的影响，还有所谓的新思想、新观念等非理性思潮的诱惑等等。在这错综复杂的形势面前，共产党员要保持先进性，需要更加自觉地刻苦磨炼。既要靠自己自觉努力，同时还要自觉接受党组织和人民群众的帮助和监督。在现实生活中，有的党员在党组织和群众的监督之下尚能严格要求自己，谨慎行事，一旦离开党组织和群众的监督，尤其在单独行动时，往往放松对自己的约束，甚至误入歧途。这种离开他律就把握不住自己的现象，是党性修养水平低的表现，这样的党员也不可能保持先进性。因此每个党员要保持先进性，必须立足于主观努力，保持高度自觉。特别是领导干部，要高度自觉地按照江泽民同志提出的“自重、自省、自警、自励”的要求约束自己。要加强政治学习，学好马克思主义、毛泽东思想，学好邓小平理论和“三个代表”重要思想，坚定共产主义信念，坚持正确的政治方向和政治立场，提高政治鉴别力和政治敏锐性，打牢廉洁自律的思想基础。要经常重温入党誓言，时刻牢记自己的党员身份，增强党性锻炼，自觉以党员的标准要求自己。要积极投身于改革开放和现代化建设的实践，经受摔打考验，在改造客观世界的同时努力改造主观世界。从而不断提高自我约束的能力，做到在“情有可原”的时候，勇于自省，严于律己；在无人监督的时候，自觉“慎独”，加强自我控制；在个人成长进步比较顺利的时候，保持清醒头脑，自尊、自重、自爱，保持共产党员的政治本色。

共产党员在自觉加强党性修养的同时，还应该自觉地接受党组织和人民群众的监督。党员无论从事何种职业，担负何种领导职务，都要严格遵守党的纪律，自觉接受党组织和群众的监督，有了监督就可以使自己引起警觉，经常反思，加强防范，防微杜渐；有了监督，就可以使自己用党性原则这把尺子衡量自己，规范自己，及时校正自己言行的误差；有了监督，还可以使自己已经发生的问题得到及时发现、及时处理。因此，每个共产党员时刻都要自觉把自己置于党组织和人民群众的监督之下，在自觉接受他律中保持共产党人的纯洁性和先进性。

发表于宁夏《机关党建》2005 年第 2 期

二　经济篇

宁夏地区不同职业类型经济行为取向的分析研究

一、引言

党的十一届三中全会以来，我国现代化建设取得了举世瞩目的成就。宁夏地区的形势同全国一样，经济发展有了长足的进步，人民的物质文化生活水平有了明显的提高。然而，作一横向比较，宁夏与发达省区的距离的确拉大了，宁夏人均国民生产总值由 1980 年的全国第 14 位下降到了 1992 年的第 19 位，农民人均收入由第 9 位下降到了第 22 位。一方面经济发展了，另一方面距离拉大了，原因在哪里？分析起来原因固然是多方面的。有不靠边、不沿海、不沿江的偏远闭塞的地理位置；有占据全区相当面积的过差的山区自然条件；有交通运输状况过于落后等客观原因。然而我们更加敏感而清醒地感受并体验到，制约宁夏经济发展的社会心理因素则更加突出和重要。那种因循守旧、不思进取、缺乏变革与创业冲动、成就动机发展水平较低的消极心理因素则成为禁锢人们心理意识、制约其行为取向现代化的内在诱因。在此，表现最为显著的莫过于考察和衡量宁夏各行业经济行为发展程度水平了，对于改革开放十五年来宁夏行业经济行为的研究，将是我们深入认识宁夏地区社会心理发展和经济生活历程，对于了解和认识宁夏地区各行业人们心理无疑是一个理想且现实的突破口。

因此，本文将对宁夏地区不同职业类型经济行为取向从参与意识、成就动机、风险意识、效率观念、创新意识、进取心理、信息态度、伦理意识等诸因素进行实证研究和分析揭示，对宁夏地区各行业经济行为发展特征系统、全面的考察。并进行深入的研讨，是对社会心理学研究领域的扩展和深化；同时也是社会主义市场经济体制建设的需要，对于发展地区经济，为宁夏区党委和人民政府所倡导的“黄河经济”战略模式提供有效的科学决策依据。以利于正确引导不同职业类型的人的经济行为向良性发展，从而推动宁夏经济发展。

二、课题综述

对行为的研究，历来为哲学家、社会学家和心理学家所重视。本世纪初，美国心理学家华生等人在进化论的思想、机能主义心理学的发展影响下创立了行为主义学派。他们主张：心理学是研究动物和人类行为的自然科学。人和动物的行为是由刺激和反应构成的，心理学的研究就是要确定刺激和反应之间的联系规律，在已知刺激之后，能预断将发生什么样的反应，而当已知反应之后，能够指出有效的刺激性质。行为主义学派在某些方面还接受了巴甫洛夫经典条件反射的理论。对于丰富和发展心理学体系，冲击当时流行的遗传决定论和本能决定论起了一定的积极作用。到了本世纪 40 年代末 50 年代初，在美国产生了一门新的科学—行为科学，该学科不仅研究个体行为、而且研究群体行为、领导行为和人际关系，提高领导艺术，发挥组织效能，提高工作绩效和生产效率，达到最佳组织目标。行为科学的理论学说产生以后，广泛应用于社会生活各个领域。对于深刻认识行为发展与心理意识之间的关系，对于社会学、管理学、心理学诸学科的发展起到了重大的影响，对于进一步研究人类经济行为的现代化，有重要意义。

社会心理学中，对于经济行为的研究，最早萌芽于 19 世纪下半叶。其创始人是法国心理学家杜尔克姆（E·Durkheim）和德国心理学家韦伯（Ernst Herinich Weber）。他们运用社会学、心理学的原理和方法，探讨人们的经济行为和经济与社会之间的互相关系，进而为社会经济的协调发展提供了理论依据。他们认为，经济行为是人们在经济生活方面的行为。如：经营者的经营行为、生产者在生产过程中的竞争或互相协作行为、商品买卖等交换过程中的行为、管理者的管理行为等。经济行为的主要特征是：①经济行为产生的内在动因是人们的基本生存需求；②它是与人类社会心理发展共始终的；③经济活动与行为发展具有永久持续性。因此，经济行为取向趋向作为满足人的物质和文化生活的需要，不是一成不变的，永远不会停留在一个水平上；④由于经济生活与人的基本生存发展需求直接相联系。所以，其对经济行为的支配作用是十分明显的。

杜尔克姆《分工论》一书阐述了他的观点，他认为：在社会中，任何分裂活动都会受到社会激烈的反对和残酷的惩罚，这种惩罚反映了简单社会的集体价值观念，这种集体的价值观念同简单社会的同质性是一致的，它规定了社会成员的行为规范，也正是这种约定成型的行为规范支配人们的各种行为，尤其是经济行为。

韦伯在其对社会比较分析中，充分发挥了抽象概念作用，一方面他否定把资本主义兴起的原因解释为人口的增长或贵金属流入西欧的影响；另一方面提出自己著名的理论，认为非经济因素，特别是政治、文化因素是影响经济发展的重要原因。

20 世纪 50 年代以来，社会心理研究领域中对于经济行为的探讨进入了一个新的时期。美国社会学家帕森斯（T·Parsons）等人出版了《经济与社会》一书，书中将系统论的方法运用于人的经济行为研究，深入分析了人的经济行为和社会活动的相互关系。他认为：社会活动对人的经济行为有很大影响，主要有：①个人在社会或组织中所处的地位，如：自主或支配的权力、受人尊敬的程度；②与这种地位相应的生活和工作的物质条件；③社会的各种习俗、规范、制度和价值观等；④个人的心理特质，包括个人的气质、性格、爱好、智力和文化水平、角色意识、需求层次等。美国经济学家尼尔·斯梅尔瑟在他著的《经济社会学》中较全面地分析了经济社会同经济学及社会学的关系，对经济的社会文化环境，影响经济过程的社会因素和经济发展的社会制约因素等进行了系统的论述，与美国的帕森斯一道，着重强调了非经济因素，即文化因素、思想意识、政治因素、社会阶层等因素与经济的关系。

20 世纪 70 年代以后，日本社会心理学家富永健一在他的《经济社会学》中，从社会学的角度对人的经济行为进行了分析。他认为行为理论是社会学分析的基础理论，社会学分析的规范形式是从分析人类社会行为开始的，地位、作用、集团、制度、价值、态度、社会意识等社会学研究的中心概念，都可以从行为分析入手，然后逻辑地推导出来。经济学分析的规范形式也是从分析消费、生产这种特定方式的人类社会行为开始的。经济价值、价格、需求、供给、工资、利润等经济学研究的中心概念，完全可以从对人的经济行为分析入手，从逻辑上推导出来。人类作为行动有机体，是一个开放性体系，它不向其周围环境索取无数的物质就不能实现其欲望满足，然而相形之下个体又是无能为力的，所以这些欲望的满足几乎都不是单靠个体能实现的，而是靠人们相互行为的社会性行为进行的。

社会学与经济学都把社会行为作为自己的研究对象，而人类行为作为经济学研究对象其欲望性质极受局限，仅限于能在市场上与货币或相当于货币的商品交换而得到的欲望的满足，这种性质的欲望满足行为叫作经济行为。经济行为并不是不同于社会行为的另一种独立的范畴，实际上总是社会行为的一种特定情况。

第二次世界大战后兴起了一门新的交叉学科——心理经济学。以消费者和企业经济行为的决策过程以及影响这些决策过程的心理因素为研究对象，把经济过程看作是人的经济行为表现，而一定的经济行为都是一定的心理因素，包括动机、态度、意愿和期待等的表现。心理经济学认为对未来经济形势的期望是消费者采用经济行为的强有力决定因素；期望不仅引起经济行为，而且通常早于消费者实际支出的变化；人的心理活动和行为不是不可知和捉摸不定的，而是有规律可循的，认识和掌握消费者、企业决策者的心理与行为变化规律，就可以对未来经济形势作出比较准确的预测。

西方从社会学、经济学、社会心理学、经济心理学等不同角度对经济行为进行了研究，从国外对经济行为的研究看，主要成果有：①某些经济行为的各种角色和组织；②人们经济行为与社会变动的关系；③社会群体及其经济行为的变化与经济活动的关系。近年来，随着我国改革开放深入和社会主义市场体系不断完善，我国对经济行为的研究有了较大进展，主要研究课题有：经济活动中人们的经济行为及其变化；影响经济发展的各种外部环境因素；经济政策实施的社会依据、可行条件及后果分析；经济过程中的社会心理学分析；市场经济与行为规范；社会主义市场经济的实施与价值观念的转变等。随着我国市场经济的进一步建立，针对社会主义市场经济体系与人的关系问题也有新的研究。例如：胡宝琛在《市场经济与人的素质》一文中指出，随着改革开放深入和社会主义市场经济的发展，人们生活水平越来越高，全民族身体素质越来越好，对改革开放的心理承受能力越来越强；文化素质和政治素质明显提高，认为当前人的道德水平普遍下降是不切实际的，说明了市场经济发展依赖于人的一定素质，人的素质的提高又依赖于发展市场经济的社会实践，二者是相互影响，相互作用的。

朱乐尧在《论经济与道德的对立统一与整合》一文中指出，经济与道德既相互矛盾互为对立，又相互统一。一方面经济的发展不能脱离道德上的支持，需要以良好的道德传统、健康的社会风气和进步的价值观念为条件，另一方面，道德建设也必须以经济为基础。在我国当前经济改革、体制转型的重要时期，必须高度重视市场经济与社会道德观念及个人道德规范的整合。因此，必须解决好两方面的基本问题。一是关注道德文化的更新与重建，使道德规范、道德准则符合市场经济发展的客观要求。二是加大经济改革的力度和广度，从根本上铲除导致社会产生种种败德行为的经济根源，为建立良好的社会道德风貌和传统创造必要物质条件。

此外，林珏的《市场经济中的主体行为规范》，论述了新时期市场经济条件下与人的行为规范关系。它与经济发展是相互制约，相互影响的。这是历来为研究理论所证实的。然而，人的行为是复杂的，个人的行为，受其长期发展过程中形成的价值观、文化意识、社会规范、教育等影响，并且影响的尝试和广度不同，对这方面的研究，尚未从数量上进行比较说明。而这方面的结果恰恰能反映出问题的实质。

本研究针对地区五种不同职业类型经济行为取向的研究，从量的方面说明五种职业类型行为的各种表现，以及同一种行为表现中不同职业类型之间的差异。为有效地，有针对性地制定各种政策，对不同职业类型进行职业教育，推动宁夏地区经济发展提出建设性意见。

三、研究目的

本研究主要探讨以下几个问题。

第一，不同职业类型的参与、成就意识比较。这一问题的研究主要是通过各行业的人对企业经营承包、发行股票和对经商的态度进行分析研究。

第二，不同职业类型的效率、风险意识比较。通过对时间观念、新科技成果的态度，冒风险去高薪企业工作和贷巨款开发新产品的意识进行分析研究。

第三，不同职业类型的创新、进取意识比较。通过各行业的人的生活态度和对生活水平的满意状况进行分析研究。

第四，不同职业类型的信息、知识意识比较。通过对经济信息的注意态度和对知识的重视程度进行分析研究。

第五，不同职业类型的价值伦理观念的比较。是通过对经商是否要诚实和对金钱的看法进行分析研究。

本研究在探讨以上问题的基础上，深入分析和研究不同职业类型的人的经济行为发展特征及轨迹。目的是：

一是扩展和深化社会心理学的研究领域；

二是为提高宁夏地区各行业人员的综合素质服务；

三是为引导各行业人们的经济行为向良性发展服务；

四是为宁夏区党委和政府制定经济政策提供有效的科学决策依据。推动宁夏经济发展。

四、研究对象、方法及过程

(一)被试

为使抽样被试具有代表性，被试的选取是根据宁夏地区社会人口比例特点，对具有代表特征的银川、大武口、吴忠、固原等十五个市县不同年龄、民族、职业类型、文化层次人群进行了分区分层随机抽样，共发出问卷 1350 份，收回有效问卷 1290 份，调查时间为 1993 年 5 月~12 月，半年之内测完。本研究目的是比较不同职业类型群体的经济行为发展取向，故其他一般因素：性别、民族、地区、年龄、文化程度均不做统计分析。职业类型分五种，其中工人 312 名，占 24.2%，干部 347 名，占 26.9%，知识分子（教师、科技人员）276 名，占 21.4%，农民 218 名，占 16.9%，个体户 137 名，占 10.6%。

(二)调查工具

第一，编制《经济行为发展取向》调查问卷。

根据有关研究资料和经济行为的科学理论，请教有关经济专家，我们对社会主义市场经济条件下经济行为概念外延作了操作性概括，主要概括为：经济行为中参与、成就意识，经济行为的风险、进取意识、经济效率、创新观念、经济信息态度，经济行为的道德伦理观念等因素。针对这些可操作性的内容，我们设计撰制了《宁夏地区回汉民族经济行为发展取向》调查问卷。

分层抽样 150 人（职业为工人、农民、知识分子、干部、个体户），要求他们尽可能对问卷中问题提出修改、补充、删节意见，并真实填写问卷。根据所得材料，归纳总结意见、经统计分析形成最后调查问卷，并在 375 名不同职业类型的人群中进行了预测，问卷的每个因素所含题目数不同，最多者为十三题，最少者两题，经个别因素、题目预测、重测的相关分析，重测相关性在 0.54~0.90 之间，说明该问卷有一定的可靠性。

第二，问卷内容。

问卷分五部分：

一是一般情况：性别、年龄、民族、职业、文化程度、政治面貌等。

二是经济信息态度、经济行为中参与意识。

三是经济行为中成就、金钱、时间、效率观念。

四是经济行为中伦理、竞争、人际观念。

五是经济行为中进取、创新、风险、法制观念。

(三)方法与步骤

第一，《编制经济行为发展取向》调查问卷，进行预测。

第二，全部被试填写《经济行为发展取向》问卷。

第三，计算机统计分析调查结果，撰写论文。

(四)分析统计方法

本研究只选收不同职业类型人群的参与、成就、风险、效率、创新、进取意识及经济信息、伦理道德的比较，选取了问卷的 14 个题目。

同一职业人群各种意识程度采用分类依据的卡方检验，职业类型与意识程度之间采用了列连表的卡方检验。问卷处理、数据统计全部过程都是通过

AST/386 微机上完成，总共处理原始数据 94000 多个，统计处理采用 FOXBASE 数据库软件，为本文的结果分析、撰写提供了客观的量化依据。

五、研究结果

对调查结果用计算机进行数据处理，并进行了卡方检验，得出以下研究结果：

问题 1：假如你所在的单位或村镇正准备搞企业经营承包，您将如何办？调查统计结果如表 1 所示：

表 1　五种职业类型的人的参与意识比较

	工人	干部	知识分子	农民	个体户	独立性检验
积极申请、积极参与	39.8	43.5	29.4	46.4	52.3	x^2=50.23368
较想参加、但怕担风险	18.4	28.2	34.9	22.2	19.9	$x^2_{0.01}(12)$=26.217
可去可不去	21.4	12.4	18.4	19	13.9	$x^2_{0.05}(12)$=21.062
不想参加	20.4	15.9	17.3	12.4	13.9	关联高度显著
x^2_i	23.9**	14.9**	14.6**	60.1**	33.9**	

** 表示 p<0.01，表明差异非常显著。下同。

关联高度显著，表明职业类型和意识程度显著关联。下同。

结果显示：积极申请参加和较想参加者占总人数的一半左右。各职业类型之间的参与意识也有差异，相比之下，个体户和农民对承包制、经营活动更感兴趣，其次是干部、工人。知识分子比较保守。商品经济意识已被绝大多数人接受，但仍有部分（特别是知识分子）商品经济观念不浓。

问题 2：假如您手里有 1000 元现金，恰好某企业为扩大再生产四处筹集资金，发行股票。对此，您将如何选择？调查统计结果如表 2 所示：

结果显示：五种职业类型的人对发行债券、股票乃至被告股份制持有肯定的、积极的参与意识。让手头的钱滚动起来已是大多数的愿望。但也有部分人持反对股份或自我封闭的态度。

表 2　五种职业类型的人的参与意识比较

	工人	干部	知识分子	农民	个体户	独立性检验
想法入股争取分红	53.6	51.4	59.9	49.8	57.4	x^2=17.23368
买东西或存银行	19.9	23	21.2	21.9	25.2	$x^2_{0.01}$(12)=26.217
钱放在手里安全	7.9	10.6	5.5	11.5	6.1	$x^2_{0.05}$(12)=21.062
无所谓、一概不参与	18.6	15	13.4	16.8	11.3	无关
x^2_i	19.8**	26.4**	34.4**	63.2**	33.9**	

无关，表明职业类型与意识程度没有关系。下同。

问题 3：假如您要去经商，或已在经商，促使你经商的个人原因是？调查统计结果如表 3 所示：

表 3　五种职业类型的人的成就意识比较

	工人	干部	知识分子	农民	个体户	独立性检验
经商是高尚的事业、希望参与	2.5	47	4.5	5.1	31.8	x^2=344.4719
尝试奋斗、冒险经历、提高能力	55.8	71.6	63.7	48.4	45.6	$x^2_{0.01}$(16)=32.0000
爱亲友、邻居支配	13.9	0	0	1.7	4.5	$x^2_{0.05}$(16)=26.296
随大流、大家都是这样	13.9	0	9.1	15.5	13.6	关联高度显著
无可奈何、被生活逼出来的	13.9	23.7	22.7	29.3	4.5	
x^2_i	23.2**	53.7**	39.7**	32.4**	24.5**	

结果显示：人们在商业活动中的成就取向存在着两种倾向：一是在重视丰富个人内心体验和精神价值满足实现的同时，有了一种希望为个人提高或改善的内在冲动或欲望，并以此驱使着自己的行为；二是部分人的成就取向带有较大的波动性和胁迫性，即并不把参与商品经济视为丰富个人生活的一种活动，而视为一种外界压力所驱使，这种成就不是自主产生的，而是由外界因素胁迫激发的结果。

问题4：一家工厂缺原料停产，损失严重。有消息说外地有一批原料需马上派人谈判，坐飞机三小时到但不安全，坐火车需要四天，但很安全。你作何选择？调查统计结果如表4所示：

表4　五种职业类型的人的效率意识比较

	工人	干部	知识分子	农民	个体户	独立性检验
坐飞机去、抢时间	75.9	75.4	77.9	61.2	76.6	x^2=25.50812
乘火车、保安全	14.4	14.8	14.9	24.9	18.2	$x^2_{0.01}$(8)=20.090
一时拿不定主意	9.7	9.8	6.3	13	5.2	$x^2_{0.05}$(8)=15.5.7
x^2i	47.2**	57.6**	60.3**	37.7**	60.3**	关联高度显著

结果显示：不论何种职业，选择坐飞机买原料的人比例都很高。人们抢时间、争效益、减小损失的愿望格外强烈，即使有不安全感，也不过多顾及。相比之下，农民时间观念略差一些，求稳及无主见的人数比例更多一些。

问题5：稻田长了许多草，人工除草需要一个星期，购买政府部门提供的除草剂，一天可除掉，但这种除草剂从来未用过。你选择哪种方法除草？调查统计结果如表5所示：

表5　五种职业类型的人的效率意识比较

	工人	干部	知识分子	农民	个体户	独立性检验
人工除草	10.9	19.8	13.4	20.8	16.4	x^2=25.03675
购买除草剂	75.7	70.3	79.5	68.4	78.4	$x^2_{0.01}$(8)=20.090
拿不定主意	13.4	9.9	7.1	10.8	5.2	$x^2_{0.05}$ (8)=15.507
x^2_i	46.8**	49.6**	62.8**	45.6**	62.9**	关联高度显著

结果显示：不同职业类型的人大多数都希望使用除草剂，在最短的时间内灭草。即便是从未用过，有一定风险也义无反顾。相比之下，农民和干部偏重于稳妥。

问题6：“A、B两企业同时招工，A企业工资高可能被解雇，B企业工资低但不会失业。你打算怎样选择？”调查统计结果如表6所示：

表 6　五种职业类型的人的风险意识比较

	工人	干部	知识分子	农民	个体户	独立性检验
选择 A 企业	54.9	55.8	56.9	31.2	46.9	x^2=25.03675
选择 B 企业	23.9	32.7	32.4	51.9	42.6	$x^2_{0.01}$(8)=20.090
拿不定主意	21.2	11.5	10.7	16.9	10.5	$x^2_{0.05}$(8)=15.507
x^2_i	20.0**	34.9**	34.9**	29.4**	33.3**	关联高度显著

结果显示：愿意承担一定风险的是工人、干部、知识分子和个体户，而不愿承担风险的是农民。

问题 7：有家企业，为开发新产品贷款几百万元，一旦产品失败后企业将会破产。对此举动你如何认识？调查统计结果如表 7 所示：

表 7　五种职业类型的人的风险意识比较

	工人	干部	知识分子	农民	个体户	独立性检验
有魄力、有胆识	49.9	47.9	55.2	47.7	57.5	x^2=65.80338
值得敬佩、但不必冒这么大的风险	36.8	43.3	37	34.3	26.9	$x^2_{0.01}$(12)=26.217
异想天开、拿职工饭碗开玩笑	10.4	2.9	6.2	6.8	3.4	$x^2_{0.05}$(12)=21.062
新东西不可靠	2.9	5.9	1.6	11.5	12.2	关联高度显著
x^2_i	23.4**	35.6**	37**	65.7**	34.9**	

结果显示：各种职业的人们普遍称赞这一举动为有魄力、有担识的，尤以个体户和知识分子更为明朗。相比之下，干部虽称赞这一举措，但更持稳妥的态度。也有不少的个体户、农民认为是多此一举。

问题 8：您认为生活中最重要的是什么？调查统计结果如表 8 所示：

表 8　五种职业类型的人的进取意识比较

	工人	干部	知识分子	农民	个体户	独立性检验
尽可能发挥自己能力并取得成就	27.6	46.9	40.4	26.4	35.7	x^2=55.40834
有一个温暖、舒适的家	28.8	19.5	28.3	32.6	26.1	$x^2_{0.01}$(16)=32.0000
尊重、交往、知识	17.4	13.2	18	16.9	21.7	$x^2_{0.05}$ (16)=26.296
被大家和亲友信赖、拥护	15.3	14.1	8.6	13.7	12.2	关联高度显著
吃好、穿好、有钱	10.9	6.3	4.7	10.4	4.3	
x^2_i	4.4**	20.1**	17.2**	90.9**	15.0**	

* 表示 $p<0.05$，表明差异显著。下同。

结果显示：干部和知识分子进取成就意识更为强烈，对“尽可能发挥自己能力并取得成就”的超过40%。而工人、农民把“有一个温暖、舒适的家”摆在首位。各行业都很少选择“有钱、吃好、穿好。”

问题9：“你对目前生活水平状况如何看？”调查统计结果如9表所示：

表9　五种职业类型的人的创新意识比较

	工人	干部	知识分子	农民	个体户	独立性检验
很满意	11.9	13.3	11.4	21.3	22.9	x^2=42.82988
比较满意	27.3	41.9	36.4	31.9	39.4	$x^2_{0.01}$(12)=26.217
不大满意	35.9	28.9	33.4	30.9	20.8	$x^2_{0.05}$（12)=21.062
不满意	24.9	15.9	18.8	15.9	16.9	关联高度显著
x^2_i	7.9**	19.8**	16.9**	54.7**	17**	

结果显示：总体看，满意的指数不高。相比较而言，对目前生活水平状况满意比率比较高的职业是个体户、知识分子，均超过50%，介于中间的是干部。

问题10：假如有位外地亲戚到家中，对谈及外地市场经济信息变化情况你是：调查统计结果如表10所示：

表10　五种职业类型的人对经济信息的态度比较

	工人	干部	知识分子	农民	个体户	独立性检验
非常想知道	53.9	55.9	54.9	45.9	69.8	x^2=72.20695
较想知道	29.3	31.8	38.5	25.6	17.3	$x^2_{0.01}$(12)=26.217
无所谓	10.4	9.6	3.3	16.1	9.5	$x^2_{0.05}$(12)=21.062
不大问及	6.4	2.7	3.3	12.4	3.4	关联高度显著
x^2_i	22.1**	27.4**	32.3**	60.6**	48.8**	

结果显示：大多数人都“非常想知道”经济信息，而不关心经济信息的人很少。相比之下，农民的经济信息观念淡薄一些。

问题11：每天，您对宣传媒介播送的国内外经济新闻或经济信息节目您总是：调查统计结果如11表所示：

表 11　五种职业类型的人对经济信息的态度比较

	工人	干部	知识分子	农民	个体户	独立性检验
非常喜欢听会看	37.4	45.8	40.3	36.6	56.6	x^2=69.92511
较喜欢听或看	28.8	34.5	36.2	26	26.9	$x^2_{0.01}$(12)=26.217
偶尔去听或看	28.8	17.1	21.2	24.3	8.7	$x^2_{0.05}$(12)=21.062
不太注意听或看	5	2.6	2.3	12.3	7.8	关联高度显著
x^2_i	12.1**	27.5**	23.2**	55.5**	33.4**	

结果显示：对经济信息，人们普遍关注，喜欢听或看的人超过 70%。个体户和干部更为关注，超过 80%。不关心的人很少。

问题 12："有两位同龄人，一位未考上大学经商赚了钱，另一位考上大学经济条件一般，你作何评价？"调查统计结果如表 12 所示：

表 12　五种职业类型的人对知识的态度比较

	工人	干部	知识分子	农民	个体户	独立性检验
上大学亏了没赚上钱	12.9	7.2	7.9	11.9	7.8	x^2=454.234
不上学亏了没学到知识	49.3	68.9	54.8	61.7	69.6	$x^2_{0.01}$(8)=20.090
不太注意听或看	37.8	23.9	37.3	26.4	22.6	$x^2_{0.05}$(8)=15.507
x^2_i	19.8**	48.3**	35.1**	37.9**	49.9**	关联高度显著

结果显示：对学习知识予以肯定的比重明显偏高，宁夏地区各行业的人大多数有尊重知识、重视知识的愿望。相比之下，工人重视知识的程度略差一些。

问题 13：经商是否要诚实，您的看法是？调查统计结果如表 13 所示：

表 13　五种职业类型的人对诚实的态度比较

	工人	干部	知识分子	农民	个体户	独立性检验
精明些好，老实人吃亏	29.8	22.6	18.3	20.6	9.5	x^2=39.08226
诚实些好，要讲究信誉，太精明不好	20.4	31.8	33.9	28.5	26.9	$x^2_{0.01}$(8)=20.090
最重要的是诚实这是经商的根本	49.2	45.6	47.8	50.9	63.6	$x^2_{0.05}$(8)=15.507
x^2_i	17.5**	26.2**	29.0**	27.4**	42.5**	关联高度显著

结果显示：各行业均把诚实经营、买卖视为经商的根本，选择经商要诚

实的平均超过 50%，个体户更高，达到 63.45%。

问题 14：有下列三种观点，您认为哪一个最合适？调查统计结果如表 14 所示：

表 14　五种职业类型的金钱观念比较

	工人	干部	知识分子	农民	个体户	独立性检验
金钱是生活的必需品但不是全部	73.2	73.9	78.4	67.5	76.5	x^2=10.03344
君子喻于义、小人喻于利	14.9	15.1	14.2	18.2	12.2	$x^2_{0.01}$(8)=20.090
金钱就是生活中的一切	11.9	10.9	7.4	14.3	11.3	$x^2_{0.05}$(8)=15.507
x^2_i	42.2**	54.4**	60.5**	35**	59.2**	无关

结果显示：各行业平均 70%以上的人认为“金钱是生活的必需品但不是全部”，还有比它更重要的东西。

六、分析与讨论

(一)不同职业类型的参与、成就意识比较分析

宁夏地处内陆边远地区，交通不发达，工业基础薄弱，经济发展缓慢，长期的小农经济与计划经济的模式，导致了宁夏经济长期处于徘徊不前的状态。这无疑使相当一部分人产生了意志消沉、不求进取的懒惰思想，以及怨天尤人的牢骚情绪。社会主义市场经济的建立，在经济大潮的冲击下，不同职业类型的人们参与、成就意识相应地发生了一系列的变化，参与意识变得强烈，成就动机明显提高。为什么不同职业类型的人的参与、成就意识比较强烈呢？我们作出如下分析：

第一，社会心理需要的驱使。心理学研究认为：行为是由动机支配的，动机是由需要引起的。然而，并不是任何需要都能成为动机，只有需要指向一定目标，并且展现出达到目标的可能性时，才能形成动机，才会对行为起推动作用。随着人们物质文化生活的不断提高，人的需要层次也随之提高，人们在社会生活中不仅仅满足于一般需要，而是不断追求高层次需要，如：尊重、实现自身价值等需要，当这种需要经过努力可能变为现实时，人们在改革的大潮中积极地参与、成就意识就会变得十分强烈。改革、开放给人们

带来的巨大利益，市场经济大潮的洪流为追求自身价值实现的人们提供了显示才华，大展宏图的可能。因此，人们跃跃欲试的参与、成就意识就是合情合理的心理状态。同时，由于人们的社会需要不但从内部产生，而且更多地来自于外部环境的触动。

十五年的改革、开放，沿边、沿海、沿江地区异常活跃，人民群众积极参与社会变革，以承包制为龙头，带动整个经济，取得了前所未有的进展，人民也得到了极大收益。富裕了的农民、工人和各界群众对农村承包制从内心上给予了巨大的首肯。而这强劲的春风，由南到北，由沿海到内地全线推开，这无疑给宁夏各行业的人注入了兴奋剂。股份制的出现，给地区经济又带来了新的机遇和挑战，大家跃跃欲试，要抓住机遇发展自己，到社会经济的大潮中施展本领，寄希望于通过新一轮改革，使宁夏的经济水平与沿海地区的差距得到实质性的缩小。因此，极大地刺激着人们变革行为意识的心理需要，促使着不同职业类型的参与行为和活动方式多样化、现代化。

第二，成就动机的诱发。成就动机是一个人追求成功、获得目标实现的心理愿望和要求，是一个人得以取得成绩得到满足的积极心理体验。按小农经济的传统观念来看，成就动机是一个人梦想天开、不安分守己、不满足现状的个人主义自我表现的思想根源，是导致人们心理失去平衡、扰乱思想的危险苗头。在商品经济活动中，由于一个人不可避免地将卷入市场竞争的洪流之中，对人的选择标准愈来愈高。因此，成就本身即意味着一个人目标的建立与实现。任何人将不再处于永远保留现状的状态。商品经济的发展鼓励人在获得积极的自我实现和追求满足与成功，鼓励个人自主选择讲究实效，在经济行为取向上更加趋于主动积极，在经济生活中更富于激情和挑战。成就动机或欲望则无疑成为一个人是否适应现代市场经济变革所具备的基本素质要求。台湾大学心理学教授杨国枢先生曾指出，在工业化过程中，中国人性格与行为的矛盾变化是必然的。从成就动机而言，东方人与西方人相比较，其成就动机未必偏低，偏低的是那种自我取向式的成就动机。自我取向式的成就动机是一个想超越自己心中的“优良标准”(Standardsof excellance)的心理需要，是高度内化而不假外求的，其“优良标准”是自发的而非他人决定的。东方人的成就动机则带有明显的社会意义，虽然也有想超越“优良标准”的心理需求。但主要的却不是一种为做好而做好的冲动，而是一种想经由做好而达到团体与他人的期望或要求。这种成就动机中的“优良标准”不是内发，而是外在的团体或个人提供的，具有他人取向的性质。这种动机比较适合于生活在农业社会中的成就动机。自我取向的成就动机则是一种比较适合于生活在工业或商业社会中成就动机。我认为，十五年的改革、开放的现代化建设，尤其是市场经济的全面推进，促使中国人的成就动机有了明显的变化，人们开始提倡个人成就和创造，追求经济目标的实现和个人奋斗的成功，自我取向的成就动机已经开始具备。但是，我们也应该看到，宁夏地区不同职业类型的人在参与意识上既想参与又怕担风险、拿不定主意和不想参与的人数从表1中可以看出，也占很大比重。这说明宁夏地区不同职业类型参与意识都有明显提高。积极参与成为经济行为中的主体意识，也说明相当一部分人处在既在参与，又怕担风险的矛盾之中，这是不能忽视的。莫尔克斯在《人的现代化》一书中指出：“越现代的个人越渴望改变现状，越能畏惧权威和接受传统。”宁夏地区由于地理、历史等原因，人的现代化程度和发达地区相比还比较低。因而参与意识在一部分人当中还不高。这是党和政府在经济活动中调动人的积极性时必须考虑的一个问题。

调查中我们发现，宁夏地区不同职业类型在经商的成就动机取向上就存在较为明显的差异。从表3可以看出，人们在商业活动中的成就取向存在着两种倾向：一是在重视丰富个人内心体验和精神价值满足实现的同时，有了一种希望为个人提高或改善的内在冲动或欲望，并以此驱使着自己的行为；二是部分人的成就取向带有较大的波动性和胁迫性，即并不把参与商品经济视为丰富个人生活的一种活动，而视为一种外界压力所驱使，这种成就不是自主产生的，而是由外界因素胁迫激发的结果。从调查中我们可以看出，选择经商是“无可奈何，被生活逼出来的”占有一定比例，表明经商意识并未在人们头脑中发展成熟，需要培养提高。

（二）不同职业类型的风险、效率意识比较分析

由计划经济向市场经济的过渡，由自然经济向商品经济社会过渡的历史转折中，着在着计划与市场、自然经济与商品经济在时空上的交织与更替，在这个历史性的转化当中，风险意识的培养与发挥，对于激发不同职业类型

的人勤劳致富的积极作用是很明显的，对于发挥商品流通经营领域各种经营形式的积极性是更为重要的。无数事实表明，凡是经济发达的国家和地区，都是把握了时机，经历了风险，战胜了困难，赢得了时间，显示了效率。经济越是上台阶，风险效率观念就越强化，经济文化越是落后，贻误战机、求稳求慢的思想就越是司空见惯。宁夏与沿海地区的差距是显而易见的，缩小差距必须争分夺秒、只争朝夕，增强承受风险的能力。那么，从现状来看，宁夏地区不同职业类型的效率、风险意识如何呢？

从调查中我们可以看出，总体来说，宁夏地区不同职业类型的效率风险意识表现为两个显著的特点。

第一，追求高效益与留有余地的心态并存。即一方面效益与风险成为正比关系，为了追求更大的长远的经济发展效益，宁愿承担相应风险，甚至舍弃一些应得的眼前的得益。另一方面，承担风险是有限的，尽管有效益，但如果风险难以估价，宁愿少得效益甚至不考虑效益，求平求稳。前者是主体，后者亦不可忽视。比如：当问到“在十几亩高产良田的地方建一个比较理想的农产品批发市场，该如何办？”时，赞成舍弃良田建市场的，与承认市场重要，但最好改建它处的比例分别是：工人为41.31%和40.28%，干部为48.69%和38.08%，知识分子为33.10%和39.39%，农民为42.47%和33.83%，个体户为40.02%和41.70%。这表明：无论哪个职业，在承担风险的过程中还面临着向传统挑战的任务。是以田为本，还是追求经营效益，这对砝码之间如何取舍，令大家共思。主观上希望农田与市场两不误，但事实上，在同一地点上二者同时存在是不可能的。

第二，追求高工资与获得稳定收入的心态并存。从调查中看到，人们一方面希望获得高工资收入，哪怕冒失去工作的危险。另一方面又希望收入要稳一些，哪怕低一点也能接受。工薪阶层的心理偏重于前者，农民的求稳心态更强一些，个体户居中。这是由于工薪阶层过去在计划经济中长期拿着稳定而偏低的工资，说富余但不很阔绰，说不富裕又能维持一般生活。改革、开放和推行市场经济以来，物价上涨，消费指数增加，原有的工资已不能较好地满足日益增长的物质需求。虽然工资改革使每个人的工资有所增加，但与物价增长指数和消费需求相比仍不平衡，这就使他们产生了急于改变现状的要求，希望收入有较大幅度地增长。作为农民来说，生活资料的相当一部分来于自产自销，市场行情价格的变化对解决温饱维持生活不发生根本性影响，他们参与市场商品交换多是改变穿衣、交通文化设施状况，增加一些自由支配资金，或是扩大再生产，对工资扬抑的敏感性显然不如工人、干部和知识分子那样直接、迅速和强烈。因此，他们更倾向于稳定甚至较低的收入，以求生活消费的补充和调剂。作为个体户来说，既有原来是拿工资的、办理停薪留职从事经营活动的、又有本为是农民，离乡离土从事经营活动的，他们的生活来源及经济收入主要依靠在市场中的经营活动。工人、干部、知识分子工资的涨落以及社会消费水平的变化与个体经营者的经营活动及商品价格、经营收入等等，可以说是水涨船高，水落船低的关系。他们一方面是经营者，希望物价增长，以增加经营收入，获得更高利润。另一方面，他们又是消费者，希望物价上涨不要过大，以免自己的消费与支出过大。正是这种两重性，使得他们对两种选择处于均衡状态。

（三）不同职业类型创新、进取意识比较分析

改革体现在经济领域中，首先触及人们的经济行为，促使人们通过物质的手段改造世界。使经济生活领域产生超出以往状况的新的效益。然而，这场大变革又不是一种纯经济行为。它必然对社会的上层建筑、管理模式、调控机制以及人们的思想观念、生活方式也产生巨大的冲击。作为人们观念意识的变革，又是以创新、进取为先导的。创新进取的意识观念是与社会经济政治变革与日俱进的，也是推动经济发展的作用力。而不同职业类型的人对于创新进取的认识以及实际行为的表现是有差别的。在调查中我们可以真切地感受到这一点。

个体户：他们得益于改革、开放，相当一部分人已步入了“先富起来”的行列。他们基本上能够按照各自的发展途径，自主的经营劳动，身心是自由的，心情是愉快的。尽管对税收和工商管理以及“三乱”现象有一些牢骚情绪，但总体是拥护改革、开放政策的，并愿意长期保持不变。基于这种情况对现状的满意程度当然就比较高。

农民：农民对改革前后个人生活及农村状况的体验最深刻，改革前后在他们身上发和的变化也是最巨大。强烈的反差，使他们没有理由也不可能对

现状提出过多的指责。加上农民身上带有的传统小农经济色彩，只要基本物质生活能够保证，容易产生满足感。他们感谢党的富民政策，感谢农村承包责任制，寄希望农村政策不变。

工人：他们与国家的改革、开放经历了相同的酸甜苦辣，实行企业承包制、股份制、打破大锅饭、铁饭碗、扩大企业经营生产自主权、转换企业经营机制等一系列措施，确实使一大批企业走出了困境，提高了效益，找到了发展的新路，工人的生活水平也得到了改善。然而，在宁夏，工业基础薄弱，工业生产状况甚差，上规模、上档次的企业少，不少企业还处在亏损状态，虽经多方努力，但终因积重难返，还处于极力拼争，试图走出低价的阶段。因此，就宁夏地区大多数企业，尤其是中小企业中的工人来讲，劳动收入的增长速度很慢，按照物价增长比例计算，有些甚至还有倒退。这难免使他们在思想上产生困惑，对现实生活水平表示不满，这是可以理解的。

知识分子：他们作为社会物质、精神财富的创造者，以高度的责任感、事业心为国家作出了巨大的贡献，是应当给以尊重和保护的。然而，近些年来，我们对知识分子，尤其是教育、文化界的知识分子，喊尊重、喊重要得多，具体重视、关心的措施少。因而知识分子，特别是教师，他们的生活待遇还处在社会各行业收入的中下水平，这给他们的思想蒙上了一层阴影，一些同志不由自主地产生“说起来重要，实际上次要”的埋怨情绪。产生了脑力劳动者不如体力劳动者，不如经商“下海”搞买卖的消极情绪。要求改变现状，真正尊重知识、尊重人才，提高生活水平的呼声也就显得日渐高涨。

基层干部：作为联结上级组织与普通工农群众的纽带，对上下级的情况都有所知，有所晓，也比较体谅上级的难处和群众的要求。在比较权衡中，容易形成中立一些的看法。既满意又觉不足，既认可现实又有新愿望。表现出较为矛盾的心态，但主要方面还是肯定现状。

在创新进取意识上，不同职业类型的人也表现出一些相同的特征。首先是进取意识很强烈，不因外界因素或事件干扰而轻易转变。比如，当问及“一个人去一个很远的地方做买卖，结果耗费了几个月的辛苦，钱也全赔了，对此将如何办?”回答为：“继续干下去，不要怕失败”的各职业类型的人都占绝对多数。除农民为69.73%外，其余均在70%以上。其次是更注重通过学习、看报鞭策自己。他们很注重看报纸杂志、看电视听广播，而且是经常化的。偶尔看或不去看的仅占总数的10%左右。第三，更注重教育子女，愿意送子女受教育的人均占80%左右，认为给子女创造一个学习的良好环境是很重要的。这说明他们还将从更长远的角度考虑成就问题。第四，对流行事物未必随意跟从。如当问到对正在流行红西服有何看法时，持“不在乎这些变化”观点的人均占50%以上，持“不愿买红西服，但买一件别的衣服”的观点的人占20%左右。这表明，在生活穿戴方面，各职业人们并没有强烈的从众和攀比心理，他们着力追求的仍然是副业的进步、生活水平的不断提高。

（四）不同职业类型的信息、知识意识比较分析

信息是财富的代名词。在今天，它被全社会各行业的人们所普遍重视。这是因为它越来越广泛地服务于经济建设，越来越多的为人们创造着财富。信息能使人视野开阔，及时地了解不同情况，准确地做出决策。经济信息尤为如此。当市场经济大潮涌来的时候，信息日益显示实用的价值。处于全面推进改革并向小康型奋斗的宁夏各行业的人们正在以前所未有的热情，接收着来自方方面面的多种多样的信息资源。他们注重市场，热心了解各地经济信息变化，留意大街上的广告宣传牌和商店里货物的经营信息，注意电视广播节目中有关商品的销售，价格变化的情况，喜欢收听、收看国内外经济新闻和经济信息节目。他们热情拥护邓小平同志南方谈话，对胆子再大一点，步子再快一点，经济发展再上一个大台阶的号召感到振奋，对沿海和南方等地开放、发展十分想往，而对西北内陆的宁夏发展缓慢倍感着急，寄希望于抓住时机，上下努力，加快发展。宁夏区党委和政府已认识到信息的重要性，比如“在发达地区设置窗口，其实就是为了更快更准确地了解全国信息，以使能及时地调整我们的经济市场。

从表10数据中可看出，不论何种职业，“选择非常想知道”的比例远大于选择其他答案。表明不同职业类型者在经济信息认知态度上有着明显的一致性，也表明社会商品经济的发展所掀起的经济信息浪潮已涌入千家万户、波及各阶层，给社会各界带来了巨大的冲击力。同时还表明宁夏地区各行业的人们已不满足于封闭落后的生活状态，渴望了解外界的变化，迫切投

入社会经济生活中去，这是十分可喜的现象。只要我们正确引导，并充分利用各种新闻媒介传播有价值的信息，就会使重视信息的宁夏地区各行业插上腾飞的翅膀，为宁夏地区经济发展起到有力的推动作用。

从表 11 可以看出，在收听收看经济新闻或经济信息节目方面，不论是何种职业，选择“非常喜欢听或看”和“较喜欢听或看”的均占绝大多数。其中干部和个体户超过 80%。可以认为，商品经济发展不仅仅只是改变着人们的物质生活，也在改变着人们的认识态度，同时也在提高着人们的商业心理素质。信息作为商品经营中的一种媒介载体，其价值已成为人们人事商业经营活动取胜的钥匙和砝码。宁夏地区各行业所表现的对经济信息的态度取向，说明信息作为一种无形价值资源已开始成为影响人们生活的重要内容之一。

在科学技术是第一生产力的今天，加快经济发展更离不开知识的推动力量，宁夏各族人民比以往任何时候都更加重视知识、重视人才。工人、农民的访谈中、话语中时时流露出对知识的渴望和尊重。当问及影响今后发展最重要的因素是什么时，普通工人和农民回答都是把知识和能力摆在前列，金钱、权力、关系等并没有成为首要目标。其他职业类型也基本上如此。另外，工人、干部、知识分子、个体户还注重能力。有一部分农民和知识分子则注重把钱作为今后发展最重要的因素。

(五)不同职业类型的价值伦理观念的比较分析

经济行为除受具体的经济原则调控外，还要受群体或个体伦理观念、道德意识等非经济因素的影响。在建立社会主义市场经济过程中，计划体制下的道德观念渐渐为人们所摒弃，适应市场经济需求的新道德，如公平竞争、尊重智慧、富于胆识等观念逐渐为人们所推崇，在经济活动中，都渴望既做“经济人”又是“道德人”，但因职业的类型不同，所处的行业环境不同，赞成其价值伦理观念的范围、深度强度和指向性存在着差异。这些差异通过价值评判、思想认识及经济行为表现出来。我们对有关问题做比较分析。

第一，诚实性比较。在经济活动中，诚实与虚假是一对重要的范畴，是价值观念的主要表现，我们就最基本的问题提供给不同职业的被调查者，让他们对经商是否要“诚实”选择自己的看法，从表 13 中可以看出，不同职业均把诚实经营、买卖，视为经商的根本。说明在现实生活中，人们已将交易行为的好坏与是否讲究诚实经营联为一体，各行业对诚实经营讲究道德予以积极鼓励并付诸实践。在此，尤以个体劳动者体验最为强烈。究其原因，是与自身的经济利益相关。个体劳动者均以自得其业、自食其力维持生计，迫切希望在商品交易中以诚实的面貌和讲究信誉的原则赢得客户的信赖，对相互之间的坑蒙拐骗行为深恶痛绝。而知识分子、工人则有部分人对精明算计持较为赞许的态度。一则说明知识分子对商品交换信心不足，认识上不全面，自古“无商不奸”的消极影响仍未消除，“即商则奸”似乎是某些人的固定看法。再则，工人、知识分子亲身从事商业经营、公平交易的体验不深，幻想借助于个人的某些“聪明”“手段”来弥补其经营交易中“先天不足”的缺憾和顾虑，这种浅显认识和理解说明部分人的商业伦理意识尚未成熟，这也是一些行业人员希望经商却又无所适从两难心理产生的根源。总的来说，对诚实性的认同的人数占多数，不仅如此，讲究信誉，遵守合同也为各行业的人所接受。可以说，这是诚实性的一种具体体现和衍射。

第二，金钱观的比较。从表 14 中可以看出，各行业平均 70%的人认为：“金钱就是生活的必需品，但并不是全部，”还有比它更重要的东西。这说明跨入商品经济大门的宁夏地区各行业的人们对金钱的态度也发生了很大的变化。自古以来，传统的中国人就有存在“义”与“利”的矛盾和对立，“重义轻利”“君子喻于义，小人喻于利”似乎成为人们经济行为中所无法跨越的界限。这种观念曾经严重束缚了民族工商业的发展。对于深居内陆、信息交通闭塞、人们的商品经济意识较差的宁夏地区影响更深，束缚更加严重。许多江浙一带的小商小贩来宁夏后发现这个地方的钱好赚。原因是许多人对诸如修鞋、理发、卖水果、香烟等行业嗤之以鼻，似乎有损情面，坏了自己的门风。安贫乐道一度成为人们的生活的基础心理。改革开放十五年来，以艰难曲折的商品经济转折当中，人们对金钱的态度逐渐发生了理性的变化。人们重视钱的积极作用，但并非把它作为人生的支柱，这种态度在商品经济时代是难能可贵的。同时，我们发现，不同职业类型中均有10%左右的人还认为“金钱就是生活中的一切。”这些情况表明，对金钱的认识存在着多元价值倾向。主流是健康的，并且认识也在深化。但是应当看到，拜金主义的倾向是存在的，需要进行正确引导，我们既不能回到“重义轻利”不讲价值规律、不求经济效益的老路上去，又不能在新的环境下滋长“金钱至上”的拜金主义陈腐观念和不良风气。这一方面要靠教育，另一方面要靠政策导向。

七、结论

根据以上分析讨论，本研究认为，改革、开放以来，宁夏地区不同职业类型的人的心理意识正在不断地适应着社会政治、经济的现代化变革。但由于受传统落后的思想、观念的影响太深，经济行为的诸多方面仍跟不上现代化发展的要求，具体表现在以下几个方面：

第一，希望积极参与，但犹豫不决、自信不足的畏惧心理依然存在。表1表2调查结果表明，大多数人希望能积极参与经济承包和股份经营活动，对新的经济活动持积极和热衷的态度。选择“积极参加”和“较想参加”的人超过50%，说明宁夏地区各行业的人的商品经济意识正在加强，尤其是个体户、农民表现更为明显。但从调查中我们还看到各行业当中有一部分人“选择可去可不去”和“不想参加”。这说明部分人表现的参与热情不高，缺乏积极参与社会市场经营的浓烈意识，传统保守落后的观念依然左右着部分人的行为取向，对经济活动中的激烈竞争缺乏自信心、犹豫不决，这种心理限制着人们对商品经济活动更多的投入，因而增加了宁夏地区推进市场经济的后拽力。在这一方面，知识分子比较保守，商品经济观念不浓，表明部分知识分子仍然沉浸于传统的“书斋文化”的氛围之中。自古“两耳不闻窗外事，一心只读圣贤书”的“安贫乐道”的心态仍然支配着部分文化人的意识活动。

第二，风险、创新意识有所增强，但保守、依赖心理仍未消除。从调查中我们看到，一方面积极响应和接受新事物、新思想的出现，工作讲究效率，希望积极尝试，敢于冒风险，对挫折的忍耐承受心理也有了很大提高。说明宁夏人已经开始走出封闭保守的圈子，心理世界趋于开放，人们已经不满足于现状，不安于贫穷落后的生活环境。另一方面，保守依赖心理仍在一定程度上存在。保守，意味着在经济行为表现中，人们那种忍耐、注重经验的行为取向特征，依赖则反映人们不尚冒险，不思创新，安贫乐道，随遇而安的低抱负水平，表现为许多人不愿担风险，依恋故土，对固定职业，收入看得过重。也就是说，宁夏人还没有“大胆走出去”。那种平稳求安，害怕风险的依赖心理，观念与行为的不协调，使得宁夏人在市场经济浪潮中显得比较紧张、拘谨。究其原因，一个是宁夏经济发展不快，择业门路窄，人们的收入来源比较单一，对固定收入与职业有依赖性。二是西北地区经济条件较差，人员的职业流动不广，人们尚难形成争冒风险表现自我的时尚，那种按部就班、因循守旧的观念意识仍然有着较大的市场。与南方沿海各省的紧锣密鼓积极行动、与人家千方百计谋求发展，苦心孤诣研究市场经济的态势形成明显的对比。

第三，关心外部世界的变革，但在经济行为的信息态度取向上发展不平衡。调查中我们可以看到，对于外地的市场及经济信息的变化情况，不论何种职业都反映十分强烈。宁夏地区各行业的人们对新闻媒介和广告宣传开始积极适应，对产品的宣传开始予以重视。宣传自己，积极推销自己，提高知名度，已成为正在进入市场经济领域的宁夏地区各行业人们的共识。调查中我们还可以看出，目睹沿海城市腾飞和变化的宁夏人对于自身经济发展较缓慢的焦灼心理十分突出，扑面而来的改革开放热风，使内地的宁夏人感受到了压力和挑战。在此，值得注意的是，农民对于经济信息的反应倾向明显低于其他各行业。究其原因，是农民恋乡怀古的意识浓烈，对于商品经济意识反应不迫切所致，农村相对偏僻落后，消息闭塞，农本思想严重，存在以商为末的思想。这表明宁夏地区的农民长期受自然经济的影响，习惯于祖祖辈辈厮守方寸之地，墨守成规，不求进取，日出而作，日落而息，有的世代相传，终身守一业，习一艺。在这种封闭的生活圈子里，孤陋寡闻，不见世面，知足常乐。闭关自守，以一家一户为基本生产单位的自然经济使人们见闻不出乡里，交往止于四邻，目光短浅，不知视野之外还有什么天地。因此，对外界的信息表现出不关心的行为取向，经过十多年的改革开放，这些封建社会积淀下来的落后意识有很大改观，但与其他职业类型相比仍有一定差距。

第四，价值伦理观念趋向现代化，但仍存在陈旧的拜金思想。宁夏地区各行业的人在经济行为中的伦理观念总的来说还是比较适应社会发展要求的，对待经商活动不论何种职业都把贵在诚实放在首位，认为经商最根本的是诚实。我们中华民族性格中的诚实宽厚、西北民族的朴实直爽的个性特征，在宁夏地区各行业的经济活动中体现得十分明显。在同被调查者接触当中了解到，许多人对那些假冒伪劣，以次充好的恶劣行径极为不满与愤慨，尤其是个体户，他们对诚实经营的重要性体会更深。对金钱的看法，大多数人认为金钱不是万能的，还有比金钱更重要的东西，但也有一部分人认为“金钱就是生活中的一切”。这种拜金主义的陈旧思想是值得引起我们重视的。

八、思考与建议

我们透过宁夏地区不同职业类型经济行为发展取向的调查研究、讨论分析，深刻地感受到：

第一，一个地区的经济发展和社会进步是与该地区人的心理及行为发展相辅相成的。地区经济的落后，不单是物质条件或生产条件的落后，更主要的是人的心理意识及观念的落后。

第二，社会主义市场经济的发展，一方面为人的潜能开发提供了广阔的天地，另一方面，人的心理发展在社会主义市场经济发展变化当中，有举足轻重的作用，商品经济的发展是通过人的经济意识和经济行为体现的。

第三，探讨一个地区经济发展，必须从研究人的行为及心理入手，只有充分、准确地掌握了各行业间人的行为发展轨迹，才能更好地改善、提高人的心理意识，为经济发展提供良好的主体条件。

第四，人的现代化，即人格发展的现代化是社会主义经济现代化的核心因素，没有人的观念、社会心理的现代化，就谈不上经济现代化。宁夏地区的经济发展相对落后的原因不只是客观环境条件的落后，还有文化教育水平低、观念陈旧、社会意识落后等更深层次原因。由此，对宁夏地区经济发展提出以下建议：

一是从教育入手，增加教育投入，重视基础教育，提高人口综合素质。

二是在促使人们经济行为现代化的过程中，要重视对人们心理意识和观念现代化的引导。

三是要加强各行业之间的横向联系，鼓励各行业的人才交流和竞争，取长补短，相互促进。

四是对工人和农民主要是从根本上提高他们的文化素质，更好地实施宁夏区党委和政府推行“231”工程，进而提高他们的心理素质，改变他们落后观念，促使其经济行为现代化。

五是对干部要进一步提高当政素质，积极推行国家公务员制度，打破行业界限，积极进行干部交流。在知识分子当中，大力宣扬创新思想，鼓励竞争参与，同时要注重提高知识分子的待遇，改善他们的生活条件。

六是对个体户要放宽政策，大力扶植，鼓励其在人员数量上和经营规模上都有较大发展，以带动整个宁夏地区的经济发展。

《硕士答辩论文》1995 年 5 月

经济欠发达地区跨越式发展再思考

一、跨越式发展是经济欠发达地区缩小与发达地区之间差距，与全国同步进入小康社会的必由之路

资源配置的区域性和经济社会发展的不平衡性决定了生产力的发展总是呈波浪式的前进，经济欠发达地区和发达地区在时间和空间上只是一个动态的概念。一是在不同的地区和不同的时期划分发达地区与欠发达地区的标准是不一样的；二是欠发达地区可以转变为发达地区，而发达地区也有可能沦为欠发达地区。因此，在一定历史条件下，一些落后地区、落后产业可以通过努力形成经济的高速、高效增长，走跨越式发展的道路。

第一，跨越式发展是经济欠发达地区自身发展的需要。经济欠发达地区相对发达地区来说，由于区域位置上的劣势，加上历史的因素及国家的宏观政策等方面的原因，无论经济总量还是人均水平，都相对落后，与发达地区存在较大差距。以我区来说，贫困人口和地区主要分布在南部山区，那里山大沟深，十年九旱，自然条件非常恶劣；资源对人口的承载能力低；交通不便，信息闭塞，劳动力素质较低，生产经营门路少，已经脱贫的人口，还缺乏稳定的就业和收入来源，一遇天灾人祸极易返贫。对于落后的南部山区，自治区必须投入相当的人力、财力和物力加以扶持，这势必会影响到自治区对外交流、引进外资、调整产业结构等方面的力量，从而滞后全区的发展。如果南部山区不能尽快脱贫，落后面貌长期得不到改变，宁夏要想实现现代化，赶上发达地区，与全国同步进步小康社会也就是一句空话。对于像宁夏这样的经济欠发达地区而言，要彻底改变山区贫困落后的面貌，找到一条从根子上脱贫致富的最有效的路子，就必须从根本上转变体制、机制和经济增

长方式，采取非均衡发展模式，走跨越式发展的道路，这是经济欠发达地区实现自身发展的前提需要和必选之路。

第二，跨越式发展战略是经济欠发达地区经济腾飞的必然选择。从理论上说，跨越式发展是对非均衡增长的形象概括，是反梯度推移理论。反梯度推移理论认为：落后地区也有自己的独特优势和积极性，只要经济发展需要而又具有条件，低梯度地区可以直接采用最新技术，实现超越发展。欠发达地区的发展应首先实现与发达地区的对接，通过优势互补，推动地区经济的发展，实现双赢。从实践中看，跨越式发展是一种有内在规律的客观存在，在经济发展史上，工业化进程的后来者以较短的时间走过先行者走过的路并后来居上的事例屡见不鲜。19 世纪中叶，德国和日本曾是两个后进的国家，由于他们紧紧抓住第二次技术革命的历史机遇，实现跨越式发展，赶上了实力远远超过他们的英国和俄国。

我国从 1978 年实行改革开放算起到现在一共有 30 个年头，然而，在短短改革开放的 30 年中，我国创造的总财富要比有文字记载以来的 5000 年创造的财富总和还要多。2006 年，我国 GDP 超过了 20 万亿元大关，达到 209400 亿元。我国的 GDP 是从 1952 年开始统计的。1952 年，全国 GDP 为 679 亿元，1956 年超过 1000 亿元，按照这个增长速度推算，建国时的 1949 年不会超过 400 亿元，如果把 1949 年的 GDP 按 400 亿元计算，2006 年的 209400 亿元是 1949 年 400 亿元的 500 多倍，也就是说，我国现在一年创造的财富相当于建国初期的 500 多年创造的财富。那么，现在的 10 年时间就可以创造建国以前的 5000 多年创造的财富。扣除价格上涨因素，我国改革开放以来 30 年创造的财富也肯定会大于我国有文字记载以来的 5000 年创造的财富总和。这些数字说明，跨越式发展战略和目标是能够实现的。

第三，跨越式发展也是宁夏广大干部群众必须担当的历史责任。一方面，宁夏与发达地区的差距在继续扩大是不争的现实。而另一方面，作为科学发展观重要内容的统筹地区发展，其实质是通过促进欠发达地区更好更快发展，最终实现全国的共同繁荣。因此，宁夏作为欠发达地区，必须自加压力，勇于超越，尽最大可能缩小与其他地区之间的差距。这不仅是科学发展观和构建社会主义和谐社会的内在需要，是宁夏为全国的区域协调发展和实现全面建设小康社会宏伟目标必须担当的历史责任，也是全区 600 万回汉各族人民和广大党员干部希望改变落后面貌的迫切要求。

二、经济欠发达地区可以用“拿来”的办法，直接运用发达地区的成功经验发展本地区的经济

第一，欠发达地区可以主动吸收和利用发达地区先进技术成果来发展本地区经济。经济欠发达地区可以借鉴经济发达地区先进的经验、方法和相对成熟的技术，或可直接“拿来”为己所用，降低成本，缩短时间，加快本地区经济发展的速度。吸收和利用发达地区的成果是提升改造传统产业，发展新型产业，营造后发优势的最佳选择。现代科技和信息化的迅猛发展，为我们实现跨越式发展提供了一个“跳板”，我们要善于总结发达地区的成功经验，善于吸收和引进发达地区的技术开发成果，紧紧抓住结构调整这条主线，通过技术创新等手段，培育和发展我们高新技术产品和高新技术企业，进而实现产业的跨越式升级，实现后来者居上。

一般来说，经济欠发达地区在区域内往往有比较丰富的生态资源优势、潜在优势和后发优势，要把生态资源优势、潜在优势和后发优势转化为生产力优势、经济优势，可以认真借鉴发达地区的经验，分析与周边发达地区的经济关联度，有效地融入到周边发达地区，寻求快速发展的道路。同时，随着发达地区经济实力的快速提升，部分附加值相对较低的产业、产品已受当地土地、劳动力、能源等要素制约，开始向外转移，把周边的欠发达地区作为新的发展空间，实现产业升级和转换。此时，欠发达地区可以立足于自身的资源、市场，借鉴发达地区在发展生产力，规范市场结构等方面所采用的有效的政策和方式方法，以其成功的经验指导经济结构重组，强化特色经济，重组产业优势，提升自身发展动力，达到跨越式发展的目标。

第二，欠发达地区可以借用发达地区的外力促进本地区的发展。对欠发达地区而言，借鉴发达地区的成功经验是快速而有效的一条捷径，但在借鉴成功经验提高自身优势的基础上，借用“外力”促进发展也是不可或缺。经济欠发达地区的主要矛盾是经济总量小、人均水平低、综合实力弱，必须走扩大对外开放、广泛招商引资的路子，加大作好“借”字文章的力度。特别

是要紧紧抓住当前我国正处在经济周期上升期的历史机遇，在人才、资金、技术等生成要素异常活跃的局势中，通过扩大开放，吸纳聚集生成要素，提高生产力水平，推动经济快速发展。例如，对于不能依靠中心城市带动经济发展的地区，可以选择条件优越的地区集中力量建设工业园区，为招商引资、发展工业建立一个畅通的渠道，借助异地的成功经验、技术、管理、人才、资本甚至资源优势来发展自己，提高自身对周边发达地区的吸引力，促使生产要素和资本大量地向园区聚集和流动。也可以为本地分散的、无较好区位发展条件的企业提供一系列便利条件和优惠政策，以降低企业生产成本，为企业发展提供广阔空间。再比如从人力资源方面来说，欠发达地区低素质劳动力过剩而高素质人才稀缺，环境的恶劣和待遇的低下往往造成人才的流失，更没有优越的条件吸引人才的聚集。欠发达地区要改变落后状况，就应大力开发人力资源，在提高人的素质、培养与现代市场经济相适应的人才方面有突破性进展。

对宁夏而言，“拿来”应当积极引进、消化、吸收先进技术，进一步壮大煤炭、电力、冶金、化工、机械、造纸、建材、医药支柱产业，着力解决集中度过低、工艺技术装备落后、资源利用率不高、高附加值产品短缺等问题，延长产业链，提高生产技术水平，增进效益。积极推进现代制造业发展，重点发展生物工程、现代制药、电子信息、新材料等产业。

三、经济欠发达地区的一些劣势，换个角度看就是优势，当优势去思考、去运作，就会变为现实的优势

对欠发达地区而言，资本、技术等生产要素普遍稀缺，是不可回避的劣势，而劳动力、自然资源相对富裕，是可以充分利用的有利优势。如何挖掘比较优势，促进劣势转化成为优势，是欠发达地区走出落后困境的关键。

第一，经济欠发达地区劣势向优势的转化是实现跨越式发展的有效途径。宁夏地方小，除了煤炭储量排在全国前列，其他方面的资源都比较缺乏，市场配置资源的能力也不很强，贫穷是很多县域的共同特征，可持续发展的条件也并不优厚。这样的条件，确实不利于经济的发展。但是，从另外一个角度来看，我们也可以这样看待这些先天的劣势，地方小有利于政府决

策，在市场体制、产业制度等各方面进行宏观调控，及时调整发展策略和计划；工业不发达，存在的发展空间就大，例如近几年来围绕宁夏的煤炭企业，大招商、招大商已经取得了阶段性成果，同时丰富的煤炭储藏也推动了宁夏火电业的迅速发展，目前，全区 12 座电厂的装机容量为 519 万千瓦，达到了相当高的水平；宁夏人民贫穷，致富的欲望就会强烈，思变的愿望也就会推动其努力向小康的目标靠近，这对自治区在劳务的输出，教育的普及和发展等方面都会起到有利地推进作用。可见，欠发达地区的劣势换个角度看待，只要利用的好，也能成为现实的优势，促进本地区的发展。

第二，因地制宜开发劣势资源，发展区域特色经济。宁夏地处西北地区，降雨量少，昼夜温差大，气候干燥，不利于一般作物的生长。但是，换个角度来看，降雨量少，全区的日照时间就长，对发展优质粮食、高酸苹果、酿酒葡萄就是个很好的优势资源。并且特别适合于具有很高医药价值和保健功能的枸杞生长，加之昼夜温差大，这就有利于枸杞糖分的积累，又有碱性沙壤土适合种植，所以该产地生产的枸杞粒大肉厚，味甜色红，单产高，品质位居全国前列。在大力种植枸杞，规范枸杞市场的基础上，充分利用枸杞资源生产的宁夏红枸杞酒、枸杞奶已打开市场，在全国享有盛名。同理，由于日照时间长，灌浆长，宁夏大米颗粒饱满，营养丰富；由于沙地质量好，宁夏生产的硒砂瓜水分充足，甘甜爽口，深受欢迎。不难发现，只要我们巧妙地转变思路，将干旱作为一种发展优势，趋利避害，成功地发展干旱产业，也能推动经济欠发达地区的发展。由此可见，欠发达地区的一些劣势只要运用得当也能变为后发优势，为跨越式发展提供有利条件。

同时，地方小有地方小的优势，船小好掉头；起点低有起点低的特点，发展的空间就大。诸多劣势完全可换成优势资源来思考、运作和经营，就必须对这些资源要素进行统筹和综合利用。这就需要在科学发展观的指导下，吸取发达地区的经验教训，通过统筹多种要素、依靠科技进步、高效利用资源，实现高水平起步、链条式开发、集群化发展，从而形成后发优势，避免走别人走过的弯路。

对宁夏而言，要依托我区资源优势和现有基础，大力推进工业结构调整，形成一批特色优势产业集群。着力发展以煤炭、电力为主的能源工业；

以煤化工、石油化工、天然气化工为主的化学工业；以钽铌铍稀有金属、镁及镁合金、电解铝及铝材加工、碳基材料、多晶硅等为主的新材料工业；以数控机床、自动化仪表、煤矿综采设备、大型轴承、精密铸件、风电设备等为主的先进装备制造业；以羊绒加工、枸杞制品、葡萄酿酒、乳品、清真牛羊肉等为主的特色农产品加工业；以生物制药、电子信息、新能源和软件开发等为主的高新技术产业。要又好又快建设宁东能源化工基地，实现资源优势向经济优势转化，加快大型煤矿、重点电厂和煤化工项目建设，延长产业链，搞好深加工。加强环境保护，发展循环经济，使其成为我区经济发展新的增长极。

综上所述，经济欠发达地区受自然、社会、经济、历史等多种因素的制约，经济发展与发达地区相比，无论是速度、水平、还是结构、层次上都存在着显明的差距。面对知识经济和中国加入世界贸易组织（WTO）之后所带来的机遇和挑战以及全面建设小康社会的宏伟目标，经济欠发达地区可以借鉴发达地区成功经验，发挥自身优势，变劣势为优势，充分利用有效资源走跨越式发展道路，在实现人口、资源、环境与经济协调发展的同时，实现农业、工业和社会的全面现代化，努力缩小并赶上发达地区。

发表于《共产党人》2008年第6期

经济欠发达地区高校后勤社会化探讨

高校后勤社会化的理论依据是马克思的商品经济理论。高校后勤工作的经济属性是很明显的，应让它“回归”社会，恢复其原有的商品化的属性和功能，让它成为生产力，按照企业化、产业化方式运行。高校后勤社会化的实践依据是社会主义市场经济体制的确立。市场经济是社会主义经济发展的必然选择，也是高校后勤社会化的大前提，没有社会主义市场经济的大环境，在学校办社会的条件下，高校后勤社会化是无从谈起的。

经济发达地区市场经济体制的建立较为完善，市场机制的形成较为顺利，市场协调机制、竞争机制、监督机制都较为先进。人们的市场经济意识也较为浓厚，市场经济的参与取向也相对明确。因此，高校后勤社会化工作，其大环境明显优越，政府的主导作用、社会力量的参与意识都明显地超前，高校推进后勤社会化的阻力较少，运行相对顺利。

经济欠发达地区，其经济发展水平、市场经济体制的建立和与之相应的诸机制形成程度的落后都固然可见。而表现不外显，但对高校后勤社会化进程起着更大阻碍作用的落后的市场经济意识、观念则更不可低估。莫尔克斯在《人的现代化》一书中指出，“越现代化的个人越渴望改变现状，越能乐于接受新的思想观念和经验，因而也就越少宿命色彩，越少畏惧权威和接受传统。”经济欠发达地区的高校后勤社会化工作相对于经济发展地区更难推进。本文就此提出如下思考，与同人商讨。

一、学习理论，深刻理解，正确认识社会化

学习理论，就是要学习马克思主义的商品经济学和邓小平理论。

在市场经济条件下，服务就是商品，具有使用价值和价值。高校后勤工

作是以提供服务实现自身目的的，因此，它也是有使用价值和价值，马克思说：“物的有用性使物成为使用价值。但这种有用性不是悬在空中的。它决定于商品体的属性，离开了商品体就不存在。”（《资本论》第一卷，第48页）服务以其自身的客观存在来满足人的某种需要是因为它对人有用。就是服务商品使用价值的基本功能。在服务的使用价值中，有相当一部分是通过服务的商品体实现的，如餐饮、运输等使人们从享受实物中得到满足。

服务的使用价值还体现在劳动效率和服务质量上。社会服务的劳动效率和服务质量都要高于学校办社会的自我服务。“大而全”“小而全”的病症，不是顺应时代的发展，及时把自我服务变为社会服务；而是固守阵地，甚至扩大自我服务范围，把服务产业部门已经能够承担的社会服务变为自我服务。这实际上限制了服务商品使用价值的实现。

马克思还指出：“使用价值或财物具有价值”（同上，第51页）。市场经济条件下的服务商品具有价值，是因为生产服务商品耗费的劳动凝结在使用价值上，形成价值实体。按照马克思价值理论分析，使用价值和价值不可能同时被一个主体所得，这个分析是高校后勤实行有偿服务、实现服务社会化的理论基础。纯福利的无偿服务不符合马克思的价值法则，实行有有偿服务，服务社会化是高校后勤深化改革的必然选择。

社会主义市场经济理论是邓小平理论的重要组成部分。邓小平在1992年南方谈话中指出：“计划经济不等于社会主义，资本主义也有计划，市场经济不等于资本主义，社会主义也有市场，计划和市场都是手段。”他把计划经济和市场经济从社会制度属性中剥离开来，为我国实行市场经济扫除了思想障碍，奠定了理论基础。

市场经济理论的确立，为高校后勤改革，实现服务社会化提供了前提条件。在高度集中的计划经济体制下，社会资源由政府通过定额和计划直接分配。高校后勤正是在这样的体制下，苦心经营了几十年，导致学校、企业等许多部门本应属于社会第三产业的后勤保障体系都自立门户，创办了自我服务的保障体系，致使社会分工错位，产业结构失调管理效益低下。随着市场经济体制的确立，产业结构正在冲破条块分割，社会分工不合理的局面正得到明显优化。高校后勤正是顺应这一发展趋势，走服务社会化之路。

二、大力宣传，更新观念，自觉接受社会化

经济欠发达地区推进高校后勤社会化的难度有其经济发展相对落后的客观因素，更有作为主体的人的观念滞后的因素。观念滞后有其历史的、社会的原因，也有忽视宣传教育的原因。历史的社会的原因是客观原因，我们很难改变，忽视宣传教育的原因则是我们通过努力可以改变的。则经济欠发达地区的政府、领导、高校后勤自身的重视程度都是不够的。其主要原因是由于宣传不到位和观念滞后引起的。因此，要下功夫，加大力度向各方面、各阶层的人宣传。更新观念，才能推开和加快经济欠发达地区高校后勤社会化工作。

第一，要向各级领导宣传。政府领导对高校后勤工作不能说不重视，但重视程度是不够的，他们忙于政务，高校后勤社会化问题，暂且还排不到他们的议事日程上。应该向他们主动汇报，多请他们来高校考察，利用一切机会宣传，并将高校后勤社会化的进展和成绩及时汇报，争取政府领导的支持和更加重视。

高校领导的观念，对后勤社会化工作有直接影响。目前，高校领导对后勤工作还是重视的，对后勤社会化工作是支持的，但仍没有像抓教学、科研工作那样投入。例如：学校领导一方面要求后勤工作要跟上形势发展的需要，提高后勤人员文化素质，一方面又希望后勤安排一些引进人才的配偶和教职工考不上学又找不到工作的子女以及残疾人；一方面希望后勤提高服务质量，一方面又不希望涨价。因此，对高校领导，也应做后勤社会化的宣传。

第二，要向后勤战线上的领导和职工宣传社会化。后勤相当一部分职工表现出犹豫不定的思想矛盾，他们想在市场经济的潮流中大显身手，得到更多的实惠，但缺乏风险精神和创新意识，害怕砸了铁饭碗；既想多劳多得，拉开分配档次，又留恋大锅饭，希望旱涝保收。这要耐心细致地做好宣传教育工作，积极引导，使他们懂得高校后勤工作社会化是市场经济发展的必然选择，“回归”社会，是从事第三产业员工的自然归宿，早行动、早主动。教育他们丢掉幻想，积极投身到社会化的改革与实践当中。

第三，要向广大服务对象（师生员工）宣传后勤社会化。在计划经济体

制下，我们长期实行低工资、高福利政策，享受福利服务的思想在服务对象中根深蒂固。他们在后勤改革中，仍希望公家包得越多越好，个人承担的越少越好。经济发达地区早已取消的一些无偿服务，在经济欠发达地区仍然保留，每项有偿服务和加大收费力度的政策出台时，都要受到服务对象的指责和批评，这给后勤社会化工作带来很大阻力和困难。应通过宣传，使他们懂得，服务从来就不是无偿的，只是从服务对象手中取偿和从学校领偿的区别。这种区别实质上是一个暗补与明补的区别，而暗补与市场经济的要求是格格不入的。通过宣传，会取得服务对象的理解，同时，不断提高服务质量，使服务对象从后勤社会化改革中得到实惠，就会取得他们的支持和配合。

三、因地制宜，稳步推进，分项实行社会化

高校后勤社会化是全国高校后勤的共同目标。而高校后勤社会化的进程，则受当地社会环境制约，主要取决于当地社会上第三产业发展的状况。经济欠发展地区高校后勤在推进社会化过程中，必须结合本地区第三产业发展的实际，因地制宜，稳步推进，分项实行社会化。

第一，要因地制宜。在经济欠发达地区，社会第三产业普遍发展缓慢，但也不是均衡的，由于区域不同，条件不同，其发展有快有慢，如高校运输业、饮食业、旅游业、养殖业、资源开采业在不同地区的发展水平是不同的。有的地区某一项产业发展很快，甚至超过经济发达地区。因此，要发挥本地区第三产业优势，先在一个优势方面突破，取得经验，积累一定物质基础后再全面推开。

第二，要稳步推进。高校后勤社会化目标是一个较长的实践过程，不能急于求成。在制定高校后勤社会化改革的方案时，一是要与本地区市场机制的发展程度相一致，不能超越当地实际；二是要与本校内部综合改革的力度相符合，后勤改革需要学校综合改革的配套支撑；三是要与师生员工的心理和经济承受能力相吻合。改革的力度不是越大越好，而是要符合经济欠发达地区人们承受能力的实际。

第三，要分项实行。高校后勤社会化是一个渐进过程。不能一蹴而就。在经济发达地区的高校后勤也不可能一下子全面推开，应从实际出发，一项

一项的“化”，具体操作时应把握以下原则：一是先易后难。例如：运输社会化和住房社会化相比，运输社会化实行起来难度较小，只要制定好各项配套政策，就可以走向社会，引入竞争；住房社会化，政策性强，涉及面广，难度较大，不应急于操作。二是先点后面。例如：饮食服务改革，应先从社会同行业引进一个窗口或一个专项服务，以此推开，取得经验后可将饮食服务实行内外同时在校内竞争的局面，最后完全实行社会化。三是已经由社会承担的服务项目，校内不应再拓展。例如：邮电服务项目，早已由社会承担，高校后勤就不应再搞校内邮局，校内电信分局。

发表于《中国高校后勤研究》1998 年第 3 期

集资建房是解决住房问题的有效途径

住房制度改革是经济体制改革的重要组成部分，社会主义市场经济发展的需要，也是高校改革的一项重要内容。近年来，宁夏大学借鉴全国兄弟院校住房制度改革的工作经验，坚持住房制度改革，大胆探索，在全校范围内组织实施集资建房办法，筹措资金，弥补经费不足，加快住房建设速度，使教职工住房紧张状况得到缓解，成效显著。从 1992 年以来，按照“国家、单位、个人”三者共同负担的原则，动员广大教职工集资 369 万元，兴建教职工住宅楼 7 座，新增建筑面积 18151 平方米，拆除危房 3000 平方米，使 60 户教职工从矮小潮湿的旧平房搬进了宽敞明亮的住宅楼；为 188 户教职工调换了较大面积的住房，人均居住面积由 1991 年的 5.6 平方米增加到现在 7.6 平方米。由于教职工居住条件得到了改善，教职工房改热情较高，集资建房形式得到了广大教职工支持和参与。

一、我校教职工住房困境及原因

宁夏大学是 1958 年建立的，现有教职工 1357 人（含离退休 231 人），全校带眷户 946 户。党的十一届三中全会以来，在自治区党委和政府的关怀和支持下，投入大量的财力和物力，使宁夏大学的教育事业有了很大发展。对宁大教职工住房建设也较重视，兴建了一批住房，使教职工住房得到了一定的改善。但是，学校由于底子薄、基础差，住房欠账多，六七十年代建盖的一批简易平房，条件差、设施简陋，再加上年久失修，多处塌陷，已成为危房亟待拆迁改善。加上住房分配上的不合理，使住房问题成为困扰学校的老大难问题。

1991 年，宁夏大学人均居住面积只有 5.6 平方米，有 30 多名中级专业技术人员居住在单身宿舍（拐角楼），一家三口人住在13.5平方米的房间中，连一张备课使用的桌子都放不下，更谈不上搞教学、科研工作。20世纪80年代中期，学校曾以55平方米住房为优惠条件从区内外代培引进一批硕士研究生，有的具备了副教授任职资格，成为学校教学、科研骨干，由于住房条件差，或调走，或消极工作。学校原有的教学、科研骨干也因为住房得不到及时调整而出走。人才流失，队伍不稳，严重影响了学校教育事业的发展。

仅有30多年历史的宁夏大学为什么住房如此紧张？其原因有：

第一，住房建设投资跟不上教学、科研发展的需要。一是随着学校教学、科研的发展，宁夏大学在校生人数在80年末期已达到预定规模，教职工人数已接近编制数。但是因为基本建设投资不足，严重滞后于学校的发展速度，目前，宁夏大学完成基建面积只达到规划面积的80%。二是基本建设投资不足，尤其是教师住房欠账更为严重。各高校总体规划是按在校生规模来确定，但历年基建投资分配比例均未按学校规模大小考虑，造成全校共欠住房面积43898平方米，因此，尽管宁夏大学在宁夏地区规模最大，建校最早，而实际上却成为基建比例完成最低，教师住房最紧张的一所高校。

第二，住房老化严重。如前所述，六七十年代建盖的6000平方米房120户住户，因房屋年久失修，设施简陋，阴暗潮湿已成为危房。3000平方米的单身宿舍（宁大“拐角楼”，也称“筒子楼”）也因使用年限较长，通风不畅，光线暗淡，生活不便。住户将楼道当厨房，造成楼道拥挤不堪，既不卫生，也不符合防火规定。尽管如此，却也成了宁大青年教职工结婚成家的过渡楼（教职工戏称鸳鸯楼），由于这些房屋老化，待拆迁。使宁大住房更加紧张。

另外宁大科研人员、校办产业人员和离退休人员的住房均未纳入学校总体规划，仅这部分人就占教职工住宅楼套房的26%，特别是离退休人员每年都要增加20人左右，他们退休不能退房，新增人员就无房。这类情况在逐年增加。

第三，现行住房制度的弊端。一是住房建设只有投入，没有产出，难以实现良性循环，过低的房租不能支付起码的房屋维修，结果是建房越多，背的包袱越重。二是低租金刺激人们对住房的不合理要求成为产生建房、分房中不正之风的土壤。三是住房消费占职工收入的比重过低，导致了消费结构的不合理。

二、我校集资建房的做法

面对以上实际困难和福利性住房制度陈旧观念的束缚，宁夏大学坚持改革，大胆探索，选择了集资建房的途径，1992 年，在国家建设投入不足的情况下，对申请 2 幢 2840 平方米住房的教职工实行了 60 元/平方米的规定性集资（每户约 3500 元），共集资 16.85 万元，学校集资 7.68 万元，48 户中青年教职工住房得以解决。事后调查，有 1/3 的住户对房屋进行了不同程度的装修，有的住户还部分或全部更新了家具，说明这部分教职工还是有一定承受能力的。与之相适应，在旧住房分配上也采取了有偿分配的形式，即旧房调整交纳一定的集资款（成套住房视面积、设施等情况集资 35~50 元/平方米，其他住房 10~30 元/平方米）。尽管数额不大，但有以下好处：一是抑制了部分职工对住房的过高要求；二是腾空房有偿分配纳入新的房改运行机制，不再走旧路；三是促进已住房的教职工也应交纳集资款，使全校教职工在集资政策下“一碗水端平”，体现公平合理性。

有了 1992 年的成功试点，1993 年宁夏大学抓住机遇，深化改革。为了尽快改变学校教职工住房紧张状况，使教职工安居乐业，在征得广大教职工的同意下，做出决定：近期内学校通过争取财政多拨款、向银行贷款，广为集资，加速建房，具体目标是：一是一年基本解困。即在 1994 年内，使全校教职工住房基本摆脱困境，基本消除无房户、危房户和特别困难户，使校内住户通暖气。二是三年初步改善。即在 1997 年底前，使校级干部、教授、研究员等住房面积（指建筑面积，以下同）达到 80 平方米以上，副教授、副研究员、正处级干部等达到 70 平方米以上，讲师、副处级干部达到 60 平方米以上，科级干部达到 55 平方米以上。三是本世纪内达标。即在 2000 年以前，使各级各类人员基本达到自治区规定的住房标准，为了帮助解决教职工住房困难，学校每年从创收资金拿出 50 万元修建住房。与此同时，学校在银川市住房制度改革暂缓出台情况下，制定实施了宁夏大学住房制度改革过渡办法。“办法”规定 1993—1994 年新建住房集资标准 100 元/平方米，

1995 年200 元/平方米。同时规定旧的腾空房和原住户均实行规定性集资（参照 1992 年标准）。据统计全校教职工共集资 352.15 万元，学校集资 174 万元，先后完成：73 平方米 30 套，66 平方米 24 套，59 平方米 24 套，58 平方米 24 套，57 平方米 24 套，65 平方米 48 套，96 平方米 40 套。

学校在三年内共完成新建住宅 18151 平方米，248 户教职工喜迁新居，158 户教职工住房得到了调整，全校共解决 436 户住房问题。目前全校现有住房 54480 平方米，教职工人均居住面积从 1991 年的 5.6 平方米增加到 1995 年的 7.6 平方米，大大缓解了教职工住房困难。

目前，教职工集资建房的热情很高，有的教职工要求学校尽快再申请新的住宅立项，使他们能更进一步改善住房条件。由于大家从集资建房中得到了实惠，更加理解、支持集资建房，从而促进了宁夏大学住宅建设走向良循环，为稳定教职工队伍，促进教学科研工作的发展，提供了先决条件。

三、集资建房的体会

经过几年集资建房的实践，教职工住房得到了缓解，人的思想观念也发生了变化，为住房制度改革奠定了基础。

第一，转变观念，引导消费，促进消费结构的改变。长期以来，我校教职工在住房问题上存在着投资靠国家，分房靠单位的等、靠、要的依赖思想，生活资金的消费从来不考虑建房或买房，而是投入到吃、穿、用等日用品消费，而住房问题却长期得不到解决。通过集资建房引导了职工的消费，使职工得到了实惠。几年来，我们结合集资建房宣传房改的意义和政策，不仅调动了教职工集资建房的积极性，同时还使教职工逐步认识到住房具有商品性，价值规律应是住房分配所遵循的原则，为实现住房商品化打下了思想基础。

第二，集资建房符合学校的实际情况。随着社会的进步，高等学校住房成为稳定教职工队伍、招聘人才的基本条件，要解决住房，只能通过国家投入一部分、学校拿一些、个人集一点来解决，宁夏大学集资建房取得成效就是例证。

第三，集资建房打破了长期以来单一的投资模式，加快了建房的步伐。

在住房建设上，长期以来实行由国家统包投资建设的单一棋式，不仅使国家财政背上了沉重的包袱，住房问题难以得到解决，而且助长建房靠国家，没钱向上要的依赖思想。实行集资建房集体、个人一齐上，多渠道筹集建房资金，真正解决了职工的住房问题。

第四，早改早受益，早改早主动。住房制度改革同其他改革一样，应抓住机遇，促进改革。宁夏大学在住房困难面前没有等待，也没有观望，只要是为教职工谋福利，只要符合国家的法规，就大胆去干。宁夏大学教职工住房条件得到较快改善，应归功于全校教职工改革意识较强，应归功于宁夏大学领导想得早，动得早。

发表于《陕西高校后勤管理研究》1996 年第 2 期

现行失业保险制度存在的问题及对策

失业保险，是国家和社会为暂时失去职业、又没有其他收入来源的职工提供基本生活保障，并通过职业培训、职业介绍等手段帮助其实现再就业的社会救助制度，是社会保障体系中的重要组成部分，也是社会保险的主要项目之一。

失业保险基金是社会保险基金中的一种专项基金。其特点：一是强制性。即国家以法律规定的形式，向规定范围的用人单位、个人征缴社会保险费。缴费义务人必须履行缴费义务，否则构成违法行为，承担相应的法律责任。也就是说，哪些单位、哪些人员要缴费，如何缴费都是由国家规定的，单位或个人没有选择的自由。二是无偿性。即国家征收社会保险费后，不需要偿还，也不需要向缴费义务人支付任何代价。三是固定性。即国家根据社会保险事业的需要，事先规定社会保险费的缴费对象、缴费基数和缴费比例。在征收时，不因缴费义务人的具体情况而随意调整。固定性还体现在社会保险基金的使用上，实行专款专用。

2006 年年底，全国参保失业保险人数为 11187 万人失业保险基金收入 385 亿元，比上年增长 15.8%，支出 193 亿元，比上年下降 6.9%。截止 2006 年年底，基金累计结存 708 亿元。通过 20 年的实践和发展，失业保险救助制度在一定程度上解决了下岗失业人员的困难，缓解了就业压力，为保持社会的稳定起到了积极作用。但从形势的发展看，现行的失业保险制度还存在许多问题，难以保障失业保险筹资的需要。对此，笔者建议，取消现行的失业保险救助制度，开征失业保险税，把失业人员纳入社会最低生活保障范围，用社会最低生活保障制度来救助全社会所有困难群体。

一、现行失业保险制度存在的主要问题

第一，失业保障覆盖面小，参保单位缴费不足，保障功能较差。失业保险覆盖范围小。一是法规、文件规定的范围较小，忽视了失业保险普遍性这一特征。按照《失业保险条例》规定，城镇企业事业单位及其职工都要参加失业保险，缴纳失业保险费，享受失业保险待遇。也就是说，国有企业、城镇集体企业、外商投资企业、城镇私营企业以及其他城镇企业和各类事业单位（如学校、医院、科研院所等）都在参加失业保险的范围之内。同时，省、自治区、直辖市人民政府可以根据当地实际情况，决定本省（自治区、直辖市）范围内的社会团体及其专职人员、民办非企业单位及其职工、有雇工的城镇个体工商户及其雇工是否要参加失业保险。二是实际参保的范围更小，尚不能做到应保尽保。不同地区、不同性质的单位参保情况差别较大，总的来说，国有企业参保率较高，私营企业较低，而机关、团体、个体工商户基本没有参保。

参保单位缴费不足。实践中，参保单位隐瞒参保人数、降低缴费基数的现象较多，缴费基数和人数不足成了缴费单位普遍存在的问题。

保障功能差。失业保险缴费率较低和覆盖范围狭窄使得筹集的资金难以应付失业的现实需要，也导致部分失业人员难以享受失业保险待遇。

第二，失业保险金收支矛盾突出，基金支撑能力不足。近年来，随着市场经济的进一步发展和企业改革的进一步深化，下岗和失业人员呈上升趋势，失业保险金支出增长较快。按照《失业保险条例》规定，单位和职工缴纳的失业保险费分别为工资总额的2%和1%，按此比例筹集的失业保险费存在较大的支付缺口。随着近年企业改制的深化，失业下岗的人越多，支付缺口的问题就越突出。基金收支矛盾的加剧，使基金的支撑能力承受着巨大压力。

第三，失业保险费征收缺乏刚性，欠缴、漏缴现象十分严重。目前，我国规定社会保障缴费既可以由社会保障经办机构征收，也可以由税务机关征收。在征收力量不足，手段缺乏刚性的前提下，拖欠、不缴或少缴统筹金的现象比较普遍。征收部门、费率和执行政策的尺度不统一，“弹性”多、

“刚性”少，尚无真正有效的制约性措施和强制性手段。各地失业保险经办机构根据当地参保单位工资基数和缴费率确定当年征收计划，由社保经办机构收缴或由地税部门代收，但实际征收入库数往往小于计划数，参保单位漏缴、欠缴、不缴现象较为严重。同时，我国按照职工岗位档案工资而非实际工资性收入作为缴费基数，导致相当数额的失业保险费流失。有的社保部门为了完成上级下达的征缴任务，有时会采取一些非正常手段，不惜花高昂的成本，到经济效益好的企业去“挖”失业保险费，这样，既导致了缴费的不公，又容易滋生腐败。

失业保险费征收不到位的主要原因：一是单位经济状况的差异及部分单位缴费意识淡薄，本位思想严重。受企业自身利益的影响，失业保险的扩面工作十分艰难。如效益差的单位想缴没有钱，效益好的单位有钱不想缴，事业单位相对稳定，职工失业风险意识差，也不愿意缴。二是失业保险金领取与个人缴费多少缺少关联性，缴多缴少一个样。这也导致许多单位千方百计降低缴费基数，隐瞒参保人数，出现单位缴的“三金”基数不尽一致，相差悬殊的现象。

第四，失业保险监督机制不够完善，发放管理存在薄弱环节。现行法规对失业人员的认定，曾经就过业而后非因本人意愿中断就业的才属失业人员，将部分从未就业的人员（包括已毕业尚未找到工作的大学生）排除在外，使得这部分人的合法权益得不到应有保护。同时在失业金发放中，部分以前失业但很快又就业的人员仍在领取失业金，增加了失业金不必要的支出。上述问题存在的原因：一是失业保险金管理缺乏广泛的社会参与机制，对失业金发放跟踪监督不够，控制制度和监督体系不健全，发放管理存在薄弱环节。二是现行失业保险法规、政策不够完善且相对滞后。一方面对享受失业保险待遇的人员规定不全面，另一方面对失业人员的认定不明晰。三是有些失业人员自身素质不高，法制观念淡薄，重新就业后没有主动申报意识。四是部分企业招聘用工未通过劳动部门，使得劳动部门对失业人员在领取失业金期间是否重新就业难以知晓。

第五，失业保险金来源渠道狭窄，失业保险统筹层次不高。《失业保险条例》规定，在直辖市和设区的市实行全市统筹，其他地区的统筹层次由省、自治区人民政府规定，大部分地区实际上是地级市层次的失业保险统筹。由于统筹层次较低，失业保险金来源渠道单一，防范和分散失业风险的能力不高、调剂能力差，基金的整体承受能力较弱，造成了不同地区、行业、企业之间的负担水平悬殊，一些地区失业保险基金严重不足，而另一些地区则存在结余。以城市为单元各自为政的失业保险救助制度，在某种程度上形成了地区之间劳动力自由流动的“社会保障壁垒”，不仅不利于公平竞争环境的形成，而且阻碍了劳动力的合理流动，不利于进一步缩小地区之间的差距。

二、开征失业保险税的必要性

第一，有利于加强失业保险费的征收力度，加强权威性，提高征缴率。目前，我国失业保险费征收的主要依据是国务院颁布的《社会保险费征缴暂行规定》，这表明失业保险费的征收和税收一样具有法律的强制力，但在实际征收过程中还难以保证实际达到应有的与税收相同的法律强制力。如果失业保险资金的筹集采用税收的形式进行，则税收的强制性和规范性特征将克服资金筹集过程中的种种阻力，杜绝拖欠、少缴和不缴的现象，有助于从征收方面减少漏洞，提高失业保险资金的收缴率。

第二，有利于对失业保险基金实行收支两条线的预算管理，建立失业保险基金管理的监督机制，保证失业保险基金的安全性。通过建立税务机关征收、财政部门管理、社保部门支出“三位一体”的管理体制，相互制约，相互监督，可以有效防止挤占挪用和各类腐败现象的发生。

第三，有利于建立一个比较规范稳定的收入来源渠道。开征失业保险税，规范化的征收方式有利于贯彻统一的失业保险筹资政策，一方面可以促使应承担失业保险缴纳义务的单位和个人及时、足额缴纳，使纳税人明白缴纳失业保险税是自己应尽的义务，而不是像医保、养老保险等可以保证返还的权利。另一方面也可避免因费率不统一造成企业负担过重，对企业实现政策上的统一性，保持失业保险筹资政策的统一性、连续性和稳定性。

第四，有助于降低制度运行成本。在我国，开征失业保险税可以利用我国现有税务部门的组织机构、物质资源和人力资源进行征管，充分利用税务部门在征管经验、人员素质、机构系统方面的优势，从而可以大大提高失业保险的筹资效率。

第五，有助于在我国加入世界贸易组织（WTO）后为各类企业创立公平、公正的竞争环境，也符合全国范围的费改税的大趋势，有利于建立公共财政制度。

总之，失业保险税的开征，将优于现行失业保险制度下的缴费方式。从税法法理角度来讲，国家税收本来就是取之于民，用之于民。从职工角度来讲，每个职工劳动期间缴纳的失业保险费与失业以后领取的失业保险金都通过税收这个国家财政主渠道来办理解决，保障程度最高，是职工最放心的。从政府角度来讲，把失业保险金纳入财政税收渠道管理，形成良性循环，取得法律保障，也是国家对老百姓应尽的政府义务。

发表于宁夏日报《内部参考》2007年第10期

国有建筑行业发展困境研究

2006年，受自治区党委组织部的委托，自治区审计厅对宁夏建设集团公司（以下简称建设集团）进行了审计。在审计中我们发现，建设集团组建以来，做了大量工作，采取了很多措施，集团有了一定发展。但是，由于受大环境的影响，进一步发展困难很大，可以说，建设集团是在不平等条件下竞争和发展，在扭曲的轨道上前进，制约其发展的因素很多。

一、制约建设集团发展的因素分析

（一）外部因素

第一，工程招标流于形式。招投标制度作为工程承包发包的主要形式在国际国内的工程项目建设中已广泛实施，其本质特征是“公开、公平、公正”。实施建设工程招标投标既是一项“阳光工程”，又是从源头上预防腐败的一项举措。但是，在实际操作过程中，却是“上有政策、下有对策”，在巨大的利益驱动下，各种规避甚至破坏公开招标的行为时有发生，严重影响了招投标的严肃性和公信力。主要表现如下：一是肢解工程规避招标。按照规定，造价50万元以上的建设工程必须招标，50万元以下的工程可直接发包。有些单位为了逃避招投标程序，就把造价50万元以上的工程进行分拆，从而达到指定施工单位的目的。而招投标管理部门在审核报建单位的工程造价时只根据报建单位提供的资料进行备案，缺少严格的审核把关。二是控制信息限制投标。《招投标法》对招投标信息的发布作了明确的规定，但在实际操作过程中，一些人常借口提高工作效率随意缩短信息发布时间，客观上造成了潜在投标对象获知信息的不平等。三是设置障碍排斥他人。一些工程项目建设单位为了使内定的施工单位顺利中标，滥用权力，在招标文件上暗做手脚，量身定做，制定倾向性条款，为内定的投标单位开绿灯；或是提高招标资格条件，排斥潜在投标人，以利其内定的投标单位中标；或是要求参加投标企业提供巨额保证金，以巨额保证金吓退不知内幕的潜在对手；或是投标人之间进行串标，相互约定提高或压低投标报价，而获取中标资格，使招投标成为徒具形式的空壳，无法做到公开、公平、公正。四是暗中勾结泄露标底。招投标过程中，标底的制定是确定中标单位的关键因素，因此标底的保密工作至关重要。而实际工作中，由于具备标书编制能力的单位为数不多，加之监管不到位，致使标底泄露现象时有发生，严重影响了投标对象的公平竞争。五是签订合同偷梁换柱。按照规定，建设单位和中标单位应在中标后 30 日内在招投标办公室的监督下按标书内容签订合同。由于人手不足及管理上的松懈，合同签订的监督缺位，使得合同签订过程中的一些违法违规行为得不到发现和查处。如在借资质中标的情况下，签订合同的乙方并不是中标时的单位；而在建设单位和中标单位串通的情况下，合同的价格并不一定按中标价签订，使得招投标工作仅仅流于了形式。六是招投标管理监督乏力的问题。招投标工作业务量大、专业性强，负有主管、监督责任的行政部门人手少、力量不足，存在失职和缺位的问题。招标投标过程中，为方便建设单位和承包商，交易中心、造价站、招标办等实行“一条龙”集中办公，表面上是简化了手续，但也为个别领导和机关工作人员违规干预和插手建设工程招标投标，从中谋取私利提供了机会。

第二，建筑行业腐败愈演愈烈。受社会不良风气的影响，建筑领域的一些人普遍认为“不花钱不能办成事”，而且行贿和受贿的手段日趋多样化，越来越隐蔽。如假借“茶水费”“宣传费”“咨询费”等名义给付现金或者实物，或提供各种名义的旅游考察，甚至资助对方子女留学。如此等等已经成为建筑领域普遍存在的潜规则。腐败存在于建筑领域的各个环节。一是在规划审批环节。规划部门工作人员利用“一书两证”审批权收受贿赂；建设和房地产主管部门工作人员在资质、资格审批中收取贿赂，违法发放资质资格证书。二是在工程招标投标环节。建设单位利用发包权收受投标人的贿赂，明招暗定，泄露标底，或设置障碍排斥其他投标人；施工企业通过贿赂其他施工企业，进行围标、陪标、串标，或向发包方、评标委员会成员、招标代理机构等直接行贿，谋取中标；有的施工企业在中标后，又将承包的工程倒手转包，从中收受贿赂。三是在材料设备采购环节。供应商通过向施工企业或建设单位行贿，导致施工企业舍近求远、舍优求劣，购买使用质次价高的材料设备。建设单位指定厂家、指定品牌，或干脆由建设单位直接购买。四是在施工过程环节。施工企业向建设单位、设计单位或监理单位行贿，通过变更增加工程量或提高价格等手段牟取不当利益。五是在项目预决算环节。一些施工单位通过向建设单位有关管理人员、社会中介人员行贿，虚设项目、重复计算工程量，以骗取工程款；建设单位管理人员则采取巧立名目、拖延付款等方式收受贿赂。六是在城镇房屋拆迁中。单位和个人通过向评估机构行贿，抬高或压低评估价格，非法获利，损害业主利益。一些评估、代理中介机构则通过给回扣的方式获取业务。

第三，工程款越欠越多。截至 2006 年 6 月末，建设集团的应收账款余额已经从 2000 年末的 3.1 亿元增加到了 10.4 亿元，平均每年增加 1.33 亿元。在全国各地建筑行业拖欠工程款已是普遍现象，从中央到地方都很重视，同时也出台了不少办法和措施，但是前清后欠，拖欠工程款的问题越欠越多。

(二)内部因素

第一，非法挂靠、转包。由于我国建筑市场“僧多粥少”，竞争激烈，于是借用资质的现象就不断滋生，借用资质既包括没有资质的个人、单位向有资质的建筑施工企业借用资质，又包括低资质的建筑施工企业向高资质的建筑施工企业借用资质以求与建设项目要求相适应，这种行为在法律上被称为挂靠。由于无法保证工程质量，控制施工安全。此行为在《建筑法》《招投标法》中被明确禁止。

转包是指承包人将所承包工程整体转让给他人或承包人将全部建设工程肢解后以分包的名义分别转包给多人承包的行为。由于转包危害很多，例如容易造成投机行为，由于层层剥皮，致使真正投入到工程上的资金不足，容易发生建筑工程质量与安全事故等等，因此转包一向是我国法律明令禁止的行为。

第二，建设集团各项负担较重。建设集团大部分企业都是五六十年代成立的老企业，历史负担较重。一是企业办社会。建筑企业承担了许多本应由社会承担的责任。二是企业利润过少，税负过重。建筑市场竞争激烈，利润空间越来越小，而营业税及其附加的税率不变，使企业流转税占利税的比重上升，企业净留利下降。三是大量职工下岗，富余人员较多。四是银行债务负担重。

第三，管理方式和手段落后。目前我区建筑施工企业虽然有的已经改制，或正处在改制过程中，但管理上与现代企业制度的要求仍存在一定差距，粗放型管理的影响还较深。一是集团公司缺乏统一协调。由于没有建立以资金为纽带的现代企业制度，缺少对下属建筑企业的有效管理手段，无法发挥集团优势争取工程项目，使建设集团各单位之间“各自为战”，内耗严重。二是信息化建设滞后。目前，建设集团还是靠上报财务报表和口头汇报的方式来反映企业经营情况和财务状况，尚未建立必要的电子计算机财务信息传递、查询和监控系统，集团公司很难及时了解掌握下属公司的财务动态，信息滞后、效率低下的问题十分突出。三是项目成本管理工作薄弱。项目部没有结合项目施工组织方式和工程特点，对目标责任成本预算进行合理分解，更未将责任量化，分解至班组和个人，只是实行简单的“以包代管”。四是工程质量还存在问题。五是技术人才缺乏。六是会计信息不能真实地反映企业的经营成果。自治区国资委对建设集团下达了利润考核指标，建设集团再将指标分解后，下达给各下属单位。部分公司为了实现目标利润，存在着人为调节利润的情况，导致财务会计信息失真。

二、促进建设集团发展的对策

(一)以深化企业改革为突破口，提高建设集团的竞争力，走“优强”之路。“做大做强”是未来企业应对市场变化、提升企业竞争力的有效途径。从企业的规模、企业的资质等级看，我区建筑企业缺少大型企业和特级企业。随着建筑市场的进一步开放，许多外地的品牌企业纷纷进入本地市场，承揽大项目、大工程。政府应引导、扶持和支持建筑企业上规模，大力推动跨行业、跨地区、跨所有制的企业重组和强强联合，将建设集团做大做强，提高整体竞争力，只有这样，才能在激烈的建筑市场竞争中得到发展。

(二)加强企业内部管理，提高企业整体素质，向管理要效益。企业经济效益的提高，其核心就是企业管理素质、经营管理水平的提高。建设集团应在建立健全全过程控制的企业内部质量保障体系和施工现场安全生产保障体系的基础上，加大对企业技术结构、装备结构及市场结构的优化调整，引进先进的管理理念，加快信息化建设，采用高新技术和先进实用技术来提高项目管理、施工过程、成本控制及行政管理等水平，提高全员劳动生产率，降低企业经营管理的运行成本，提高企业经济效益。

（三）建立并逐步推行建设项目跟踪审计制度，维护建筑市场的正常秩序。自治区政府应建立建设项目全过程跟踪审计制度，将基本建设审计由事后审计，变为建设项目事前、事中审计，建设项目全过程跟踪审计制度可以改变事后审计中虽然找到了管理漏洞，但问题已无法纠正；查出了损失浪费，但资金已无法挽回的被动局面。

如果对大中型项目实行跟踪审计制度，将审计贯穿于工程招投标、合同签订、设计变更、隐蔽工程验收、暂定材料认价、竣工决算等各个阶段和环节。使在目前竣工决算审计中无法看到的问题，在跟踪审计过程中尽收眼底。有利于规范建设市场秩序、节约建设资金、提高投资效益，促进廉政建设。

（四）进一步完善建筑市场，加大力度治理拖欠工程款问题。各级政府必须加大力度形成政府与企业联动，要把治理建筑市场和解决拖欠问题结合起来，通过法律、经济和必要的行政手段，多管齐下，清理老拖欠，防止新拖欠。行业管理部门要强化工程审批责任制，进一步加强对资金的审查，真正起到控制项目资金风险的作用，杜绝资金不到位的工程进入建筑市场，从源头彻底遏制拖欠垫资现象。规范垫资行为，加强合同备案管理以及合同实施的监督。

（五）建立招投标信用档案和公示制度。以加大投标企业和中介机构的违规成本为重点，健全完善招投标惩处激励机制。对全区范围内的建设工程招投标活动进行信用记录并对不良行为予以公示。加大投标企业和中介机构的违法成本，除了中标无效、罚款等经济制裁外，还要采取降低资质、限制参与招投标等措施，让其得不偿失，感到预期风险大于预期效益。加强市场的清出力度，对发生严重商业贿赂行为的企业，要严肃处理，依法该停止投标资格的要坚决停牌，依法该暂扣、吊销资质证书的，要按照程序提请发证机关进行处罚。全面实行建设工程分包备案制度，打击招标投标弄虚作假、围标、串标、工程转包和违法分包等违法行为，使工程建设交易中可能发生的商业贿赂行为得到有效遏制。

（六）推行政府工程代建制。目前政府项目的投资体制中，采用的模式是“投资、建设、管理、使用”四位一体的管理模式。“代建制”是通过招标方式选择专业化的项目管理单位来负责建设实施，建成后再移交给使用单位。代建制可以使政府投资项目“投资、建设、管理、使用”各个环节彼此分开，互相制约。而且政府与代建单位之间是合同关系而非以前的政府与基建班子之间的行政关系。一旦决算超出预算或工期发生延误或质量不符合要求，代建单位必须承担违约责任。代建制还可以阻断权力寻租之路，从源头上预防和治理工程的腐败行为发生。

发表于《中国审计》2007年第8期（中文核心期刊）

好钢要用在刀刃上

——关于专项资金管理的调查

随着西部大开发战略进程的不断加快，国家加大了对西部地区的扶持力度。近年来，中央对宁夏的转移支付、财政补助及下达的各类专项资金也在逐年增加，这些专项资金的使用对宁夏的经济发展和社会稳定起到了重要作用。然而，据审计资料表明，挤占、截留、挪用财政专项资金的现象仍然不少，宁夏山区各市、县尤为突出。虽然每次审计后，都依法进行了处理、处罚，但一些地方仍有禁不止，屡查屡犯。

一、挤占挪用专项资金的主要原因

第一，财政入不敷出，导致挤占挪用。宁夏南部山区八县 2001 年至 2002 年的地方财政收入为 3.1 亿元，同期人员经费支出为 19.7 亿元，地方财政收入仅为人员经费支出的六分之一。也就是说，山区八县每年的本级财政收入只能保证发放 2 个月的工资，加上上级的定额补助和转移支付，工资的硬缺口仍留有 2 个月左右。为保生存只能寅吃卯粮，从当年的专项资金中挪用一部分用于发放工资，待下一年新的专项资金到位时，再将其归还原资金渠道。这种恶性循环，周而复始，年复一年。

因财政困难，山区八县行政经费采用包干制，财政预算安排每人每年只有 100 元至 300 元的行政经费，这点经费连支付电话费都不够，其他如办公费、差旅费、燃油费、培训费等必需的行政开支都只有通过其他途径“解决”，专项资金往往因此被挤占、挪用。

第二，配套资金虚设，“提前”挤占挪用。中央下拨的一些专项资金，规定地方财政应有一定比例的配套资金，自治区给各市县安排专项资金时，有的项目也要求地方准备一定比例的配套资金，否则专项资金就不下拨。地方财政为了争取更多的专项资金，于是想方设法从其他已经到位的项目费用中挤占挪用一部分，甚至通过银行贷款，先使配套资金“到位”，待该专项资金拨下来时，再将所谓的配套资金“归还原资金渠道”。这样，专项资金还没有到，就已被“提前”挤占，用掉了一块。

第三，项目管理费低，造成挤占挪用。根据财政部的规定和要求，宁夏财政厅结合实际制定了《农业专项资金项目管理费管理办法（试行）》，宁夏扶贫办制定了《宁夏扶贫开发工作重点县工作考核试行办法》，两个办法的施行，在一定程度上遏制了挤占挪用专项资金的问题，缓解了项目管理费的不足。从 2000 年开始，中央财政扶贫资金每年从项目资金中由中央财政统一提取 1.5%的项目管理费，其他项目如农业综合开发、退耕还林还草等工程也都有相应的项目管理费，但比例都比较低。《农业专项资金项目管理费管理办法》规定，对项目管理费部分，各市县根据财力情况，可从本级预算资金或市县配套资金中按规定比例予以安排。但山区各市县的财力连发工资都困难，靠本级预算解决项目管理费不足的问题根本无法兑现；有的专项资金项目纯粹没有项目管理费。在实际工作中，管理费不足的矛盾十分突出，而必需的前期立项准备费用诸如：“论证费”“资料印刷费”“技术鉴定费”“专家评审费”“宣传费”等，无论该项目能否批下来，都不可避免地要发生，如果项目立项，其费用可列支管理费，如果不能立项，就只有从别的项目费用挤占挪用部分资金，来填补这些开支。

第四，法纪观念淡漠，人为挤占挪用。据调研，人为挤占挪用专项资金的行为也很严重。挪用专项资金建设办公楼、大酒店，购买小车，借给企业进行技术改造，用于弥补政府或部门经费不足和平衡年度预算，用于差旅费、业务费、招待费以及用于职工工资补助和奖金支出，虚假立项套取资金或串项安排财政专项资金，为争取新项目垫付启动资金，利用专项资金偿还旧债，以及利用职务之便贪污、私分的事例屡见不鲜。如有的乡干部以编造假名册的手法贪污挪用扶贫资金；有的到户资金也被乡、村干部私分挪用；有的银行公职人员占用扶贫贷款，甚至个别银行领导利用职权骗取扶贫贷款；项目主管单位集项目考察、论证、申报资金的投放、验收为一体，责任不明，把关不严也造成了专项资金的被挤占挪用等。权力的集中，制度的不健全，使人情项目、关系项目应运而生，不仅形成了重复投资和无效投资，造成损失浪费，而且因此发生的管理费最终又挤占专项资金。在某些挤占、挪用专项资金的人眼里，还有一种只要没有将公款装进自己的腰包，就没有违纪，就可以不受责任的追究和法律制裁的错觉。宁夏回族自治区党委书记陈建国在审计专项报告上批示“有人目无法纪，什么钱都敢乱花”是切中要害的。

二、如何解决挤占挪用专项资金

第一，精简机构，广开财源。造成财政“暂借”专项资金的原因是工资的硬缺口大，而工资硬缺口形成的原因是财政供养人口多，超编人员多。有的县吃财政饭的人超编20%以上，解决这个问题需要政府下大决心，坚决清退违反政策规定、超编制调入“吃财政饭”的人员。同时，要想方设法，大力发展地方经济，增加财政收入。

第二，完善机制，规范运行。一是实行统一管理。专项资金投资渠道多，投入量大。宁夏南部山区各县的财政总收支的比例严重失衡，当地财政收入1元钱时，支出却已达到15元。收支差额的大部分来自专项资金。这些贫困县的经济，实际上是项目经济，如果没有项目，就断了财路，专项资金已成为贫困县生存和发展的重要支柱。因此，政府应指定一个部门专门管理专项资金。改变过去层层下计划，层层拨付款，而责任不明的投资模式，确保专项资金的安全运行，堵塞多头管理造成的串项目多头要资金的漏洞。同时要完善监督机制，建立项目监测评价体系和统计指标体系，依法明确项目的投入主体、产权主体和管护主休，努力探索项目建设有效益、项目竣工有人管的发展运行机制，形成一种良性的管理、使用、监督的局面。二是改变配套资金形式。针对南部山区经济基础薄弱，拿不出或达不到按比例要求的配套资金的实际，可以改变配套资金的形式。在下达项目资金时，取消配套资金，如果地方有能力进行配套，项目下达部门可以追加一部分资金投入作为鼓励。这样不仅有利于调动地方的积极性，也有利于项目的建设和减少挤占挪用专项资金的行为。三是提高管理费的比例。要制定相关规定，明确提取项目管理费的比例，并应有所提高，杜绝挤占、挪用专项资金的行为。

第三，制定措施，严肃法纪。一是建立领导负责制。政府及有关部门的主要领导和分管领导，对专项资金的管理、监督和使用要分别负全部责任和直接领导责任，直接负责的主管人员和其他直接责任人员负直接责任。对于虚报项目、弄虚作假，骗取、套取专项资金的对项目单位和当地政府的主要领导、直接负责的主管人员或其他直接责任人给予处罚、处分。对于已提取了管理费，明知故犯，又继续挤占挪用专项资金的单位要加大处罚力度。对于挤占挪用救灾资金、扶贫资金、社保资金等涉及老百姓救命钱的单位和个人，要严肃查处。二是加大监察力度。各监督部门要加大对专项资金管理、使用的监督力度，从专项资金的投入数量、投向变化、投入构成等方面，检查、分析、反映其执行国家支农政策情况和促进当地农业发展、农民增收效果；从项目计划到资金使用，从预算到决算及工程质量等方面进行全面检查，保证资金的使用效益；对屡查屡犯，屡禁不止，严重违反国家财经纪律的问题，要从严查处，构成犯罪的要移交司法机关处理。同时，要充分利用新闻媒体进行公开"曝光"，以增强监督部门的威慑力，使违法、违纪问题得到有效遏制。三是完善财务管理制度。要进一步加强财务管理，健全制度，堵塞漏洞。财政部门要对一些单位未纳入预算管理的财政性资金进行清理。对于不能胜任会计工作或不具备会计上岗资格的人员要坚决清除。四是建立并推广公告制度。实行项目计划、资金投放、工程决算情况三公开，增加项目运作的透明度，实行阳光作业，接受社会的监督。实行到户资金公开制。凡涉及户村民的资金实物或优惠政策，有关贷款事项等，由主管部门张榜公告，做到家喻户晓，尽人皆知，杜绝造假欺瞒乡民、侵吞私分专项资金的恶劣行为。

发表于《共产党人》2004 年第 5 期

三　心理篇

《中国审记》编者按：说到心理学在审计中的应运，对审计人员来讲可能是个较新的话题。但在实践中，审计人员都自觉或不自觉地运用着心理学：如对经济犯罪分子的心理分析；对被审计单位的心理揣摩；针对被审计单位不同的心理态势，怎样选择最佳的审计方法；审计人员如何根据自己的心理特征，有效地缓解自己的心理压力，保存饱满的精神状态等等。可以说，心理学的作用对审计人员是潜移默化的，运用得恰到与否，在一定程度上影响着审计工作的效率。从本期开始，本刊将连载汤效禹同志撰写的“心理学原理在审计中的应运”系列文章，希望对审计人员的工作、学习和生活有所裨益。

审计人员常见的心理压力

——心理学原理在审计中的应用（一）

心理压力，又称心理紧张或心理应激，是机体在内外环境作用中因各项要求与主体应付能力的不平衡所产生的一种适应环境的紧张状态。人们面对具有危险性刺激情境时，一时无法消除危险、脱离困境，即产生一种被压迫的感受。如这种感受经常持续存在，即演变为个人的心理压力。

审计工作者作为一个特殊的社会群体，其工作的特殊职能决定了承受的心理压力比一般群体要大。长期的工作压力会对审计人员生理和心理造成很大的危害。心理学的研究表明，当人的心理压力不能得到及时有效地调节和缓解时，心理压力就会转化为行为的反向动力，使人出现一些反常行为。这些行为会影响工作效率，对身心造成伤害。那么，审计工作者一般有哪些心理压力呢?

一、收入差距造成的心理压力

审计人员也同其他人一样，盼望着增加收入、提升生活质量、丰富精神生活。但是所从事职业的低收入状况与其他“清闲职业”的高收入相比存在着较大反差，特别是审计人员的收入未能达到与付出相对应的水平时，这种反差在一定程度上更会引发审计人员的心态失衡，出现心理压力。

二、不良风气影响带来的心理压力

社会在转轨时期，不良风气表现得比常规时期更多一些。审计人员的本职工作又是查别人的问题，因此，对社会阴暗面了解较多、经受的诱惑较多、接触的人际关系较复杂。他们还得抵御社会上的“灯红酒绿”“一切向钱看”“权钱交易”“攀比斗富”等不良社会风气的侵蚀和诱惑。如何处理，便对审计人员构成很大的心理压力。特别是这些不正之风与审计人员的价值取向、生活感受相悖而又不得势时，他们更感到个人存在的价值不足，甚至怀疑自己的工作意义，因此承受着巨大的心理压力。

另外，审计是与社会各层面有广泛接触的职业，社会与公众对审计人员的冲击与影响、评价与抨击、误会与谣传甚至怀疑等等要远甚于其他职业，构成了种种压力。个别领导、个别部门的不支持、不配合甚至非难；一些即使经过艰苦努力但仍未突破的经济案件招来谴责，这些在审计工作中也是可能经常出现的。不全面的、欠公正的社会评价容易使审计人员产生心理挫折，感到委屈、失望，最后演变成心理压力。

三、审计难造成的心理压力

这种压力主要表现在几个方面：一是审计难的压力。因为审不出问题，在审计组长那里，在领导那里，在单位里，觉得都不好交代。二是处理难的压力。当审出问题以后，特别是审计出重大经济问题的时候，同事、亲朋好友甚至个别领导的说情在所难免。照顾情面吗？有审计风险。依法处理吗？又不知道伤害了哪个方面，心理压力很大。三是落实难的压力。就是审计决定难落实，几经周折，总算是审出了一些问题，又顶住了说情的压力，审出的问题就要上报告了，就要下决定了，压力又来了。被审计单位不落实、或者不按时落实审计决定怎么办？如果审计决定落实不了，这项审计就是一个不完整的审计项目，压力还是没有消除。四是公告难的压力。问题查出来了，被审计单位对所查问题全部认可，就是反对公告，甚至会利用领导的影响来阻止公告。对审计来说，审计结果公告了，被审计单位对审计有压力；不进行公告，舆论对审计有压力。

四、不断学习带来的心理压力

当今时代是知识更新不断加快的时代，是知识爆炸的时代，需要各行业的人树立终身学习的理念。作为审计人员，还要随着审计对象的不断变化，不断地学习不同行业的知识、不同行业的法律等。这种学习强度远胜于其他行业。因此，审计人员面对本身知识更新的压力和被审计单位知识更新的压力，身心是疲惫的。

五、家庭情感的苦衷带来的心理压力

审计人员也是人，但却常常没法过上正常人的生活。子女希望在父母的怀抱里撒娇的时候，他们可能正在审计现场；妻子在分娩需要照顾的时刻，他们可能正在异乡调查犯罪嫌疑人……审计人的情感需要是有缺陷的。与家人相聚的时间少，缺乏感情交流，时间久了，家庭生活出现不协调，亲子关系疏远、夫妻难于沟通、家庭隔阂严重等等现象。如此难言的心理苦楚，审计人不得不面对和默默承受。

六、心理饱和造成的心理压力

“饱和”一词系化学术语，将盐不断地加入水中，当盐不能再溶解时，叫作“饱和”。“心理饱和”则是指心理的承受力到了不能再承受的程度。卓别林在《摩登时代》中扮演一名工人，成天做着“拧螺丝”的活儿，干久了，他看见过路女人胸前的一对纽扣，也用扳手去拧。这虽属笑话，却是心理饱和的典型例子。

心理饱和现象在生活中几乎随处可见：有个美国商人去印第安人居住地

旅游，他见那里的编织草帽很漂亮，于是问道："买一顶多少钱?"对方回答："10元。""如果我买100顶同样的草帽呢?"每顶20元。""为什么我批发反而更贵?""做一顶帽子，我们感到很新鲜，做10顶我们要耐着性子，而要做100顶相同的草帽，我们将要怎样强忍着厌烦!"心理饱和导致这笔生意流产。人对单调作业的心理与生理反应，实际上是相同的。劳动者主观上常产生种刻板、厌烦和淡漠的感觉，他们对从事单调工作不感兴趣，注意力难以集中，甚至想睡觉。客观上，连续工作几小时后，可以见到一系列表现：警惕性下降，神经系统的兴奋性和敏感性都明显降低。此时，受植物神经系统支配的某些生理指标也发生了相当典型的改变：血压下降，心率和呼吸次数均减少。但为了继续工作，需要提高警惕性与增强坚持工作的意志力，从而会造成心理紧张状态。因此，从事单调作业的人，看起来负担不重，工作也较轻松，但实际上却感到很费力，且易于疲劳。

审计人员长期从事单调作业，除产生疲劳症状外，常导致身心健康水平下降、劳动能力降低、创造精神受到抑制等。因此，从心理卫生的角度看，应把单调作业作为一种职业性有害因素来认真加以对待，特别是对那些耐受性较差的人，危害更明显。

发表于《中国审计》2006年第12期(中文核心期刊)

审计人员如何缓解心理压力

——心理学原理在审计中的应用（二）

缓解心理压力，首先要了解心理压力对人的生理系统的影响，明白心理健康对身体健康的重要性，从而自觉地培养健康心理，维持健康身体。

一、心理过程与生理系统的密切联系

审计人员要系统地学习心理学知识，运用心理学原理，了解和掌握自身的心理活动规律，预测和控制自身心理现象的发生；有目的、有针对性地培养和提高心理品质，形成“压力免疫”，提高缓解和承受心理压力的能力，做到防患于未然。

如果你做错了什么事情，或者有什么过失，请你不要找客观理由，因为那是你的潜意识想做的事情。弗洛伊德认为：“人们在日常生活中的各种过失行为，不分细长、大小，都具有一定的原因、目的和意义，都处于一定的因果关系的链条之中。”

例如：一个主持会议的人在开幕式上致辞时，把宣布“现在开会”说成了“现在闭会”。那是由于他实际上反对开这次会议。

再如：弗洛伊德说他很少打破东西，在他不大的工作室里堆满了收集多年的古董。有一天，他坐在桌前写字，拿笔的手莫名其妙地一伸，把墨水池打落在地上，摔坏了。令人难以相信的是，当时在这被摔的墨水池四周放了很多雕像及瓷器却安然无恙。原来，在几小时前，他妹妹参观了他的收藏品，觉得都很可爱，唯有那墨水池不好，应该换个更漂亮的。后来他们一同出门，几小时后弗洛伊德独自回来，果真只用举手之劳就“结果”了那个被责备的墨水池。

如果你不小心，身体受了伤，那首先是心理出了问题；换句话说，心理出现了问题，动作就会扭曲，行为就会失常，而导致受伤。

弗洛伊德认为，人们具有潜在的自我惩罚意向，平时表现为自我谴责，有时却巧妙地利用外在环境造成自认为是“意外”的自我伤害。

二、心理情绪和心理暗示对生理系统的影响

第一，消极心理情绪对生理系统的影响。一是消极心理情绪对神经系统的影响。心理活动得不到平衡、情绪就会低落，这种状况长时间持续下去，首先受到影响的是神经系统的功能。轻者有失眠及神经官能症，重者会引起精神错乱、行为失常，即常说的反应性精神病。二是消极心理因素对心血管系统的影响。如愤怒、焦虑时则心率加快、血压上升等，交感神经系统处于兴奋状态，久而久之造成心脑血管机能紊乱，出现心律不齐、高血压和冠心病等，严重的可导致脑血栓、心肌梗死。三是消极心理情绪对消化系统的影响。在长时间消极情绪作用下，如忧愁、悲哀、痛苦、焦虑，会使胃肠蠕动明显减慢，胃液分泌减少，胃肠机能受到严重扰乱，引起不思饮食。这种状况长期持续下去，会造成胃炎、胃溃疡等胃肠疾病。四是消极心理情绪对内分泌的影响。心理活动不稳定，情绪不平衡，久之可以造成内分泌功能加强，促使垂体后叶分泌增加，从而引起冠状动脉收缩，同时促使肾上腺皮质激素分泌增加，易导致心肌缺血，突然死亡。五是消极心理情绪对免疫系统的影响。消极的心理情绪，长期的心理紧张，使免疫系统中具有最强抗痛能力的淋巴细胞减少，以致体内免疫能力大大地被削弱，容易诱发和加重癌症。紧张和焦虑心理情绪会影响巨噬细胞、淋巴细胞和免疫抗体的生成，造成免疫力缺损而引起肿瘤。1979 年，美国霍普金斯医院对 35 名已有转移的乳腺癌患者进行观察，发现心中苦闷能发泄出来、能正确对待疾病的患者平均生存期为 22.8 个月；而苦恼、压抑、克制、整天闷闷不乐，不能正确地对待疾病的患者，平均生存期仅有 8.6 个月。六是消极心理情绪会产生“毒气”。美国一些心理学家做了一项实验，他们把生气者血液中所含物质注射在小鼠身上，以观察其反应。初期实验表明，这些小鼠表现呆滞，胃口尽失，整天不思饮食。数天后，小老鼠就默默地死去了。

美国生理学家爱尔马也做过一次简单的实验，他收集了人们在不同情况下产生的“气水”，即悲痛时、悔恨时、生气时及心平气和时呼出的口水做对比实验，结果又一次证实生气对人体危害极大。他把心平气和时呼出的气水放入有关化验水中沉淀后，则无杂色，清澈透明；悲痛时呼出的气水沉淀后则呈白色；悔恨时呼出的气水沉淀后则显蛋白色；生气时呼出的“生气水”沉淀后则为紫色。把“生气水”注射在大白鼠身上，几分钟后，大白鼠就死去了。而把心平气和时呼出的“气水”注射在大白鼠身上，大白鼠没有异常反应。由此爱尔马分析道：“人生气（10 分钟）会耗费大量人体精力，其程度不亚于参加一次 3000 米赛跑。生气时的生理反应十分剧烈，分泌物比在任何情绪下都复杂，都更具毒性。”

第二，积极心理情绪对生理系统的影响。一是积极心理情绪可以增强免疫力。如果把自己的身体比作一个军营，免疫系统就是各个岗位上的哨兵，病菌就是要骚扰军营的敌人。当你的心理情绪保持积极或者平衡状态的时候，哨兵会睁大眼睛，子弹处于待发状态，只要有敌人前来骚扰，就会及时消灭他们。当你的心理情绪处于消极状态时，情况正好相反。二是积极心理情绪可以提高工作效率。人的心情好，就会气血畅通，心跳就会正常，经络就会顺畅，身体各器官协调作战的能力就会增强，工作效率就会大大增强，创新能力也会提高。三是积极心理情绪可以使人延缓衰老，更加漂亮，气质更好。在现实生活中经常可以看到，在物质生活条件和工作条件大致相同的情况下，不同人的衰老程度、外表的漂亮程度和气质的差距是很大的，主要原因也是源于心理情绪的好坏。

第三，消极心理暗示对生理系统的影响。有人早晨上班前照照镜子，当他从镜子里看到自己的脸色不太好，并且上眼睑浮肿时，马上怀疑自己得了肾病，继而觉得自己全身无力、腰疼，于是觉得自己不能上班了。这就是消极的自我暗示。一是能把好人治死（意念杀人）。国外心理学家做过这样的实验：征求一个死囚同意，他将被抽血，让血一滴一滴流干而死去。实验时将死囚双眼蒙上，抽出血，然后搞出滴答的滴水声，再止血，但时间不长，死囚就被吓得昏厥而死。二是能影响肌体的平衡。有人做过这样的实验：在一块木板的中心部位放置一个支点，让被试者躺在这块木板上，并保持原来的平衡状态，再令其想象自己骑在自行车上用力蹬车的情景，但不做实际动作。经过这样的暗示之后，一般会出现靠脚的一端下降，靠头部那一端上升，使原来平衡状态受到破坏。研究证实，这是由于被试者在用力蹬车这样一个意识的影响下，下肢出现了意向性运动，这种意向性运动造成下肢血管扩张，血流量增多，重量相对增加，从而使平衡遭到破坏。三是能使药物起到反向作用。美国有一位生理心理学家曾将吐根碱（致吐剂）通过胃管注入呕吐病人胃中，并告诉病人这是止吐药物，结果在短时间内病人的恶心呕吐感消失。经过一段时间后病人又出现呕吐，重新注入吐根碱，恶心感又很快消失。这个实验说明药物不但有生理效应，而且通过一定的诱导会产生心理效应。四是能引起假性受伤。有人做了这样一个实验：用木棒轻轻接触被试皮肤，并暗示这是用烧红的烙铁在烙他时，过一段时间会令人信服地看到接触部位发红—暗示引起“假性烫伤”。

第四，积极心理暗示对生理系统的影响。当在镜子里看到自己脸色不好时，马上暗示自己，到户外活动活动，做做操，练练太极拳，呼吸一下新鲜空气就会好的。这是一种积极的自我暗示，有益于身心健康。一是能把“病人”治好。国内心理医生做过这样一个实验：有一位少女因惊吓而站立不起。经检查，她躯体没有问题，这时，医生对她说，我们这里有一种特效方法能治你的病。我先给你一副药，你吃了如果尿发黄就一定能治好，如果尿不发黄我就没办法了。然后给她服用一些谁吃了尿都发黄的药。过几天患者告诉医生，我的尿发黄了。医生又给她一些什么病都不治的药，又过了几天，她可以站起来走路了。二是能增强自信心。有一个女孩，对自己的形象非常不自信，每天情绪不好。有一天，妈妈买了一只发卡给她，说：别上这只发卡，可以掩盖你脸颊上的缺陷。她一看，真的是这样，自己变得好漂亮。第二天，她别上发卡去上班，心里充满自信。出门看见邻居，觉得邻居和她打招呼都比每天热情。到班上，感到每个人都比平时亲切，工作起来也是干劲十足。找领导谈话，也是信心十足，连谈话的效果都出奇的好。回到家里，跟她妈妈讲，今天怎么感觉这么棒，所有的事情都办得这么顺利。我从来没有这么自信过，你给我买的那个发卡简直是太重要了。妈妈说：不对啊，今天早晨在你出门的时候，我在门外发现了那只发卡，你根本就没带它。

三是能促进身心健康。如果暗示自己，我现在的情况已经不错了，就会知足常乐；如果暗示自己，我是最好的，我是最棒的，就会自得其乐；如果暗示自己，我喜欢我自己，就会有更多的人喜欢你。

三、培养积极心理，缓解心理压力

第一，面对社会收入差距，要改变比较方式，知足常乐。审计人员的收入和有些掌握资源分配权的部门相比，和自己所付出的劳动相比，确实存在差距。但是，和社会各阶层广大群众相比，审计人员还是属于中等或者偏上的水平。随着社会财富的增加，我们的生活还会更好，因此，应该知足常乐。

第二，面对社会风气问题，要用平常心对待，从我做起。现在是我国社会的转型时期，各种矛盾和各种利益集团“攀比斗富”的现象时有出现，容易使人产生困惑。应该用平常心对待这些问题，从我做起，为社会风气的好转添砖加瓦。实际上，在经济上捞了意外之财的人，有的失去了脑袋，有的失去了自由，有的失去了睡眠，最少也会失去健康，因为心理情绪对生理系统的影响是非常明显的。

第三，面对社会评价欠公，要保持愉快心情，正确对待。审计人员通过审计为国家挽回了损失，也冲击了有些人的“既得利益”，因此常常被人误会、怀疑、抨击，甚至威胁、恐吓。作为一个以审计为职业的人，应该正确对待这种社会不公平、不全面的评价；应该保持愉快的心境和开朗明快的情绪；坚信自己的职业是正义和神圣的，是被绝大多数人认可的，是对社会和历史负责的。

第四，面对家庭情感苦衷，要主动接受现实，尽我职责。选择了审计，就意味着选择了奉献，就要接受现实。心理学家曾做过这样一个实验：将两只猴子关在铁笼里，其中一只猴子的四肢被捆在板子上，无法动弹，另一只猴子可以自由活动，笼子里还有一根插进来的棍子。在实验中，两只猴子都不断遭到电击，但那只能自由活动的猴子只要推着棍子，就可以避免一次电击。过了不久，人们发现那只能够自由活动的猴子反而得了胃溃疡。原来那只被捆住的猴子由于无法逃避电击，只有接受现实，反而心安理得，而自由活动的猴子，却整天提心吊胆，终于导致疾病。承认现实、接受现实对普通人来说是非常重要的，因为我们每个人在现实面前、在集体面前的作为是有限的，要用平常心面对现实。

第五，面对审计工作困难，要逐步攻克难关，树立信心。审计难，处理难，落实更难，这是困扰审计人多少年的难题了。然而，随着审计对维护社会主义市场经济秩序的作用不断增强，审计的地位越来越重要，党和政府对审计工作越来越重视，被审计对象也会逐步理解审计，认可审计，审计环境会越来越好。审计人员要树立信心，相信通过不断努力，审计环境会逐步改善。

第六，面对职业心理饱和，要培养广泛爱好，陶冶情操。常年重复同一工作，由心理饱和引起的心理厌烦是很自然的。因此，审计人员要培养良好的兴趣与爱好，以修身养性，陶冶情操。丰富的业余生活能在一定程度上缓解心理压力。还要经常参加体育锻炼，既能锻炼筋骨，增强体质，又能使人心情舒畅，精神愉快。体育锻炼可以促进多种心理品质的协调发展，锻炼人的意志品质，增强果断性、持久性等，消除身体和心理上的疲劳，为缓解心理压力奠定生理基础。

发表于《中国审计》2006 年第 13 期（中文核心期刊）

经济犯罪的心理痕迹

——心理学原理在审计中的应用（三）

心理学的一个基本原理，就是人的任何行为都受心理支配。有什么样的心理活动就表现出什么样的行为。心理痕迹是人的认识、情感、意志等心理过程所产生的生理固化物，是指行为人在实施行为过程中形成的能直接或间接反映其行为心理活动的一切现象。这种痕迹一方面反映了行为人的行为轨迹，另一方面也反映了行为人的心理活动过程、心理状态和个性心理特征。

认识经济犯罪心理痕迹是通过心理分析方法进行的，犯罪心理痕迹一般具有以下特征：

一、个性心理特征

特定个性是指一个人“具有一定倾向性的心理特征的总和”。个性包括两个方面：一是个性心理倾向性（如动机、需要、兴趣），是在社会实践活动中逐渐形成的，二是个性心理特征（如能力、气质、性格），它是通过自身的行为表现出来的，每个人的个性之间都有绝对区别。

当一个人实施犯罪时，其个性特征就会或多或少地表现在整个犯罪过程中。例如，在某地发生的系列经济诈骗案中，罪犯每次选择的作案对象都是国有企业，每次都用同样的方法诈骗，而诈骗所得每次都存入银行，这种选择和处理方法，反映出罪犯的个性特征。

再如，有的人在受贿后总是要做记录，这也是一种个性心理特征。根据这些特定的个性特征，在其使用的笔记本中可能就会发现、获得证据。

二、定式心理特征

定式，就是人们按照一种固定了的倾向去反映现实，从而表现出心理活动的趋向性、专注性。

有这样一个问题：一位公安局长在路边同一位老人谈话，这时跑过来一个小孩，急促地对公安局长说："你爸爸和我爸爸吵起来了！"老人问："这孩子是你什么人？"公安局长说："是我儿子。"请你说出这两个吵架的人和公安局长是什么关系？

这一问题，在100名被试者中只有两人答对！后来对一个三口之家问这个问题，父母没答对，孩子却很快答了出来："局长是个女的，吵架的一个是局长的丈夫，即孩子的爸爸，另一个是局长的爸爸，即孩子的外公。"

为什么那么多成年人对如此简单问题的解答反而不如孩子呢？这就是定式效应。按照成人的经验，公安局长应该是男的，从男局长这个心理定式去推想，自然找不到答案；而小孩子没有这方面的经验，也就没有心理定式的限制，因而一下子就找到了正确答案。

定式心理现象也同样存在于犯罪心理痕迹中。罪犯在第一次作案成功后，其行为方式在大脑中产生了深刻的印象，以后再作案时，成功的体验反馈到大脑，对其犯罪动机和行为起强化作用，使其犯罪心理结构更为巩固并得到发展。由于某种思维方式和与此相连的犯罪行为的多次重复，在其犯罪活动中明显地反映出他的定式心理特征。认识和利用这些特征，对于推断其犯罪行为有一定的帮助。

三、无意识特征

这是指犯罪嫌疑人在犯罪过程遗留的、不受犯罪人控制的那些痕迹。由于无意识是当前没有被人清晰地意识到，但却对人的活动产生影响的心理活动，是整个心理活动的必要补充和辅助成分。因此，犯罪活动既受意识的制约，也受无意识的制约。也正是由于无意识的行为很难加以伪装和修饰，往往与犯罪人的意识行为相矛盾，因此会留下无意识的心理痕迹，这些痕迹就成为反映犯罪方式的有形痕迹。犯罪心理痕迹在很长时间内具有相对的稳定性，因而在其行为的某些方面有着一定的连续性和相似性。根据案中的心理痕迹，可以推断作案人作案前心理痕迹和作案后心理痕迹，这些同样能为我们提供决策的依据。

美国心理学家沃夫曾指出，实际上，心理神秘莫测，而迄今为止我们对此所有的理解都是通过研究语言获得的。语言的使用分有意识和无意识两种。犯罪过程的语言痕迹多是无意识的，但我们恰恰是通过这些无意识的语言特征，分析犯罪主体的情感、意志、性格、兴趣、经验和犯罪心理及社会环境、生活方式、犯罪经历等犯罪信息。

四、非常规特征

经济罪犯在犯罪目的确定后，一般都要对将要实施的犯罪行为进行周密的思考和准备，精心选择犯罪方法、策略进行掩饰，争取以最小的代价获取最大的利益。这些方法、策略一般情况下都是非常规的，都表现出一些与众不同之处，这些与众不同的表现，可能就是信号。如财务人员或领导层对审计人员撒谎或过分回避询问，或经常与审计人员争执，对审计人员表现出敌意等。当审计人员看到这些信号时，就应该多加注意。

五、可知特征

辩证唯物主义认识论认为，世界是可知的，不同的只是对事物的认识程度。心理痕迹虽然是一种看不到的抽象现象，但它可以被我们感知和认识。因为心理痕迹存在于每一个犯罪过程之中，它与犯罪的物质痕迹有着密切的因果联系。事物之间的因果关系，正是我们认识心理痕迹的有效途径。我们可以借助已知事物的因果关系，推出未知事物的结果。

物质痕迹通过一般的感性认识就能发现，而心理痕迹则要上升到理性认识后将它变成可感知的东西从而被认识和掌握，这里需要有一个再认识上的飞跃。

六、狐尾特征

会计资料是会计信息的载体。舞弊行为人作弊之后，不管其作弊手法是多么高明、多么隐蔽，总会在会计资料中留下一些蛛丝马迹。例如，某县民政局用救灾款给上级领导送礼，送礼的人怕出了问题说不清，在送礼前把要送的人和现金数量写在信封上，审计人员在查保险柜时发现了这个信封，真相大白。

另外，有的会计人员对本单位领导的违法乱纪行为敢怒而不敢言，他们没有勇气检举揭发，但又害怕将来被查出与违法乱纪之人同罪，或者是希望有心人能够发现，因而故意在会计资料中留下一些讯号或作一些“画蛇添足”之类。如果审计人员掌握一定的心理学知识，能够洞察舞弊行为人舞弊前后的心理动机和在会计资料中的作假手法，能够察觉某些善良的会计人员对不法之徒敢怒而不敢言的良苦用心，就能够利用会计资料，迅速而有效地抓住舞弊分子的“狐狸尾巴”。

发表于《中国审计》2006年第14期(中文核心期刊)

根据不同心理效应选择适当审计方法

——心理学原理在审计中的应用（四）

一、利用可知效应，仔细查看破绽

会计资料是会计信息的载体。舞弊行为人作弊之后，不管其作弊手法是多么高明、多么隐蔽，总会在会计资料中留下蛛丝马迹。因此，我们要仔细查看：

一是往来账户。审计中经常可以看出，作假者常常利用预提费用、其他应收款、其他应付款、应收账款等科目进行作弊。2003 年至 2004 年 5 月，某企业以预提设备修理费的名义，从大账转入“小金库”178 万元，在大账每月作会计分录：借记管理费用，贷记预提费用，并于下月付款给修理商。入账发票均由税务局开具。一般情况下，企业间销售产品和提供劳务服务都会与对方签订合同，但当审计组要求被审计单位提供有关修理合同时，他们未能提供。审计人员顺藤摸瓜，发现了一个隐藏近 7 年金额达 1400 万元的“小金库”。此外，像其他过渡账户也是转移隐瞒收入、调节盈亏的常用账户。如果这些账户挂账时间长，或发生额较大、发生次数频繁以及预提费用突然增加，审计人员都要格外注意。

二是原始凭证。任何舞弊行为都会引起会计资料记载的异常变化，这正是分析揭露舞弊行为的突破口。在审计某事业单位时，该单位一年内 3 次卖旧报纸累计收入 9 万元，原始凭证是由该单位经手人邹某写的白条。据财务人员反映，收购方是个体户，所以未出具任何票据。审计人员要求邹某到审计组来核实情况，由于并无邹某其人，财务人员见无法遮掩才讲出了实情，原来这笔收入是稿费收入，财务人员为了免缴个人所得税，才这样处理。

三是费用支出账户。特别是一次性大额费用支出，应引起适当关注。在对某行政机关进行专项审计时，其一次性列支罚没款 326 万元，且未能说明支出去向。经审计人员进一步追问，牵出了一套隐藏 3 年累计金额达 6700 万元的“账外账”。

四是下属及相关单位。有的单位利用手中职权，强行将单位资金转到下属单位，进行不合理开支，或直接到下属单位报销费用，通过延伸审计可发现此类舞弊行为。此外，大量审计成果的取得也得益于延伸调查所提供的证据。

五是钱物。做好现金、财产的盘点和银行对账的工作，同时也应关注被审计单位基本账户外的其他账户。

二、利网人际效应，选择谈话方式

一是选择谈话的环境。在谈话时，希望说服对方与你合作，或者你试图劝说被谈话人接受你的某种观点，环境和气氛对你的谈话效果有很大影响。首先是环境的位置影响。在你的办公室谈话和到被谈话人的办公室谈话，心理优势是不一样的。因此，找被审计单位的有关人员谈话一定要选择我们办公的地方作为谈话地点，不能到被谈话人的办公室去谈话。如果条件允许，可以请其来我们单位谈话。其次是环境气氛的影响。请看一个实验：请一些青年学生阅读四篇关于癌症治疗、武装力量规模、月球探测器和三维电视的资料。其中一部分学生在阅读休息时得到一些可乐和花生，而另一部分学生则什么也不提供。等阅读完毕之后，请被试者对材料内容发表支持或反对的意见。结果，享用过食品和饮料的人对材料内容持肯定态度的比另一部分人多。怎么会有这样的结果呢，难道可乐和花生会影响人的判断吗？其实，影响人的判断力的并不是可乐和花生本身，而是它们造成的气氛和带给人的愉快心情。无论采取什么方式，给听你说话的人创造一种舒适愉快的环境，都能对谈话效果产生良好的影响。反过来，如果在很糟糕甚至很恶劣的环境中与人谈判或求人办事，多半难以成功。千万不要忘记这一点。

二是选择谈话的对象。谈话对象在其他条件大致相同时，选择异性去谈话，效果会好一些。因为异性在一起能自然地显现出一种轻松、愉快、互为接纳的氛围。美国著名医学博士哈里教授发现：在宇宙飞行中，有 60.6%的宇航员会产生“航天综合征”，如头痛、眩晕、失眠、烦躁、恶心、情绪低落等。这是怎么一回事？经过专家研究分析，宇航员之所以患“航天综合征”，是因为宇航船上均为清一色的男性，而无女性。后来，有关主管部门采纳了心理学家的建议，每次宇航中都挑选一位健康美貌的女性参加，这样，“怪病”和“综合征”消除了，而且工作效率显著提高。医学心理学家研究发现，在一个只有男人或女人的工作环境中，尽管条件优越，卫生符合要求，自动化程度较高，然而不论男女职工，都容易感觉疲劳，工作效率也不高。据研究，一个机构内异性比例至少要达到30%以上，工作效率会较高。心理学称之为“异性效应”。

三是讲究谈话的艺术。人都有面子，中国人特别爱面子。不论你和别人打什么交道，只要你给别人面子，打交道的成功率就高。给别人留面子，主要表现在语言艺术性上。审计人员和被审计对象在沟通和交流中，不论出于何种目的，都应该讲究说话的语言艺术，都不应该有凌驾于被审计对象之上的语气，而是以尊重、和善的语言和他们沟通，效果会更好些。

三、利用链条效应，突破薄弱环节

大家知道，一个链条的牢固程度，取决于其中最薄弱的那个环节。审计人员应运用链条效应打开最薄弱环节，了解舞弊人员的思维方式和掌握与之较量的技巧，思考哪里是可以下手的薄弱环节。在对某事业单位进行审计时，当发现其178万元的维修费竟没有与服务商签订合同时，审计人员先让他们提供服务商的电话、地址，财务人员露出惊慌的神情，一会儿说服务商在香港，一会儿又说电话、地址不清楚，审计人员从他们的惊慌中看出了破绽，断定178万元维修费背后肯定有问题。但财务人员就是不配合，无法进一步核实。审计人员决定以被审计单位领导为突破口，在向其讲明政策法规，并指出不主动交代问题的严重后果后，该负责人终于让财务人员拿出了“小金库”账本。使用这一方法时，要求审计人员要与对方进行一定程度的斗智斗勇，在心理上压倒对方，打消其蒙混过关的侥幸心理。

四、利用遗忘效应，进行重复提问

根据遗忘效应，每个人对于感知过的、思考过的、体验过的、操作过的事物，不能全部再认和回忆，或者总是错误地再认和回忆。

重复提问是指在审计过程中，就同一个问题对舞弊嫌疑人进行多次、重复的提问，令其作出多次重复的回答和供述。如同一事件的发生时间、地点、人物、经过、各种细节，物品的名称数量、规格，外形、质量、特征，以及账目的往来、款项的去向、舞弊嫌疑人在其中的活动等。

审计人员安排的一系列重复提问，核实时间、地点、人物、事件经过的详尽细节，会使其不断出现错误的再认和回忆：在其回答和供述的材料中发现矛盾；让其补充前次陈述中遗忘的细节，露出矛盾，准其纠正回答过程中的不实之处，前后矛盾；审计人员可以弄清舞弊嫌疑人前后供述中有明显出入的地方，揭露矛盾；“以其之矛，戳其之盾”，制其于窘境之中，迫其作真实陈述。

重复提问还要讲究方法：

一是要有准确的判断。在对某事业单位审计中，审计人员就银行对账单中一笔15万元的收付业务产生怀疑，账面未作记录，也未编制记账凭证。询问出纳，审计人员直接向其提问：“为何这笔业务未编制记账凭证，也没有入账反映？如果没有问题的话我们也不会无故问你的，请你想清楚再答。”果然，她考虑了5分钟左右就说出了还有另外一套账的事实。这得益于审计人员的准确判断。

二是要切中要害。在对一家上市企业审计时，审计人员反复提问，每次都问同一问题，而且切中要害。最后他们说，你们不要再问了，干脆把十几本账外账全部拿出来，你们慢慢去看吧。终于查出一个4200万元的小金库。

五、利用逻辑效应，推断矛盾存在

任何事物之间都存在着一定的联系，而这些联系又具有一定的逻辑性。即根据事物之间存在内在联系的逻辑关系进行分类、分析、归纳、推理，把相关的问题和现象不断纳入到逻辑分析的视角，又不断地排除非逻辑因素，从现象间的矛盾关系到实质性的因果关系，推理出一些必然性的东西，发现和揭示重要问题的线索。

在一家科研所审计中，审计组发现该单位有大量的资金出借却无分文利息入账，这显然存在着逻辑上的矛盾。围绕这一矛盾，审计组展开分析与审计。通过内查外调，终于查出该单位私设“小金库”50万元的严重违纪行为。在对另一家企业审计中，审计进点见面会上，一位被审计单位主要负责人说，自己在任职期间本单位经济效益开始好转，不仅改善了职工福利待遇，也为科研项目提供了资金帮助等。当审计组实际审查会计账目时，却未发现有很多的营业收入及福利费用支出，这就形成了一对矛盾，促使审计组认真思索，矛盾后面一定有问题。审计组便与当事人进行了实质性交锋，获得了有理有据的证据，对方不得不交出690万元账外资金。

在实践中，这些方法应依据审计工作的进程和被审人员的心理状态灵活地运用。审计工作是复杂的双方心理斗智过程，要求审计人员始终掌握审计的主动权，运用谋略，确保自己的心理优势，让舞弊嫌疑人按照审计人员画出的心理轨迹陈述，一种谋略和多种谋略交叉运用都是可行的。需要注意的是，审计人员对审前分析、审计计划的安排，询问人员的分工等，都应该作出细致和周全的考虑，如此才能保证“克敌制胜”，达到预定的目的。

六、利用门槛效应，选择处理策略

在一架班机即将着陆的时候，乘客们忽然听到乘务人员报告：由于机场拥挤腾不出地方，飞机暂时无法降落，着陆时间将推迟一小时。顿时，机舱里响起一片喧嚷抱怨之声。尽管如此，乘客们也不得不做好思想准备，在空中等上这令人难熬的一小时。谁知几分钟之后，乘务员又向乘客宣布，晚点时间将缩短到半个小时。听罢这个消息，乘客们都如释重负地松了一口气。又过了几分钟，乘客们再次听到机上的广播说：最多再过三分钟，本机即可着陆。这一下，乘客们个个喜出望外，拍手称庆。虽然飞机仍然是晚点了，但乘客们却反而感到庆幸和满意。

先提出一个很大的要求，接着提出较小的要求，这种方法有时能产生极大的效应。西阿弟尼等人在1975年做的实验中对此作了印证。他们要求第一组被试者腾出大量的时间做某事，当所有的人都拒绝时，实验者马上问他们：是否同意做其他事情，只需要很少的时间，结果他们同意做的有 50%。对第二组被试者只提出了较小的要求，结果他们同意做的有 16.7%。

审计在做出处罚决定之前，和被审计对象沟通时，先要按处罚规定的中、上线提出，然后按照门槛效应，做出适当的减轻处罚，会使被审计对象容易接受，且有利于审计决定的落实。

发表于《中国审计》2006 年第 15 期（中文核心期刊）

被审计对象的心理分析

——心理学原理在审计中的应用（五）

审计工作是以被审计单位的经济活动为监督对象的。被审计单位的有关责任人在接受审计时，一般会呈现如下几种心态：

一、积极心理

采取这种态度的被审计单位，表现为对审计工作的积极配合和热情支持。前提是自身经济活动中没有违规违法问题，且经济指标真实，即使在账目上有一点问题，也是一般问题。心理基础主要是被审计单位的坦荡心理，也出自被审计单位对审计工作的正确认识和充分理解。同时，他们积极的态度也要求审计部门给其一个清白的说法。

二、反积极心理

采取这种态度的被审计单位，是为了掩盖自身经济行为中的问题。表面上采取积极配合态度，背地里是在设法蒙混过关，试图让审计人员手下留情。这种态度的实质是一种假积极，是想用好的态度达到过关的目的。有的单位先请中介机构或财务高手把账目处理好，再主动地请审计部门审计。态度虽很积极，但目的不纯。

三、应付心理

持这种心态的单位，对审计工作既不积极配合，也不阻挠反对，听之任之，任其去审。心理基础一般是被审计单位没有明显的违规违法问题，对审计工作也不理解。在他们看来，自己没有什么问题，你要审计，我就应付你，审计任务完成了也就了事了。

四、防范心理

采取这种态度的被审计单位，认为审计是有目的地查找自己的问题。他们往往认为，审计是专门挑刺找毛病的，问题被查出来会影响单位的声誉，甚至会影响单位的发展前途。本质上，审计的职能之一是监督，其中隐含着审计对被审计单位的一种不信任态度。被审计单位提供的会计资料是不是真实可靠，审计只有查一查才能相信，这是审计的职责。对此，被审计单位对审计自然有一种距离感：你是来查我的，我们是两条战线的。因此，有防范心理是很自然的。审计人员应针对这种心理，采取积极主动的行为方式，缩短与对方的心理距离，努力引起对方相应的积极反应，包括树立良好的第一印象、站在对方的立场分析看待问题等。

五、厌烦心理

有的审计项目时间长，被审计单位工作繁忙，疲于应付各种执法检查而容易对审计工作产生厌烦心理，表现形式是对审计工作的不配合。当防范心理和对审计工作的不理解结合在一起时，可能表现为厌烦心理。

六、对抗心理

持这种心理的人不可能主动配合审计。往往表现出公开的对抗，出言不逊，蛮横无理，喊冤叫屈。他们认为，只要坚持不提供真实资料，不配合，审计就查不出问题。就是在大量确凿的证据面前，也不轻易承认，或避重就轻，百般抵赖；或推卸责任，对抗到底。有一家被审计单位，从审计人员进点以后就一直不配合，接到审计决定后就提出复议，接到复议裁定后又向法院起诉，最后还是被判决维持执行审计决定。这就是典型的对抗心理。

发表于《中国审计》2006 年第 16 期（中文核心期刊）

经济犯罪的心理剖析

——心理学原理在审计中的应用（六）

任何一种行为的产生都要受一定的心理支配。经济犯罪也是某种心理作用支配下的结果。概而言之，经济犯罪的心理大致有以下几种：

一、“有权不用、过期作废”的从众心理

在物资短缺的20世纪60年代，有一个人闲逛街头，忽见一长队绵延如龙，便赶紧站到最后排队，唯恐错过什么购买紧缺必需品的机会。等到队伍拐过墙角，才发现大家原来是排队上厕所，不禁哑然失笑，赶紧悄然退出队伍。这就是盲目从众闹的笑话。

美国霍桑工厂的实验很好地说明了这一点：工人们对自己每天的工作量都有一个标准，完成这些工作量后，就会明显地松弛下来。因为任何人超额完成都可能使管理人员提高定额，所以，没有任何人去打破日常标准。这样，一个人干得太多，就等于冒犯了众人，但干得太少，又有‘磨洋工”的嫌疑。因此，任何人干得太多或者太少都会被提醒，而任何一个人冒犯了众人，都有可能被抛弃。为了免遭抛弃，人们就会采取“随大流”的做法。

持“有权不用、过期作废”的从众心理的人，是典型的实用主义者。他们信奉“人生在世、享乐二字”的信条，不择手段地利用手中的职权，今朝有权今朝用，认为过了这村没那店，一旦无权无势，就会“人走茶凉”，不如趁现在手中还有权，捞上一把，为日后做点铺垫。事实上，这种从众心理往往会形成一股浊流，泥沙泛起，使得意志薄弱者随波逐流，误入政途。

二、“付出太多、得到太少”的攀比心理

攀比心理是现实生活中经济犯罪的一种普遍心态，他们的攀比，其倾向是横向比较，而不是纵向比较。改革开放以来，我国一部分地区和一部分人先富裕起来了。面对现实，少数公职人员心理极不平衡。在他们看来，自己学历不比别人低，能力不比别人差，努力不比别人少，而收入却与那些老板、“大款”们相差甚远。为求得心理平衡过上“大款”一样的生活，他们不惜以身试法，铤而走险。严重的心理失衡使他们产生强烈的攀比心理，总是想利用手中的权力来为自己谋取利益，于是千方百计地捞取好处，吃拿卡要，索贿受贿，私分国有资产，枉法徇私，甚至铤而走险，将“黑手”伸向其经手的巨额公款。

有的干部不比工作比待遇，不比贡献比享受。这是一种普遍的心态。在这种不正当的攀比中，比红了眼，比花了心，贪欲日渐膨胀起来。有些干部比来比去，越比越觉自己吃亏。尤其一些工作资历较长者，艰苦奋斗几十年，日子过得紧紧巴巴的，觉得有一种失落感，特别是看到一些人大把大把地花钱，过着灯红酒绿、纸醉金迷的奢侈生活时，心理更是不平衡。一旦失衡则心理变态，不择手段地捞取金钱，认为辛辛苦苦地干了大半辈子，过去光讲无私奉献了，至今名利无收，现在有条件有机会吃点、占点、捞点也无妨，胃口一开，则分外贪婪。实际上，这是一种由攀比心理演化为一种补偿心理的过程，被有的学者称之为“五九”现象。这就是补偿心理酿就的悲剧。

三、“专横独断、鱼掌兼得”的贪欲心理

“人心不足蛇吞象”“点金术”都是贪欲心理的形象描述。贪欲是一切贪利性犯罪的共有心态，是贪污贿赂等经济犯罪的共同心理，是走向犯罪道路的主要思想基础。具有贪欲心理的人，为了钱财，可以不择手段，采取各种形式，甚至冒着生命的代价，肆意收受贿赂、挪用侵吞公款，用于个人挥霍。有的年轻干部随着职位的变迁，接触灯红酒绿的机会不断增多，成天忙于应酬宴饮，追求刺激寻欢作乐、沉湎于酒色，贪图一时苟欢而放弃原则，

最终栽倒在钱和色的陷阱中。

四、“胆大妄为、贪得无厌”的掠夺心理

据分析，“贪官”往往具有两面性：一方面在逐渐暴露其贪婪的本性，另一方面又要千方百计把这种本性隐藏起来。他们起初总以伪装的面目出现，表面上给人以好感，骨子里却千方百计捞取政治资本，想方设法谋求一官半职，一旦大权或实权在握，便撕下伪装，不择手段大肆捞钱，进行资本“原始积累”。“贪官”陈辉林早些年被重庆清平机械厂招收为工人后，工作勤奋，表现老实，赢得了厂领导的赏识和同事的信任，不久就从车间调到厂部财务科任出纳员。手中掌握财权后，他很快便露出其自私和贪婪的面目，竟为了个人办工厂做生意发大财，不到三年时间就贪污、挪用公款370余万元。在完成“原始积累”后，他仓皇外逃，使用化名东躲西藏7个月，但最终未能逃脱法网，等待他的是遥遥无期的铁窗生涯。

五、“投桃报李、雁过拔毛”的交易心理

一些公职人员为别人办了事，帮了忙，内心总希望别人“投桃报李”。在“我帮他的忙，他应感谢我”“做官不发财，请我也不来”这种图报心理作用下，一朝权在手，未办事先谈酬劳，谈妥酬劳再办事，“不见兔子不撒鹰”。在他们的眼里，权力不过是一种待价而沽的特殊商品。在这种交易心理驱使下，他们把职责范围内应该承办的事情与按“劳”取“酬”画等号，不送礼不办事，甚至伸手索要“辛苦费”“好处费”“茶水费”。

安徽省阜阳市原市委副书记、市长肖作新和妻子共同受贿120万元，并有1200多万元不能说明其合法来源就是典型的案例。肖作新1967年大学毕业后，从普通教师到县教育局长，从团市委书记到县委书记，再到市委常委、市委副书记、市长。他在自己的思想交代中写道：“开始，对别人的送礼，我也退过，但有的人劝我，不能太书生气，反正不是要的，心里想，办事送钱，送钱办事，况且我又不是白收钱。水至清则无鱼，人至清则无朋。”一家房地产公司经理江某，感谢他帮助解决了建办公楼的征地和规划困难，先后两次送人民币13万元，他笑纳了。肖作新最后走上铁窗生涯。

六、"重权轻法、犯罪成功"的侥幸心理

不少经济犯罪者都是在侥幸心理占上风时陷进去的。他们具有"鸵鸟心态"：据说鸵鸟在感到危险，如被追逐时，就会把头埋到沙子里，以为看不到危险了就安全了。鸵鸟心态实际是自欺欺人、掩耳盗铃的心态。他们都有一定的文化水平，智商较高，往往自认为身份特殊，见多识广，保护伞厚，且行为隐蔽、方法巧妙、手段高明，在自信能侥幸过关的情况下走上犯罪道路。

众所周知，控制经济犯罪的机会，经济犯罪行为就会在客观上受到一定程度的遏制。对腐败现象打击不足使犯罪分子在主观上有了投机感，有了"犯罪成功"的"希望"。深知为人处世之道的犯罪分子，善于投机钻营，见风使舵，对上竭力投其所好，对下则无原则地一团和气，在作案前或作案时就准备好了后路。有的干部存在着极端利己主义和强烈的非法占有欲，他们利令智昏，往往过高地估计自己，认为自己业务熟练，成功的可能性大。加之领导的信任，同事的赞誉等因素，认为案发后不可能怀疑自己，能逃脱行政及法律的惩处。一旦主观唯心的侥幸与自信心理占主导地位以后，便强化了犯罪动机。

发表于《中国审计》2006年第17期(中文核心期刊)

独生子女不成熟人格探讨

当今，在独生子女青少年群体中，由于家庭教育的失误，身心发展失衡，加之社会转型变迁的冲击，使部分青少年，尤其是独生子女，在人格社会化和心理发展过程中出现了病态心理倾向，有些甚至形成了不健康的人格类型。已引起了教育学家、心理学家及社会学家的重视，他们根据其主要行为的独特系列表现，称其为“不成熟人格”，并指出，如果不及时纠正他们的行为和认知，他们在成人后，很容易发展为“反社会人格”。“不成熟人格”和“反社会人格”二者都属于人格障碍。特别是后者，一旦形成，难以纠正，对社会危害很大。

一、不成熟人格特征分析

不成熟人格指青少年、儿童在家庭行为中，具有违反家庭道德规范的倾向，且生活无定向，行为无规范，自我中心，情绪幼稚等行为表现得异常性格。成人后，如出现在社会行为中，具有道德德规范的倾向，且为了利己目的而伤害他人时，不感到内疚、罪责的异常性格。根据不成熟人格的临床表现，综述社会心理学和医学心理学的研究，将其行为特征可归纳为以下几点：

一是生活无定向、行为无规范，随心所欲。

二是自幼受父辈、祖辈溺爱，生活优越、情绪幼稚，依赖感极强。

三是以自我为中心，要他人、包括父母顺从自己，稍不如意，则激动暴怒，或哭闹不休，甚至体罚父母、祖父母。

四是缺乏家庭道德感，无责任心，义务感，同情心。

五是轻度不遵守社会公德，喜恶作剧，不讲道理。

六是不善于与伙伴平等相处，不爱惜友情，甚至亲情。

七是自我欣赏，自以为是，容不得批评，更不愿意吃亏。

八是社会适应能力差，不易适应新情景、新环境，社会交往被动，更喜欢让他人照顾自己。

九是经受不起打击、挫折。处境不良、遭受挫折时则容易自卑自弃，甚至轻率自杀，或迁怒、伤害他人。

十是自我追寻困惑，抉择能力差，身在福中却把“福”视为负担。

二、不成熟人格的成因探讨

(一)长辈不良的教养方式

独生子女不成熟人格的形成，首先来自家庭不良的教养方式，主要有：

第一，百依百顺。由于“四二一”综合征的形成，长辈对孩子过于迁就，要什么、给什么；想干什么，就允许干什么，甚至过分满足孩子的无理要求，助长了孩子的贪欲，逐步形成了以自我为中心的性格特征。

第二，纵容包庇。迁就孩子的错误想法、行为。犯错误时，不管不问；受到老师、他人批评时为孩子辩护；与伙伴、同学吵架、打架后，纵容，甚至反面鼓励、指导，使孩子感到自己总是正确的，从而没有了反省的机会。

第三，包办代替。能干的事，不让干，想干的事，不让尝试。几乎所有的事都替孩子干，不让接触社会，只以父母、家庭为中心，孩子饭来张口，衣来伸手，身在福中不知福，反而感到是“负担”。

第四，教养相左。父母之间、父母与祖父母之间的教养方式不一致、不协调。如父亲对孩子以专制教养，而母亲又以宽容为怀。或父母要严厉管教，但祖父母却关爱有余。结果，父母、祖父母都不能在孩子心目中形成威信，反而使孩子没有是非标准，无所适从。

(二)缺乏一致的动力导向

心理动力学理论认为，一切心理异常起因于幼年、童年时期的生活经验。不成熟人格，是由于幼年时期的人格结构发展上未能从本我发展到整体的自我和超我的层次。孩子在向父母认同学习过程中，以父母为榜样，间接学得为人处世、道德规范和社会良心。孩子能有向父母行为认同的愿望，主要是因为儿童需要适度的父母关心和爱护，孩子能在向父母行为认同后获得需求的满足。设想亲子之间的感情交流、沟通是单向的，即只有父母对独生子女的百依百顺，过分溺爱的被动教养，孩子不能面对社会现实，不能学会关心、爱护他人，使人格中本我成分得到助长，如想要什么、就有什么，想干什么、就能干什么，在没有认同父母行为之前，愿望就得到满足，需求得以实现。结果是在现实生活中本应全面发展的“自我”人格成分不能实现，超我层次更难以形成。完善和谐的本我，自我，超我人格结构终将难以形成。

(三)行为得不到正确的强化

不成熟人格者不能从家庭生活中获得教训，也是指其无机会在错误经验中学到改过，行善，以获得符合家庭、社会规范的适当成熟行为。在正常家庭教养中，独生子女的良好行为会受到奖励。如赞扬、鼓励和适当的物质奖励；错误的行为会受到惩罚。如严肃的说理和分析批评，或轻微体罚、警告，这是建立父母威信的教养方式。父母通过为子女制订合情合理的规矩，并以身作则，子女能够有前后一致的价值标准而心悦诚服地接受，依据操作学习理论，将对子女行为的塑造，产生强化和弱化的双重作用。使子女的错误、不良行为逐渐削弱，良好、成熟行为因之而强化为习惯，从而形成和谐健全的人格。如某家庭教养方式不符合以上学习原理，如父母过分溺爱，或过分专制，子女或者受到的只是全面的，无价值标准的赞扬、奖励，没有惩罚；或者受到的只是惩罚、没有奖励。最后子女所学到的只是如何获得赞扬、奖励，或如何逃避惩罚的方法，而这种方法正是形成子女不成熟人格的主要原因。

(四)认知结构片面化

不成熟人格者之所以生活无定向，行为无规范，自我为中心，对人对事缺乏责任感和同情心，乃是由于他的认知结构与正常人不同。健康发展的青少年在根据其社会知觉，从事家庭成员间、伙伴、同学间权利义务的判断时，总会从利害得失，是非善恶等多方面思考，既考虑到自己，也会考虑到别人。这是一种学得的社会认知能力，也是一种学得的社会态度。这种能力与态度，都是自幼在家庭环境中养成的。如果父母、祖父母对孩子的教养方式过分放纵、百依百顺，不教以是非善恶的标准，却是无条件的对孩子不合理的要求给予满足。如此教养的后果，导致独生子女的认知能力窄化，形成自我为中心，自我欣赏的态度，在遇到打击、挫折、处境不良时，缺乏一般的挫折耐受力，不能以忍耐力和意志力去战胜困难，致使情绪幼稚，哭闹暴怒成性，攻击伤害他人，或轻率自残。特别是他们在遇到必须先付出辛劳而后获得快乐报酬的生活情景中，根本不愿付出辛劳，也就无从学到延后享乐的态度，只知道每有所需就立即要求满足。这些都是不成熟人格的典型行为特征。因而，从认知心理学理论解释，不成熟人格是早期教养方式不当的结果。

三、正确的家庭教养方式

父母是子女的第一任老师，如何教养独生子女，使子女形成良好成熟的人格。历来看法不一，争论纷纷。如我国传统上父母对子女的教养以专制和严厉为主，西方国家更注重于子女本身的兴趣和个性自由发展，于是教养方式一度趋向于民主和宽容为主。但如今随着独生子女的增多，青少年问题日益严重，特别是不成熟人格类型的青少年增多，已向家庭教养方式提出了挑战，并引起了教育学家、心理学家的高度关注，他们经过跟踪研究，提出了合理、正确的教养方式的“八字”方针，即管束、期望、教导、关爱。实践证明，在现今社会里，遵循八字方针的父母，最利于在孩子心目中建立威信，最利于子女健康成长。遵循八字方针的父母，教育出来的独生子女，是同龄儿童中最优秀的一群，他们尚勤奋、负责任，趋于成熟，还有友善、助人、合群、自信等优良的性格特点。

第一，管束。父母对子女要立下规矩去管，所订规矩，既要合情合理，又要说到做到，同时父母要以身作则。对子女行为要求、价值判断标准要前后一致。能使子女做有标准，学有榜样，做错了还会受到批评。管束不能没有规矩，或者有规矩没有要求，更不能既没有规矩，又没有要求。

第二，期望。父母对子女要有成熟的要求和希望。这种要求和希望一定要适当，要使子女经过努力能够实现。不能高于子女的能力，如不能过早赋予子女责任、义务，不能同时要子女学多种技能。也不要低于子女的能力，如过度保护，包办代替。使子女永远站在“希望的田野上”。

第三，教育。父母与子女要有沟通，只有父母与子女在思想、情感的不断沟通中，才能建立信任、和谐的关系，有这种关系做基础，父母在纠正子女过错，说明是非善恶，解释行为意义时，子女才能心悦诚服，从而实现父母教导的目的，达到事半功倍的效果。

第四，关爱。即关心爱护。把关心和爱护贯穿到家庭生活的细节中，如起居、饮食、娱乐活动中，通过细微的关心爱护，传达父母对子女的亲情、爱意。使子女感到家庭的温暖、父母的亲情，让子女自觉地热爱自己的妈妈、爸爸，进而自觉地热爱集体、热爱祖国。

发表于《宁夏大学学报》1998 年第 1 期(中文和社科核心期刊)。中国人民大学复印报刊资料《心理学》1998 年第 6 期全文复印，中国人民大学复印报刊资料《家庭教育》1998 年第 7 期全文复印。

弗洛伊德本能论的演变及评价

本能（instinct）弗洛伊德精神分析理论中极重要的一个概念，精神分析中两个紧密相连的重要命题—潜意识论和性欲论，都是以本能，尤其是性本能为内容和核心的，本能思想是构筑精神分析理论大厦的基本思想。

一、本能的内涵及特性

弗洛伊德在其著作的多处对本能的概念进行诠释，诸如："本能，指的是一种来自体内而表现在精神上的内在刺激。""在本我的需要所引起的紧张背后存在着力，被称之为本能，本能体现着作用于心灵的肉体欲求。本能虽是所有活动的终极原因，却有守恒性质。"如此看来，本能的内涵便具有以下特性：(1)凡是来自本能的刺激都是机体的内部刺激，故本能具有非习得性。(2)这种作为"内部刺激"的本能也就不可能成为一种暂时的冲力，而是一种永恒的冲击力量。(3)所以本能也可称之为"需要"，消除"需要行为"，只能是满足—直接或间接的满足，逃避是不可能达到本能的目的的。所谓本能的满足就是消除由内部刺激引起的紧张和兴奋，使本能恢复到受刺激干扰前的平静状态，弗洛伊德称之为本能的保守性，这是其早期理论中所重视和强调的本能特性。

二、本能的种类

依据上述分析，可以设想，本能应该是无数种，但弗洛伊德认为只有那些不能进一步分析的原始本能才是根本性的。关于原始本能的确认在弗氏本能论中有很大的变化，早期（1915 年）他认为："它们数量很多，来源于各种机体，最初是各自独立行动的，后来才多少获得了一点完满的综合，他们奋力以来的目的是获得‘器官的快乐’；只有当综合达到之后，它们才能起繁殖作用，从而成为普遍公认的性本能。”性本能遵循“快乐原则”（pleasure-principle），是一切本能的根本。以后基于神经症的起因在于：一是性的剥夺；二是 libido 的执着；三是自我的发展拒斥了 libido 的激动而产生的矛盾的易感性的认知上，同时也基于有机体具有存种和自存特性的认识上，弗洛伊德设立了一个人两个最初的本能—性本能（sexual instinct）和自我生存本能或自我本能（ego-instinct）。前者与性欲和种族繁衍相联系，是 libido 冲动的表现，作用是保存种族；后者与个体生存相联系，如求食、自卫等，作用是保存个体。

到了 1920 年《超越快乐的原则》发表时，弗氏对快乐原则及其衍生—现实原则作了修正，认为：“快乐原则支配着心理活动整个过程的观点是不正确的。”相应地提出了超越快乐的原则的强迫重复原则，即有机体存在着欲恢复其早期状态，也就是无机状态的强迫重复倾向，而本能产生的原因就在于一种恢复事物某种最初状态的需要。基于对第一次世界大战残酷现实的观察，弗洛伊德对本能问题做了重新思考，提出了两个相对的本能概念—生本能（life instinct）和死本能（death instinct），更明确了本能的两极性思想。生本能又叫“食色本能”，定名为“Eros”，包括性本能和自我本能，二者都是指向生命的生长和增进，代表着爱和建设性力量。与“Eros”相对的是“Thanatos”，意为死本能，代表恨和破坏的力量，是一种破坏生命的本能。以自身为破坏对象的现象有：自杀、自虐、自我谴责和惩罚等，这是攻击性转向于内的结果；以外在对象为目标的表现是：破坏欲、侵略欲、控制欲、剥削欲以及对权威的嫉妒和反抗。死本能进行内在活动时是缄默的，不招惹人注意的，只有通过其转换形式转向任何外部成为攻击本能、破坏本能（它们是死本能的派生），才能引起人们的注意。生、死本能的区别在于：生本能常欲将生命的物质集合成较大的整体，而死本能则反对这一趋势，将生命的物质返回无机状态。二者的合作与反抗支配着生命现象到死为止。

三、关于本能论及人性的评价

死亡本能的理论不如早期理论那样系统完整。比如早期本能论中性本能在身体上有一个能量起源区——性感带（erotogenizones），而死本能作为一种原动力，却没有这样一个特殊的起源区域，弗洛伊德只含糊地认为“肌肉器官即是用于这一目的”；同时也没有一个类似于“libido”的术语来描述死亡本能的能量，但这并不妨碍死本能在精神分析理论中的重要地位，弗洛伊德进一步从中导源出关于人性的理论。这一以破坏性、攻击性为表现的死亡本能的设想产生的时代原因是“一战”的残酷现实。1914年以前的弗洛伊德基本上是乐观的，早期的本能论并未忽略攻击性，但把它从属于自我保护的内驱力之中，后期的本能论便把破坏性视为人根深蒂固的一种力量。因为战争的到来和它本身所具有的非人道性不仅无情地打破了欧洲中产阶级的美妙幻想，也动摇了弗洛伊德自由、乐观主义的根基，使笃信：人身上不仅存在建设性力量，同时也存在破坏性力量，且后者是源自人与生俱有的攻击本性。因此，他在修正早期理论的同时，提出了相对立的生本能、死本能的概念，并把这两种同时并存、作用相反的力量的斗争视为整个生命历程的决定性因素。

本能理论的创立还基于弗氏本人的二元思想。早期他试图使性本能和自我本能之间存在对立，后期认为生本能和死本能的对立才是根本。在进一步明确自己的二元论思想的同时，否定荣格的“力比多”理论的一元论。他认为只有生、死两种本能的共存和相互对抗活动，才构成了丰富多彩的生命现象。

弗氏在提出死亡本能的同时，便对人性产生出强烈的失望。基于人对自己所固有的自恋，在毁灭自身与毁灭他人之间和引起自己痛苦和引起他人痛苦的选择上，理所当然地朝向后者。因此，弗洛伊德把人看成生性邪恶的生物，而攻击性、破坏性都是性恶本性的体现和最好证明。

弗洛伊德本能观念及性恶论的思想，在生物学上受德国生物学家、新达尔文主义者魏斯曼的影响，在哲学上受叔本华的影响。他认为人起源于动物，与动物并非没有一条不可逾越的鸿沟，也就必然具有动物身上的一切兽性，遵循动物本性的一切规律。但实际上，动物的凶残是针对捕食的猎物和来犯者的，同类之间的残杀尽管有，却极少见，只有谦让、结成群体，生存才成为可能。“嗜血成性”原是用来指食肉类凶残的捕猎行为的，却被错用对整个动物界的描述。

弗洛伊德把生本能、死本能作为人类原初本能相对提出，却只从死本能导出人性邪恶的结论，至于生本能却没有任何关于人性的结论，如果说死本能是人最基本的本能的话，那么，生、死本能又因何相对立而提出呢？在这里，弗氏不过是用精神分析的理论去印证头脑中固有的一种哲学观念，即已形成了一定的哲学思想，便千方百计地从各个方面去理论论据，甚至不惜牵强附会，主观臆测，使其理论玄而又玄，难以令人信服，因此招致来自各方的批评。他一味强调本能在人的心理生活中的作用，无视社会因素的影响，忽视理性在人格中的作用，便得出了对人性本质的错误的认识和回答。

发表于《个性与教育》(国际学术会议论文集)1997 年 8 月

浅谈个体经济行为决策的非理性因素

经济行为是指人在资源配置之间进行决策和选择，以达到满意利用的决策行为与选择行为。不同的个体表现出来的经济行为是有差异的，因为不同个体之间存在人格差异、认知偏差。除此之外，动机也被认为是影响个体经济行为的非理性因素之一。有研究认为，情绪是影响个体经济行为的认知因素，和理性认知一起构成影响经济行为的认知性因素。而且由于个体经验、学识、收集资料能力的差异，其对未来的心理预期也存在差异。影响个体经济行为决策的因素有理性因素和非理性因素之分，从心理学的研究视角出发，可将上述影响经济行为决策的因素归为非理性因素，下面就分别论述上述非理性因素是如何影响个体经济行为决策的。

第一，人格。台湾心理学家杨国枢认为，人格是个体与环境的关系在交互作用的过程中所形成的一种独特的身心组织，而这一变得缓慢的组织在个体适应环境时，体现在需要、兴趣、态度、价值观、气质及生理等诸多方面，有其不同于其他个体之处。人格可以简单地理解为人的性格，脾气和秉性。人格的塑造主要来源于两个方面的因素：先天遗传论和社会决定论，是个体在与环境交互作用的过程中形成的。由于个体的遗传因素和社会环境的不同，不同个体其人格特征是不同的。人格与经济行为是密切相关的，个体的经济行为是与其人格特征相适应的。如对品牌个性的研究。可以把品牌当作人来看待，使品牌人格化、生活化。品牌个性如同人的个性一样，它是通过品牌传播赋予品牌的一种心理特征，是品牌形象的内核，它是特定品牌使用者个性的类化，是其关系利益人心中的情感附加值和特定的生活价值观。所以，消费者钟爱的品牌及该品牌的个性特征就反映了消费者的个性特征，而消费者的个性特征又在一定程度上决定其购买哪一品牌的消费品。

第二，认知偏差。诺贝尔奖获得者美国心理学家丹尼尔·卡尼曼（Daniel Kahneman）认为，认知偏差会极大地影响个体的经济决策并出现非理性经济行为。卡尼曼曾在其著名的前景理论中提出：大多数人在面临获得的时候是风险规避的；而大多数人在面临损失的时候是风险偏爱的；人们对损失比对获得更敏感。例如：你是一家高科技公司的总裁，正在进行一个科研项目并已经投入 500 万元，若再投资 50 万元，产品就可以正式上市。这时你忽然获悉，另一家科技公司刚刚开发了一项与你的研究项目极其相似、功能几乎完全相同的产品，而且正在做市场宣传。因此，不考虑已有的投入，如果继续这个项目，公司有很大的可能性（90%）会再损失 50 万元，有很小的可能性（10%）会盈利 2500 万元。你会继续投资还是放弃该项目？结果大部分人选择的是继续追加投资。这是由于人在面临损失时，总是风险偏好的，而很少有人考虑到继续投资会有很大（90%）的可能性损失更多。

第三，心理账户。心理账户是人们在心理上无意识地把财富划归为不同的账户进行管理，不同的心理账户有不同的记账方式和心理运算法则。由于心理账户的影响，人们在经济活动中常常偏离基本“经济人”理性原则。心理账户的非替代性，是心理账户最本质的特征。在实际生活中，人的心理存在一个具有特定结构和特点的账户，金钱会被贴上不同的标签，归为不同的心理账户，而且被归为不同账户里的钱具有不同的功能与用途，产生心理账户的非替代性效应。萨勒在研究中发现，不同消费或支出类别、不同来源的财富、不同的储蓄方式等导致不同心理账户之间存在非替代性。

一是消费支出类别不同导致心理账户间存在非替代性。例如，人们把消费支出划分为两个不同的账户：“娱乐账户”和“通信账户”，第一种情况下，由于“娱乐账户”中已经支出一部分来购票，所以，当票丢失以后，54%的人不愿意再从“娱乐账户”中花钱消费；第二种情况下，由于丢掉的是“通信账户”中支出的电话卡，而“娱乐账户”中的资金仍然没有被使用，因此，88%的人仍然会购票看演出。

二是财富来源不同而导致心理账户之间存在着非替代性。如个体通过辛苦劳动获得的 100 元工资和在路上意外拾到的 100 元钱，这两个“100 元”在价值上没有任何差异，而在个体消费行为中却表现出不同的功效。个体会很理性的花费自己辛苦获得的100工资，而拾到的100元可以随意的去花费。个体消费行为中会出现这种差异是由于人们心理上存在着两个完全不同的账户："工资收入"账户和"意外收入"账户，容易产生"此钱非彼钱"的认知，从而使个体在消费时产生不同的经济行为。

三是存储方式不同导致心理账户之间的非替代性。消费者在经济活动中，对自己已有的财富在心理上会进行不同账户的划分，如"固定账户"和"临时账户"。固定账户里的钱是已预定的开支项目，人们不会轻易地去动用它，而是希望通过临时账户或者其他方式筹集资金去消费。因此，当某笔开支不属于同一心理账户时，人们宁可出高额利息贷款，也不愿意挪用存款。

四是动机。从动机与人的行为关系上看，动机是对个体行为原因及其表现形式的一种推理性解释，也是人行为的内部动力。在动机的诸多类型中，与行为关系涉及最多的就是成就动机。成就动机是指人们愿意去完成自己认为是重要而有价值的工作，并力求达到完美地步的一种内在推动力。美国心理学家阿特金森指出，人们有追求成功的动机和避免失败的动机。若人们为了获得满足感，其成就动机就具有追求成功的倾向；若人们为了要减少痛苦、避免失败，其动机就具有避免失败的倾向。也就是说成就动机高的人希望成功的倾向更强烈。多项研究发现：在企业中那些具有高成就需要的人比那些低成就需要的人所获得的晋升机会要多很多，说明高成就动机更能促进人的行为成功。由此说明了动机是影响个体活动成效的一个重要因素。另外，动机不同也决定了人们在经济活动中自觉地扮演不同的角色，导致了各自不同的经济行为选择。

五是心理预期。心理预期是经济活动主体为谋求个人利益最大化对与经济决策有关不确定因素进行的主观预测。即个体在特定的经济条件下，以过去的知识、经验、习惯为基础，对将来的经济形式、发展速度，物价状况、经济政策等直接影响和制约个体经济行为的宏观和微观经济因素的一种估计、推测和判断，并对其经济行为产生一定的影响。

心理预期对个体经济行为的影响主要体现在以下三个方面：

首先，心理预期对个体消费行为的影响。在消费函数中，个体消费行为是由其消费意愿决定的，而消费意愿的大小取决于个体现有的收入水平、对未来收入状况的预期、资产拥有状况、对物价的预期等因素，这些因素影响个体的消费支出和消费结构。价格预期是影响个体消费支出的重要因素，价格预期即个体对未来价格的变动趋势及变动幅度的估计。个体对通货膨胀或通货紧缩的预期，容易产生“买涨不买落”的心理。消费是收入的函数，收入预期也是影响个体消费支出的一个重要变量。个体预期到未来有稳定的收入，就会提高消费水平，否则，就会减少目前的消费支出。消费结构是指某项消费支出占总消费支出的比重。一般来说个体收入结构影响其消费结构。个体收入可分为持久性收入和暂时性收入，持久性收入具有可预见性，而暂时性收入是不可预知的。如果个体的持久性收入的边际消费倾向大于暂时性收入边际消费倾向，个体总收入中的持久性收入所占比重就较大，个体就会对将来的收入有比较稳定的预期，对中高档和大件消费品的偏好就会增加，他们的消费结构就会升级，相反，个体就偏好于储蓄经济行为。

其次，心理预期对个体投资行为的影响。个体投资的偏好性受收益预期与价格预期的影响。在现实经济生活中，当个体的基本消费需求得到满足后，投资行为就会发生，其目的是实现资产的增值，而投资的收益预期是决定个体投资方向、大小的重要因素。从某种意义上说，物价的变动过程实际上是社会财富的重新分配过程。通货膨胀的发生使得持有不动产资产的个体和负有债务的个体的利益得到增加，而那些持有动产资产的个体利益就会受损。

最后，心理预期与个体储蓄行为。储蓄是人们对货币占有并达到一定数额的一种渴求和欲望，是人们各种需要的间接反映，各种需要往往以纵横交错的复合形式出现。个体储蓄行为的产生受社会经济发展和价格变动等诱因影响。就业预期直接影响个体的收入预期，而个体就业预期与社会经济发展有密切关系。当社会经济不景气时，人们就会感到前途渺茫，减少消费，增加储蓄。当个体预期未来的通货膨胀率提高时，消费者就会减少当前储蓄，购买未来的消费品，来减少通货膨胀带来的货币贬值。

发表于《中国招标》2011 年第 20 期

应激交互反馈作用的心理模式探讨

近十年来，国内外对应激模式及有关因素的研究逐渐受到重视，形成了众多的理论观点。这些研究大大地丰富了我们对应激模式中诸因素关系的认识，但也应激模式中诸因素的含义和相互关系的理解产生了混乱和认识上的分歧。本文研究从高考应激入手，就应激模式及诸因素——应激源、认识评价、人格、应对方式、心理健康水平及社会适应水平的交互反馈作用作了初步的探讨。我们认为：一个应激过程可区分为输入、中介交互机制、反应反馈机制、结果四个部分，而以中介交互机制为关键。

一、心理社会应激源——输入部分

多数应激研究都设定应激源肇始于个体在外部环境中的某种处境或生活事件的发生，即强调客观性应激源，忽视主观性应激源。一是担忧未发生的事情，如高考学生担忧高考失利；二是想象性应激源，如考生想象考场中晕倒；三是个体行为产生的应激源，如A型行为类型人固有的紧迫感，超负荷工作、竞争好胜等特点。

其次是生活事件的定量化问题，国内外许多研究者逐渐发现，客观定标的生活事件与身心症状的关系不大，甚至毫不相关。所和生活事件量表(SRRS)的评分标准受到许多研究者的怀疑，其疑点在于个体的认知评价对生活事件的作用问题上。目前有人对该量表采用自我估分法，用以结合个体的认知评价因素。但也存在问题，如信度较低，估分值受情绪影响很大，重复计分的问题等。有必要在生活事件研究中把心理社会应激源归类（避免重复计分），并较客观地引入认知评价因素。高考应激研究中，我们试图将考生遇到的心理社会应激源分成学生自身、家庭环境、学校环境、社会环境四大类，然后归纳同性质生活事件，转化为心理压力（生活事件经个体认知评价后转化为心理压力）。每一种心理压力的感受强度分为无、较轻、中等、偏重、严重五个等级。编制问卷，经过预测、重测的相关性计算（0.53~0.78），初步地对应激源认知评价进行定量化探讨。但也存在问题，一是没有区别应激生活事件的正性与负性，心理压力也就没有良性和恶性之分。另外生活事件归纳不全面。总之，心理社会应激源为应激的输入因素，是应激始变量。

二、认知评价、应对、人格——中介交互机制

（一）认知评价：个体的认知评价是应激与健康之间最重要的中介交互变量，是决定个体对应激是否引起应对和身心反应的关键因素。认知评价是指个体从自身（趋利避害）角度，对遇到的应激源的性质、程度和可能危害作出思考与估计，直接影响个体的身心健康和社会适应水平。应激源产生的压力强度如何？是“良性”还是“恶性”压力的唯一差别，实际上在于个体对特定生活事件的认知评价。正如哲学家 Epitelor 所言：“人们并非因事而情绪浮动，而是因为他们对事所持的观点而身心扰乱。”

Folkman 将认知评价分两步：初级评价与再评价。初级认知评价是个体面临应激源时，对利害关系的思考判断；再评价是初级认知评价之后，个体立即对应激源是否可以改变（即自身能力）作出估价。再认知评价与应对方式的选择关系密切。我们认为：在认知评价中还应该有“多次的反馈认知评价”环节，指身心反应和健康适应结果之后，个体重新对“应激情景，反应、结果”作全面的反馈认知评价。而这种反馈认知评价是多次进行的，从而使个体调整应对方式和身心反应及结果长期影响个体的人格塑造。

认知评价是最关键的中介交互变量，与应激源是否引起身心反应与健康水平高低关系密切，所以特别有必要对应激源的认知评价作定量化的研究。本研究中自编的“高考生心理压力调查表”，初步作了这方面的尝试。同样，认知评价本身还受个人经历、人格特征、文化教育与习惯性应对方式等因素的影响。

（二）人格：已有许多研究揭示了人格作为中介交互变量在应激源与健康之间的作用，人格特征影响着个体的认知评价与应对方式。通过认知评价

与应对方式调节身心健康和社会适应水平，有时也起直接作用。

Kobase 博士提出“个性坚韧性”，它对高度心理压力所带来的消极结果起缓冲抵御作用。另一研究表明，个体的认知评价受人格特征的影响，如乐观性格的人在面临应激时仍能保持信心，并以辩证法积极思考预测结果，从而主动有效解决现实问题。又一研究表明，个体应对方式的选择，很大程度上取决于他的个性特征。Costs 和 Milore（1980）研究结果：神经过敏性与消极应对方式相联系，而外倾性、开放性与积极应对方式相联系；姜乾金研究表明，低 E 分（内倾）高 N 分（情绪不稳定）者采用消极应对方式占优势。本研究表明，高考生中高 P 分，高 N 分，低 E 分与消极应对方式相关，低 N 分，高 E 分与积极应对方式相关，说明个性特征通过影响个体的认知评价与应对方式的选择来调节个体的身心健康与适应水平。同样，个体相对稳定和习惯化的认知评价与应对方式也折射出个体人格特征的差异。所以人格也是应激过程中的中介交互变量。

（三）应对方式：在应激过程中，“应对”一般被看成为介于对应激的认知评价与健康影响之间，亦即体验到应激性“情景”或事件的个体采用的应对措施。该应对措施对健康直接发挥作用。或调节应激体验（认知评价）与健康的关系。Edwarde 提出的应激模式中，应对的典型位置处于个体对应激源的认知评价与健康结果之间，应对在应激以及健康中作用，取决于个体采用的应对方式。台湾的骆重鸣研究提示，适应方式介于生活压力与身心健康之间。应对方式本身深受认知评价、人格特征等因素的影响。

应对方式与心理防御机制有根本的不同，应对是个体在处理超过自身能力的应激源时，所作出的认知与行为的努力。是现意识层的心理策略和行为策略，而心理防御机制是个体成长过程中，沉淀在潜意识层的行为，轻易不被个体觉察。其目的是保护自我本能，减轻内心压抑。应对方式的直接目标是解决应激源或减轻应激源对个体身心健康的影响。

三、身心反应——心理应激的反应反馈机制

心理应激反应及其反馈是以整体的方式发生的。既包括生理的，也包括心理的。实际上身心反应是统一的，很难分开。应激引起的身心反应可分两

类：一是积极的身心反应，另一是消极的身心反应。积极的身心反应是指适度的机体与皮层唤醒水平，集中精力，产生狮子式应激反应。这种反应反馈回路中介交互因素上，增强个体做出正确的反馈认知评价，增强应对措施的选择和个性能动性的发挥。消极身心反应一般指过度机体与皮层唤醒，出现焦虑、强迫、情绪激动或抑郁、精神病态。西方又称“兔子式应激反应”。这种反应反馈回路中介交互因素中，妨碍个体做出正确的重认知和评价加重消极应对方式的采用。反应长期持续存在，破坏个体的身心健康与社会适应能力。

四、应激结果——身心健康与社会适应水平

多数应激研究，着重于应激变量对身心健康与社会适应的不良作用，过分强调身心疾病与社会适应功能的失调。但忽视了应激变量对提高身心健康和社会适应能力的可能性；也忽视了身心健康与社会适应结果反馈作用于认知评价、人格特征，应对措施的可能性。许多研究结果与事实表明：积极应激结果能提高个体的认知评价能力，并能塑造人格。成功的应付恶劣环境或生活重大事件的个体，可能得到身心上的发展与更新。

另一问题是把应激身心反应与应激结果混为一谈。应激的身心反应是具有“情景性”和“暂时性”的特点，而应激结果是具有“广泛性”和“持续性”的特点。如考生在“高考应激”下的“焦虑”。考生在高考临近时处在“焦虑”状态中，即只在特定“高考”情景中有焦虑感受，高考过后就随之消失。这是“高考应激”的身心反应。而该考生若自此后，在遇到任何考试前后或紧张性刺激时都焦虑。甚至日常生活中莫名其妙的“紧张、不安”，就成为焦虑症状，持续时间超过一定时限，就演化为神经症，便是应激结果。所以不是任何应激都会立即有应激结果出现，而存在着时间和强度问题。

总之，应激模式诸因素里中介交互机制最关键，而中介交互机制中又以个体的认知评价为最关键的变量。这表明个体不仅是应激外源因素作用下的“传感器”，而且也是应激内源因素产生的“发生器”；即个体的认知评价，既是一个自变量，又是一个因变量。我们对应激模式探讨的这些思想与人心理活动的基本规律是相符合的。

发表于《固原师专学报》2000 年第 2 期

心理效应对企业经营十启示

启示一

在米兰的一家销售妇女装饰用品的小商店里，东西质量很不错，价格也适当，但就是没人愿意买这里的东西。店主甚至将价格下调到原来的一半，即使亏本也要把这些玩意儿卖掉，然而还是不能迎来很多的顾客。终于，她突发奇想，将所有装饰的价格提高了一倍，却出现了令人惊喜的结果，在短短的 5 天之内，所有的装饰被销售一空。

物品标价得贵，就越是给人以价值越大的印象。在市场经济时代大潮中，充斥着琳琅满目的商品，价格决定品质这条定理有意无意的影响着人们的消费心理。在不断地潜移默化下，价格越高商品质量越好的购物心理也就成为了商家比拼造价，以及买家选购商品时的一条规则。当商家想提高产品知名度或试图增加销售率时，可以利用此心理效应，适当地调高商品价格，吸引顾客眼球，当然也要以名副其实的商品质量回馈消费者。

启示二

一个男士在商场时，掏几百元钱买一件衬衫，他可能会拒绝，但在他刚以高价买了一套西装后，几百元一件的衬衫对他而言也许并不难接受。同样，当一名顾客想买一些与新西服相配的服饰（譬如领带、鞋子、腰带等等）时，通常会额外支付更高的价钱。结果一个人只是抱着买一套西服的想法走进服装店，却花了更多的钱买了一大堆配套的服饰。

人们在买东西的时候，都希望既能是品牌，心里又能接受。这时商家如果单独推销一些小件产品，经常会徒劳而返。如果能利用消费者的对比心理就可能大大增加成功的可能性。一些经营店里经常把商品的定价故意抬高，然后再“打折”到自己想要的价格，这样消费者就常会“上钩”，这也正是利用了消费者的对比心理。

启示三

在唐山大地震中，一对夫妇被压在地下三天，伤痛和饥渴让他们濒临绝望的边缘。丈夫找了一把菜刀努力想挖出一条生路，但四周都是水泥地板，菜刀除了砍下一点灰尘之外并无作用。但是菜刀砍在水泥地板上的声音使妻子得到了振奋，她不停地问丈夫：“快了吗？快挖开了吗？”丈夫满怀希望地说：“快了，快了。”聪明的丈夫用“希望”拯救了妻子，也拯救了自己。

一个对生活有希望的人，即使环境再艰难，他都会发挥同环境抗衡的能力，在改造环境中改善自己的生存条件和地位。希望是支撑人生活和奋斗的基点，在企业经营决策面临困境的时候，想象美好前景，给团队一个前途光明的希望，怀着必胜的心态克服困难，是打好面对挫折和突破困境的心理战的必要条件。尤其当经营发展遇到了瓶颈，在突破瓶颈的过程中，需要经营者放远眼光，适时制定目标，心怀希望，定会突破难点。

启示四

在小白鼠跑迷津的实验中，吃优质麦芽糖的小白鼠因为得到了更多的奖励，会比吃劣质葵瓜子的小白鼠跑得快。时间一长，奖励的效果递减，他们都比刚开始跑得慢了一些。可是当把情况调换，发现突然吃上麦芽糖的小白鼠跑得更快了，可是由奢入俭的小白鼠出现明显的适应不良，速度更慢了。

人们随着消费次数增加，每次消费的满意程度逐渐降低，甚至达到负值。商品的单调会降低消费者的边际值，顾客又有求新求变的购买心理，商家可利用这种心理打好商品不断更新的招牌，或者在改变商品的某些特色，或者在包装上逐步更新，给顾客以常新的新奇感，但又不失对商品的认可度。同样在企业经营实践中，应考虑到顾客的消费心理有其预期值，当顾客的消费满足了其预期值后，再多一点的购买必定降低其购买欲的满足度；同时，任何一种经营过程伴随着管理和决策，用人和激励，在给予和回馈的收放间，必须注意任何一种办法都有其边际递减效应的规律。适时充分利用这个效应则可以好上加好，又可以变坏为好，关键在于拿捏的度。

启示五

高三的学生们每天需要完成大量的作业，对教师经常布置作业产生了厌倦感。当老师在布置作业的时候先给学生比平时多的题目，等学生有抵触反应的时候，装出让步的姿态说："那这样吧，你们可以选做里面的一些题目。"这样，学生不仅不会埋怨作业多，反而感觉是老师理解他们的学习压力，作业的效率也没有降低。

在企业经营中，当在特定环境下对某一目标的涉及在操作层面上不需要过大的难度，可又需要施加某些刺激去实现它的时候，经营者往往可以先设定一个较高的目标，这样去实现可利用的下一目标的难度就可相应降低，给人以下门槛的感觉。经营者在制定经营规划时，可利用这种心理效应，先给团队设定一个远期的触摸不到的目标，或者是近期可又有些难达到的目标。这样在团队为了达到大目标全力以赴的过程中，小的目标成果就能很容易的获得。

启示六

大学老师在给心理系学生讲课时，向学生介绍说聘请到举世闻名的化学家。然后这位化学家说，他发现了一种新的化学物质。这种物质具有强烈的气味，但对人体无害。在这里只是想测一下大家的嗅觉。接着打开瓶盖。过了一会儿，他要求闻到气味的同学举手，不少同学举了手，其实这只瓶子里只不过是蒸馏水，化学家是从外校请来的德语教师。

人们对名人的追崇有时甚于对美女的热爱，名人不仅在外形上影响着人们，更在其成就和人格魅力上对人施加着较强的崇拜心理干预。名人是榜样，有效的利用名人的正面效应，如商家请名人做广告打响商品，经营者以成功商人为榜样激励团队，不仅是一种好的经营手段，还利用了名人的知名度影响着大众，并无形中提升了社会的优良风气。

启示七

向两组大学生出示同一张照片，但在出示照片前，向第一组学生说：这个人是一个无恶不作的罪犯，对第二组学生却说：这个人是一位大科学家。然后让两组学生各自用文字描述照片上这个人的相貌。第一组学生的描述是：深陷的双眼表明他内心充满仇恨，突出的下巴证明他沿着犯罪道路顽固到底的决心……第二组的描述是：深陷的双眼表明此人思想的深度，突出的下巴表明此人在认识道路上克服困难的意志……

心理定势是对某一特定活动的准备状态，它可以使人们在从事某些活动时能够比较熟练，可以节省很多时间和精力。但同时，心理定势的存在也会束缚人的思维，使得人们只用常规方法去解决问题。人们在形成习惯的过程中会记忆很多约定俗成的事情或现象。有的出现在思维的形成中，体现于现实生活中对某些事情的看法、对某人的评价上，以及会在人的世界观上有所体现等等。体现在经营过程中时，则不一定非要冲破这种定势效应，有时婉转的利用它同样可以获得可喜的成绩。如可利用人们的某种定势消费心理制定产品规格和产品流转规划等，或者猜测竞争者如按常理出牌己方如何制定有效方法予以竞争和回击。

启示八

在食堂打饭时，食堂师傅往你碗里打一满勺菜，觉得给多了，马上又从碗中往外拨出一点，这时你心里老大不高兴的，暗骂师傅小气。反过来，如果师傅先往你碗里打一小勺，再往碗里添加一点儿，这时你心中充满谢意。其实，两种情况下你得到的菜总量一样，但心里感觉却不相同。

经营领域中运用这种心理加减法战术不失为一种实用的经营技巧，经营者可以把心理效应施加于顾客并造成一定影响。对顾客发放购物券就是利用了心理加法，这样消费者在获得了便利的同时，商家也达到了倾空存货的目的，又取得了利润。销售时不断增加推销筹码，会给人以不断得益的感觉，商品出售经常故意提高价格给顾客砍价的余地，砍得越多使顾客心理得到了满足，砍得少经营者就得到了更大的实惠。

启示九

拿破仑在上学的时候所做的阅读笔记，在复印时竟有满满四百页之多。他把自己想象成一个司令，画出科西嘉岛的地图，经过精确的数学计算后，标出可能布防的各种情况。世界旅馆业巨头希尔顿在拥有一家旅馆之前，很早就想象自己在经营旅馆。当他还是一个孩子的时候，就常常扮演旅馆经理的角色。成功后的希尔顿，便将他的连锁店发展到世界各地。

和名人一样，每个人心理都有超越现实、憧憬未来的图景，有的心理期望是人在无意识中就存在的。心中有梦，未来将更具有现实可触及的意义。这种可被称作心理意象的现象不但可以成为人们获得某些心理解救的工具，也可被当作商家为了达到目标用于创富的一种方法。经营者可使用心理意象，使其在自身和消费者身上发挥效用，企业应利用心理意象，对未来的自身发展设置一个清楚的定位，也可用于在设计产品时探查消费者的意象需求，设计出满足其预期消费效能的构想。

启示十

林肯出生于一个平民家庭，在参加总统竞选时，一个竞争对手曾对其贫寒的出身进行攻击。林肯在演讲中进行了巧妙地回击：“有人问我有多少财产。我告诉大家，我有一位妻子和一个儿子，都是无价之宝。此外，也租了一个办公室，室内有一张桌子，三把椅子，墙角还有一个大书架，架上的书值得每个人一读。我本人既高又瘦，脸蛋很长，不会发福。我实在没有什么可依靠的，唯一可依靠的就是你们。”

当我们和别人以心相对地交往时，自己和他人心理能够产生出共鸣，距离就被拉近了，彼此心里会产生“自己人”的亲切感，从而感情就又深了一层。同样，经营者把顾客当作自己人，学着感受顾客的心情，考虑顾客之所想，就能获得顾客的同理心，很好的迎合顾客。

发表于《齐齐哈尔师范高等专科学校学报》2010 年第 6 期

大学生应付方式对心理健康的影响

大学生作为一个特殊的群体，其较高的心理问题发生率已引起学校、家庭及社会的广泛关注与重视。有资料显示，有 10%~30%的大学生出现各种心理问题。如何提高大学生的心理素质、改善他们的心理健康状况已被列为高校的一项重要任务。

影响大学生心理健康的因素很多，主要可以分为三个方面：内因、外因和内外因的协同作用。内因主要是指大学生的生理遗传特性；外因主要是指大学生所处的家庭环境、受教育状况及社会背景；而内外因同时作用于大学生并非是简单的加法效应。在对影响心理健康的因素进行研究的过程中，发现应付方式是应激与心理健康的中介机制，对人的身心健康起着调节作用。

应付方式（Coping Style）又称应付风格，是指个体面对不同的应激源时所采取的认知调节和行为努力的策略和方法。它是心理应激过程中一种重要的中介调节因素，个体的应付方式影响着应激反应的性质和强度，并进而调节着应激与应激结果之间的关系。应付方式在调节和缓冲心理健康方面的重要性也开始引起重视。

大学生正处于价值观、人生观形成期，研究他们应对方式对心理健康的影响有着重要的意义，采取不同的应付方式会为相同的心理问题提供不同的解决问题的途径。因此，本文试图直接对应付方式与心理健康的关系进行研究，以期为大学生心理健康教育及干预提供一些科学依据。

一、方法

(一)被试

随机抽取银川某大学学生发放问卷 212 份，回收有效问卷 180 份，问卷回收率85%。男生78人，占43%，女生102，占57%。

(二)研究工具

第一，应付方式问卷（Coping Style Questionnaire）。该问卷由肖计划等人在参考国外研究应付和防御时所用的问卷内容以及有关“应付”的思想而于1997年编制并修订的，用来研究个体的应付行为状况，适用于文化程度在初中和初中以上者。应付方式问卷有62个项目，包含六个因子，分别是解决问题、自责、求助、幻想、退避和合理化。该问卷采用2点积分（1—是，0—否），其中39，42和46个项目是反向计分题。

此六个因子进一步可划分为积极应付方式和消极应付方式，积极的应付方式包括问题解决、求助、合理化；而消极的应付方式包括自责、幻想和退避。

第二，90项症状清单（SCL-90）。又称症状自评量表（Self-reporting Inventory），是对求助者进行心理健康状况鉴别及团体心理卫生普查时实用、简便而有价值的量表。SCL-90共计90个项目，从感觉、思维、情绪、意识、行为直至生活习惯、人际关系、饮食睡眠等均有所涉及。采用五点计分法。该问卷包括躯体化、强迫症状、人际关系敏感、抑郁、焦虑、敌对、恐怖、偏执、精神病性及其他十个因子。该问卷得分越高，表示心理健康水平越低。三是数据处理。采用spss16.0对数据进行分析。

二、结果

(一)大学生应付方式与心理健康的相关分析

将大学生应付方式各因子与SCL-90各因子进行相关分析，结果如表1所示：

问题解决与躯体化、强迫症状、焦虑、恐怖四个因子呈显著负相关（$p<0.05$），与抑郁、精神病性两个因子呈非常显著负相关（$p<0.01$），与敌对、人际敏感两个因子相关无统计学意义。

自责、幻想、退避、合理化四个因子与SCL-90各因子均呈现非常显著正相关（$p<0.01$）。

求助与躯体化、恐怖、偏执、精神病性三个因子呈现显著正相关（$p<0.05$），与其余因子呈现非常显著正相关（$p<0.01$）。

表 1　应付方式各因子与 SCL-90 各因子的相关

	躯体化	强迫症状	抑郁	焦虑	敌对	恐怖	偏执	精神病性	人际敏感
问题解决	−0.188*	−0.156*	−0.253**	−0.154*	−0.097	−0.167*	−0.130	−0.202**	−0.140
自责	0.479**	0.420**	0.550**	0.501**	0.467**	0.416**	0.462**	0.484**	0.455**
求助	0.168*	0.206**	0.228**	0.217**	0.223**	0.182*	0.181*	0.189*	0.201**
幻想	0.378**	0.388**	0.413**	0.376**	0.385**	0.318**	0.322**	0.377**	0.383**
退避	0.323**	0.213**	0.319**	0.328**	0.290**	0.282**	0.278**	0.303**	0.296**
合理化	0.399**	0.252**	0.405**	0.407**	0.429**	0.387**	0.437**	0.415**	0.371**

** $p < 0.01$；* $p < 0.05$

(二)大学生应付方式性别差异分析

表 2　不同性别大学生的应付方式各因子差异比较

	男	女	t
问题解决	9.00±2.319	8.82±1.814	.569
自责	4.71±3.037	3.76±2.652	2.213*
求助	6.32±2.371	6.63±2.175	−.902
幻想	4.91±2.669	4.81±2.259	.263
退避	5.15±2.692	4.66±2.419	1.300
合理化	5.67±3.001	4.51±2.298	2.930**

** $p < 0.01$；* $p < 0.05$

男女大学生在自责因子上差异有统计学意义（$t=2.213$，$p<0\ 05$），在合理化因子上差异具有统计学意义（$t=2.930$，$p<0.01$），且男生得分高于女生得分；其他应付方式因子在性别上差异无统计学意义。

(三)大学生应付方式城乡差异分析

由表 3 显示，来自城市和农村的大学生在问题解决应付方式因子上的差

表 3　城市、农村大学生应付方式各因子的差异比较

	城市	农村	t
问题解决	9.34±1.789	8.55±2.193	2.587**
自责	3.85±2.815	4.43±2.875	−1.350
求助	6.59±2.127	6.42±2.368	526
幻想	4.89±2.359	4.83±2.510	882
退避	4.91±2.553	4.84±2.552	182
合理化	5.03±2.736	5.00±2.650	063

**$p<0.01$；*$p<0.05$

异存在统计学意义（t=2.587，p<0.01），而且城市大学生的平均分高于农村大学生；在其他应付方式因子上差异无统计学意义。

（四）大学生应付方式年级差异分析

表 4　不同年级大学生应付方式的差异比较

	年级				F
	一年级	二年级	三年级	四年级	
问题解决	8.95±1.838	8.82±2.244	8.40±2.092	9.43±1.962	2.011
自责	3.86±2.687	5.09±3.079	4.32±2.867	3.43±2.596	2.838*
求助	6.63±1.787	6.55±2.528	6.83±2.514	5.98±2.092	1.205
幻想	4.79±1.872	5.75±2.805	4.64±2.372	4.28±2.437	3.057*
退避	4.21±1.820	5.55±3.166	5.11±2.623	4.61±2.256	2.346
合理化	4.42±2.130	5.73±2.976	5.66±2.838	4.22±2.394	4.226**

** p<0.01；*p< 0.05

如表 4 所示，不同年级大学生在自责、幻想应付方式因子上的差异存在统计学意义（F=2.838，p<0.05；F=3.057，p<0.05）；在合理化因子上差异存在显著的统计学差异（F=4.226，p<0.01）；在其他应付方式因子上年级差异无统计学意义。

（五）大学生应付方式对心理健康的回归分析

由表 1 可知，大学生应付方式各因子与 scl–90 各因子均有不同程度的相关，因此，可以对大学生应付方式与心理健康之间的关系作进一步分析，如表 5 所示：

应付方式对心理健康的影响有统计学意义（t=6.259，p<0.001），能解释心理健康中变异的 18%。进一步对应付方式中的各因子做回归发现，问题解决（t=–2.869，p<0.01）、自责（t=3.793，p<0.001）、合理化（t=3.074，p<0.01）三个因子对心理健康水平起着显著的预测作用，占应付方式总变异的 36.2%。其他应该方式因子对心理健康水平的预测作用不显著。

因此，大学生应付方式的回归分析方程可以表示为：

心理健康=–4.921* 问题解决+6.924* 自责+5.814* 合理化

表 5　大学生应付方式对心理健康的回归分析表

因变量	预测变量	R	R2	F	B	Beta	t
Scl 总分	方程模型	0.425	0.18	6.259**			
	问题解决				–4.921	–0.191	–2.869**
	自责				6.924	0.374	3.793**
	求助				–0.866	–0.037	–0.459
	幻想				3.422	0.158	1.759
	退避				–3.925	–0.189	–1.818
	合理化				5.814	0.295	3.074**

**p<0.01；*p<0.05

三、讨论

(一)关于大学生应付方式在人口学变量上的差异分析

本研究发现，自责、合理化因子存在性别差异，且男生得分显著高于女生，这说明我国大学生，男生比女生更容易自责、更倾向于采用合理化的解释，这或许是与赋予他们的社会角色有关。男生往往被认为是坚强、有能力、有担当、比女生更有责任，男生更容易与力量、能力、成功等词联系起来，因此，能力较差、较少体验成功的男生就会自责。对于成功与否，不同的男生可能会有不同的解释，并采取不同的行为，这可能与学生的不同归因风格有关。将自己的失败归于内因的学生则会认为是自己能力有限、努力不够，这类学生可能会花费更多的时间去学习，经常体验失败的学生也许会习得性无助，对自己放任自流；将自己的失败归于外因的学生，则认为是运气不佳或难度问题，这类学生则会依旧如此，不会有更大的改变。

问题解决因子存在城乡差异，且城市学生得分显著高于农村学生。这就与他们所处的社会环境、接受教育条件的优劣、家庭环境等多方面的因素有关。城市学生相比农村学生经济条件、接受教育条件有优势，而且城市学生所处的社会大环境，给他们提供了更丰富多彩的社会现实，他们见多识广，因此，在遇到问题时更倾向于采取解决问题的方法和措施。

自责、幻想和合理化因子存在年级差异。这三个因子在整体上呈现出一种趋势，即随着年级的升高，其自责、幻想和合理化水平越低，这个结果与大学生的身心发展过程是相吻合的，是符合大学生人生发展规律的。其中需要注意的是大二学生的自责、幻想和合理化水平在四个年级中都是最高的，这也许是大学生在四年学生生活中常遇到的一个现象。刚经历过紧张而充实的高考过后，同学们对大学学习生活的向往和美好憧憬都将在大一时期体验，他们的学习热情和对理想的执着追求都将激励与鞭策着他们。然而，随着对大学生活学习的了解和适应，以及对现实社会的逐步了解，他们逐步认识到自身的优势而不再是优势，知道还有很多自己不知道、不了解、需要学习的事情，于是，他们开始彷徨。还有一点需要提起的就是，二年级是大学生开始四、六级、计算机等级水平和其他各类资格证考试的高潮时期，而这些又是对大学生能否毕业的硬性规定。相比较一次性通过的同学，没有通过的同学带有更多的压力。因此，失败的同学，更容易对自己的未来抱有幻想、更倾向于对自己的失败寻找“理由”和“掩饰”，比如：基础差，能力不强，运气不佳等。

(二)大学生应付方式对心理健康的影响

大学生应付方式各因子与SCI-90各因子间均呈现高度相关，即大学生应付方式与心理健康之间的关系值得进一步探讨。以往研究多是探讨应付方式对心理健康的中介作用或是调节作用。而本研究直接将应付方式作为自变量，心理健康作为因变量进行研究。

应付方式中的问题解决因子不同于其他五个因子均与心理健康呈现负相关，这是与以往研究结果的共同点。当大学生遇到问题时，问题解决的能力越强，方式越灵活多变，SCI-90得分就越低，相反地，心理健康水平也就越高。而合理化因子却与心理健康呈现显著地正相关，合理化是对自己不足的“掩饰”，是对自己能力的“称赞”。当大学生遇到解决不了的问题时就会为自己的无能为力找借口、找理由，这既反映了大学生在一定程度上的不成熟性也反映了大学生会积极调解自己的心态和情绪，所以对大学生的心理健康起着积极作用。自责也是影响大学生心理健康的因子之一，往往大学生的自责行为对心理健康的影响是消极的。经常自责的大学生往往将失败的因素归结为自己能力的不足和自己的坏运气，无论是哪方面的归因，都将对自己的行为产生影响。一是消极的，认为自己能力有限，久而久之，就变成习得性无助；二是认为自己虽然能力不足，但可以通过付出更多的努力，期望勤能补拙，达成目的。同时，经常自责的人对自己的要求会比其他人对自己的要求高，因此就会比他人付出更多的努力去达成目标，这是积极的应付方式，对心理健康的影响是积极的。

经过相关分析知道，可以对应付方式和心理健康做进一步的分析。回归分析显示，应付方式对心理健康的影响有统计学意义。而且应付方式中的问题解决、自责、合理化三个因子对心理健康水平起着预测作用。问题解决无疑是积极的应付方式，自责是消极的归因方式，而对合理化的划分以往将其划分为积极的应付方式，而在此将其归为消极的应付方式更为妥当。积极的应付方式、消极的应付方式都能预测心理健康水平，只是方向不同，如积极的应付方式对心理健康起着负向的预测作用，消极的应付方式对心理健康起着正向的预测作用。

四、结论

(一)大学生应付方式各因子与SCL-90各因子存在不同程度的相关。

(二)大学生应付方式中，自责、合理化因子存在性别差异；问题解决因子存在城乡差异；自责、幻想和合理化因子存在年级差异。

(三)大学生应付方式中，问题解决、自责和合理化对心理健康水平有预测作用。

发表于《中国校医》2011年第10期

大学生职业成熟度研究述评

随着高考的扩招和就业率的下跌，大学生能否顺利就业成为社会各界广为关注的问题。影响大学生就业的因素有很多，可简单归为三种：一是社会因素，主要指社会经济发展状况、空缺岗位的多少、学校教育等；二是家庭因素，主要是指父母的教养方式、家庭经济水平等；三是大学生个体因素，主要是指大学生所学的专业、应付方式、入职前是否参加过兼职、实习以及入职教育培训等。面对大学生就业难的问题，不同主体将采取不同的应对方式，对于教育单位来说，就是对大学生做入职前的教育培训，而大学生及其家长也都欣然接受。

对大学生入职前的教育培训内容主要有哪些？依据是什么？如何评价职业教育培训的效果？以及如何评价大学生职业心理发展的水平？“职业成熟度”一词的引入为解释上述问题提供依据。

一、大学生职业成熟度理论基础及模型

职业成熟度是指个人掌握与其职业发展阶段相适应的职业发展目标的程度，包括知识和态度成分。Super 认为，人的职业发展是个终身过程，呈现出阶段性特点，在不同的发展阶段，人有不同的职业发展目标和发展任务，只有完成了该阶段的目标才是职业成熟的表现。大学生处于 Super 职业发展阶段的探索阶段，这一阶段年龄通常在 15~25 岁，主要是了解自己和职业，并初步进行尝试和确定职业。具体包括三个任务：结晶（crystallization），指确定喜欢的工作类型；明确 （specification），指在可供考虑的职业中选择最好的；实施 （implementation），指在所选定的职业领域开始工作。

与 Super 的终身职业发展理论相比，是职业成熟度研究的集大成者，他

在对职业成熟度研究的基础上，提出了职业成熟度理论，成为职业辅导与咨询领域里的重要指导思想。Crites模拟智力层次模型，提出一个多层次、多维度的职业发展模型。该模型第一层是职业发展的总体程度，类似智力g因素。第二层次是概括，由四个主要的因素群构成，分别描述职业选择的内容，职业选择的过程，在每个因素群中又包括特定的职业成熟度因素。职业选择的内容包括两个特定的成熟因素即职业选择的一致性和现实性。所谓一致性是指跨时间的稳定性；现实性是指个人特质与工作环境的匹配性。Crites提出的职业选择过程成熟论，过程变量包括两个主要的因素群即职业选择能力和职业选择态度。该理论比较全面的概括了职业成熟度理论以及职业成熟度的测量指标，为职业咨询、职业教育的发展以及职业成熟度的测评提供了有力的理论基础。

但Westhrook认为，职业成熟度的核心是认知能力，而非对职业选择的选择及确定，只有学生的职业认知达到了一定的水平才表明学生职业成熟了。职业认知能力主要体现在六个方面：一是对工作领域的认知；二是对工作筛选的能力；三是对工作条件的认识；四是对工作的教育时间需求的认识；五是对工作所需的心理特性要求的认识；六是对工作职责的认识。Westhrook的认知能力成熟观主要是通过了解学生对相关职业信息的掌握程度来评价学生的职业成熟度，如果学生了解并能够使用更多的职业信息，学生的职业成熟度也就越高，更有利于学生进入职场和工作。

在上述研究的基础上，我国学者提出了大学生职业成熟度七维模型，即：一是职业自我认知，是指个人对自己的认识与评估，对自己优缺点、兴趣爱好等方面的认知；二是职业投入，指积极收集相关职业信息，以及对工作世界的了解而导致的个人时间、精力等的消耗程度；三是职业确定性，是指个人对首选职业的确定程度以及职业目标的清晰程度；四是职业独立性，是指个人独立自主做出职业选择和安排，在职业决策过程中不依赖或者极少依赖父母亲友等人；五是职业自信，指成功做出符合自身特点的职业决策的信念和坚信程度；六是职业抗挫性，指个人面对挫折时的地域能力：七是职业妥协性，指当现实与理想发生冲突时，个体能及时根据实际情况而采取相应措施是其职业成熟的表现。七维模型为国内学者编制大学生职业成熟度测量工具提供了理论基础。

二、大学生职业成熟度研究方法及工具

目前，对大学生职业成熟度的研究大多采用的是实证研究方法，主要有问卷法、团体咨询法以及实验法。关于大学生职业成熟度研究在国内逐渐发展起来，研究方法也逐渐丰富起来，尤其是各种测量工具的使用。目前常使用的测量工具主要有以下几种。

(一)Super 的职业发展问卷（Career Development Inventory，简称为 CDI）

Super 通过对学生职业选择过程中遇到的问题进行分析，总结出职业成熟度的几个维度是：规划性、探索、信息、决策。其中，信息主要是指学生对 Super 职业发展理论中的探索阶段和建立阶段的发展任务的知识和对特定职业的知识。Super 及其同事根据上述维度分别编制了适合于中学和大学的职业发展问卷。该问卷中职业规划、职业探索、职业决策和工作世界的信息四个分测验均有 20 个项目，四点计分。另外，该测验还加了一个分测验，对所喜欢的职业的知识。从对该问卷的多个研究看，其同质信度、重测信度剧中。

该问卷具有广泛的适用性和较强的针对性，尤其是其中针对大学生编制的职业发展问卷，其内容不同于中学生，而其在内容上和结构上也不同于成人的职业发展问卷，成人职业发展问卷适用范围更广。

(二)Crites 的职业成熟度问卷（Career Maturity Inventory，简称 CMI)

Crites 的职业成熟度问卷的修订版于 1978 年出版，CMI 测验的能力部分美俄分测验有 20 个项目，每个项目均有四个反应，只有一个是正确答案。测验的内部一致性系数较高；但能力与态度测验总分相关偏高。CMI 的态度量表有两个版本，一个用于筛选（50 个项目），一个用于咨询（75 个项目），用于咨询的测验按分测验和总分计分。筛选测验所获得的分测验的内部一致性系数偏低，重测信度较高。该测验与 Super 的职业发展问卷有显著相关，表明具有跨时间的稳定性。

(三)Westbrook 的认知职业成熟测验（Cognitive Vocational Maturity Test，简称 CVMT）

Westbrook 的 CVMT 主要用来评价学生知道和使用职业信息的程度。与

其理论相应,该测验有六个分测验,其中工作筛选有 15 个项目,职责有 25 个项目,其余的分测验均为 20 个项目,共有 120 个项目。该测验的内部一致性系数主要在众 0.80 左右。但它的分测验之间的相关偏高。

该问卷主要评价学生掌握相关职业信息，这与 Super 职业发展问卷里的职业信息具有很大程度上的拟合性，从这点上可以看出，认知成熟度测验相当于职业发展问卷的一个分测验，其测验范围较窄，正因为如此，也更具有针对性。

(四)熊红星的中国大学生职业成熟度问卷(Vocational Maturity Inventory of Chinese University Student)

熊红星的中国大学生职业成熟度问卷正式卷有 65 个项目，总量表克伦巴赫内部一致 a 性信度为 0.75，各分量表克伦巴赫 a 系数在 0.46~0.82 之间。重测信度为 0.59，各分量表的重测信度在 0.35~0.78 之间。结构效度的判定均符合 Turkey 提出的项目组间相关在 0.10~0.60 之间的标准（戴忠恒，1997）。其中，职业了解、自我了解、准确性、确定性、目标取向、自信心和独立性与总分之间的相关分别为 0.706、0.816、0.666、0.687、0.567、0.767、0.669，均达到小于 0.001 的显著水平，但没有进行效标关联效度的检验。

该问卷是依据国内大学生职业成熟度七维模型编制的，与 Crites、Super 的问卷在结构上和内容上有着相似性，也有其独特性。比如：职业了解和信息因子考察的都是学生对职业信息的了解和掌握睛况；与亚洲的其他国家相比，独立性体现在我国大学生身上，而韩国大学生身上则不具有独立性维度，这也说明了职业成熟度的文化特点。因此，该问卷作为本土化研究成果，可以作为国内大学生职业成熟度研究的测量工具。

（五）张志勇的大学生职业成熟度量表（Vocational Maturity Scale of University Student）

该问卷是在借鉴韩国这一相近文化背景下的职业成熟度研究结果，以同属东方文化的韩国职业成熟度结构作为基础，针对中国大学生群体进行修订。正式问卷形成 34 个项目，构成了职业成熟度的六个因素，即职业目标、职业自信、职业价值、职业自主、亲友依赖和职业参照。量表的内部一致性

@ 系数为 0.8691，分半信度为 0.8961。该量表还考查了效标关联效度，分别以自尊、控制源、幸福感指数为指标，职业成熟度与这些指标的相关均达到了显著水平（$p<0.01$）。

该量表与 Lee 的研究相比，中韩两国职业成熟度内涵具有显著的共性，同时也存在国别差异。研究发现韩国学生职业成熟度当中，“独立性”既包括自行选择职业也包括听从亲友意见，而且往往与亲友意见一致，而中国大学生的“职业自主”与“亲友依赖”是两个相互独立的因素。相比之下，Crltes 的职业成熟度问卷并未包含单独体现“独立”“自主”的因素。

（六）谢雅萍的大学生职业成熟度问卷（Vocational Maturity Inventory of University Student）

该问卷包括职业自我认知、职业独立、职业投入、职业确定性、职业妥协性、职业抗挫性和职业自信七个维度，采用五分计分法，最终形成 31 个项目。问卷的内部一致性信度 Cronhach。系数为 0.702，分半信度为0.707。各因素与总分之间的相关在 0.333~0.546 之间，各因素之间的相关在0.124~0.482 之间，符合 Turkey 的指标要求。

该问卷与熊红星的问卷在结构上和内容上具有相似性，如这两个问卷具有相似的维度—独立性与职业独立、确定性与职业确定性、自信心与职业自信、职业了解与职业投入、自我了解与自我认知，只是两个问卷的维度命名大同小异而已，这也表明国内大学生职业成熟度问卷结构具有稳定性。同样的，该问卷作为本土化研究成果，也可以作为国内大学生职业成熟度研究的测量工具。

（七）马蔷的团体咨询方案研究（Group Counseling Program Study ）

马蔷采用自编的团体咨询方案，其中包括：质的评估即过程比评估，采用《团体活动反馈表》，以渐进形容词的形式从四个方面来评价参加团体过程的感受，也可以用文字形式书写对团体过程的感受。总结性评估采用《团体活动评价表》，该量表从干预内容有效性、团体认同感、团体促进功能、领导带领方式有效性及总的满意度五个方面，采用十点计分方式，后附有开放式问题，考察参加团体活动的主观评价；量表评估，采用《大学生职业成熟度问卷》进行测量。问卷共 41 个项目，八个维度即职业了解、信息应用、自我认知、职业态度、职业认知、个人调适、价值观念、条件评估。采用五点计分方式作答，具有较高的信度、效度，可以作为测量工具。

该问卷未提供详细的信度、效度；且问卷的维度与上述问卷在结构上和维度上均呈现一定程度的相似性。由此可知，大学生职业成熟度问卷的编制已经从编译国外的测量工具转为本土化研究，而且呈现出中国文化背景下才有的特点，尤其体现在大学生职业成熟度问卷结构方面独立性这一维度上，而且大学生职业成熟度研究在人口学变量上已得到一个普遍的结论即年龄、年级、性别、地区、家庭经济收入水平对个体职业成熟度具有显著影响。

马蕾将质的研究和量的研究相结合，不仅考察了大学生职业成熟度情况，通过团体咨询方案的实施，还考察了大学生职业成熟度的发展过程，既表明了团体咨询干预手段的有效性，又为后续研究提供了一个新的可供参考的研究方法。

三、大学生职业成熟度研究内容

在大学生职业成熟度与性别方面，熊红星（2006）认为不存在性别差异，但有的认为性别差异是存在的，如张智勇等人（2006）、罗锡莉等人（2007）、孟令珍（2009）、刘红霞（2009）等认为男生的职业成熟度显著高于女生，赵欣等人（2009）则进一步认为男女生在独立性（t=-2.810，P<0.01）、灵活性（l=-2.446，p<0.01）维度上女生显著高于男生。由此看来，存在性别差异是目前比较一致的看法。

在大学生职业成熟度与社会经历方面看法比较统一，如熊红星（2006）认为参加过实践的大学生职业成熟度高于未参加者，主动实践者高于被动实践者和从不实践者；赵欣等人（2009）、罗锡莉等人（2007）认为做过兼职的大学生职业成熟度高于未做过者。

在大学生职业成熟度与家庭方面，熊红星（2006）认为不存在家庭经济方面的差异，而罗锡莉等人（2007）却认为存在着家庭收入方面的差异（F=7.481，p<0.01），赵欣等人（2009）进一步发现不同家庭收入的大学生在自我知识方面存在差异（F=2.974，p<0.05）。另外，熊红星（2006）认为父亲

文化程度高的大学生的职业成熟度高于父亲文化程度低者，赵欣等人（2009）认为母亲受教育程度在大学生职业世界知识维度上存在差异（$F=3.212$，$p<0.05$）。

在大学生职业成熟度与年级方面，大都认为存在着年级差异，但差异过程认识不统一。如熊红星（2006）认为存在年级差异且随着年级的增加而增加，罗锡莉等人却认为大四学生职业成熟度最高，整个发展趋势呈“V”型，而孟令玲（2009）又认为大一到大三职业成熟度逐渐上升，到大四职业成熟水平有所下降。

在大学生职业成熟度与城乡方面，熊红星（2006）认为不存在城乡差异，但赵欣等人（2009）认为在自信心（$t=-2.045$，$p<0.05$）方面，农村大学生高于城镇。

在大学生职业成熟度与专业方面，熊红星（2006）认为专业满意度和专业成绩高者，职业成熟度越高，孟令珍（2009）认为理科生高于文科生。

另外，熊红星（2006）还认为大学生的职业成熟度在独生子女与否、民族、所在学校的重点与非重点属性等因素上不存在差异，家庭关系非常和谐者高于家庭关系一般和经常有冲突者，和父母健在者高于单亲和父母双亡者；孟令珍（2009）认为自我概念、社会支持与大学生职业成熟度呈现显著的正相关；吕爱芹等人（2008）认为情绪智力和一般自我效能对大学生职业成熟度有显著的预测作用；谢员等人（2007）认为课程干预能够有效提高大学生的职业成熟度；马蕾等人（2009）认为团体咨询可以提高大学生的职业成熟度。

最近两年关于大学生职业成熟度的研究逐渐增多，研究范围也逐渐扩大，但研究结果却呈现出比较凌乱的局面，主要表现在研究结论各成一家，存在较多争议。由上述研究结果可以看出，大学生职业成熟度研究仍需要后续研究进行充实完善。尤其是大学生职业成熟度在年级、城乡等变量上结果极为不一致，这仍需要后续研究进一步考查；目前取得比较一致的看法是在社会经历、性别及家庭收入等方面。另外，团体咨询、课堂干预的研究发现，这些干预方法的效果非常显著，可以作为职业咨询、职业培训的一个方法进行设计实施。

四、大学生职业成熟度研究去向

（一）大学生职业成熟度与个体的认知、人格和情绪研究相结合将成为未来研究的主线

影响大学生成熟度的因素除了人口统计学变量以外还有很多值得研究的领域，而且以往研究都将考察大学生职业成熟度在人口统计学变量上的差异。而影响大学生职业成熟度的因素还有很多未被考察或者考察不到位的，尤其是与大学生认知水平、人格特点、情绪等的相关研究，而且考察这些变量与大学生职业成熟度之间的中介变量或调节变量都将成为未来研究的主线。

（二）大学生职业成熟度研究的方法主线：质的评估和量的研究相结合

到目前为止，只有一篇关于大学生职业成熟度的研究采用了质的研究和量的研究相结合的方法，以往研究只是采用量的研究。由于对大学生职业成熟度的考察还存在一些盲区，所以，以开放的方式考察大学生职业成熟度是必要的而且是可行的，因此，质的评估和量的研究相结合将会被后续的研究者所接受。

（三）大学生职业成熟度的测量工具：本土化研究

以往研究多以直接翻译或者修订国外的测量工具为主，但是近几年来，国内的学者越来越喜欢根据本国的文化特点，编制适合我国特色的测量工具，这是本土化研究的开始，也将是本土化研究的归宿。

发表于《社会心理科学》2010 年第 8 期

大学生手机依赖行为的研究

手机短信以其新颖的交往方式改变了大学生的人际交往方式，其对大学生心理的影响不言而喻。如同其他科技创新所带来的“双刃剑”作用一样，大学生在享受手机短信带来的便利的同时也深受其困扰。到目前为止学术界也无法给手机依赖一个明确的、公认的定义，对于手机依赖行为的研究也就只能借助其他的概念。北京师范大学的张华等人借助“行为成瘾”的概念研究手机依赖，本研究也沿用这一概念。所谓行为成瘾，是指一部分人身上存在过度沉湎与某种事物或活动的现象，这些成瘾行为可能并不涉及任何具体直接生物效应的物质，而是指一种异乎寻常的行为方式，由于反复从事这些活动，导致个体痛苦或明显影响其生理、心理健康、职业功能或社会交往等。

对于大学生手机依赖行为的研究有助于新形势下大学生心理问题的解决，并且对大学生的健康成长有着重要意义。另外，在以往的研究中，学者对于内外向因素与手机依赖行为的关系存在争议，本研究将重点探讨大学生手机依赖行为与内外向因素的关系。

一、调查对象与方法

(一)对象

定额抽取宁夏大学大一至大三学生共 130 人发放问卷，收回问卷124 份，回收率为 95.38%，有效问卷 116 份，有效率为 93.55%。其中，男生 56 份，女生 60 份，大一 38 份，大二 39 份，大三 39 份。

(二)工具

自编的《大学生手机依赖量表》，测得其信度为 0.8728。

采用EPQ（内外向）量表，再测信度为0.6883。

(三)程序

第一，通过访谈、前测，编制《大学生手机依赖量表》。

第二，发放由《大学生手机依赖量表》与EPQ问卷中的E（内外向）量表组成的研究量表，进行施测。

第三，回收问卷，进行统计。

二、结果

(一)不同性别大学生手机依赖行为的差异检验

表1　不同性别大学生在手机依赖行为上的差异

	男			女			t	p
	N	M	SD	N	M	SD		
手机依赖	56	43.0	10.3	60	49.2	12.1	–2.94	0.004*

注：*P<0.05

(二)不同年级大学生手机依赖行为的差异检验

表2　不同年级大学生在手机依赖行为上的差异

	大一			大二			大三			F	P
	N	M	SD	N	M	SD	N	M	SD		
手机依赖	38	48.2	13.0	39	45.6	10.9	39	44.8	10.9	846	0.432

(三)内外向高、低分组大学生在手机依赖行为上的差异检验

表3　内外向高、低分组大学生在手机依赖行为上的差异

	高分组			低分组			t	p
	N	M	SD	N	M	SD		
手机依赖	37	47.5	11.5	43	47.6	10.7	.016	.987

三、分析讨论

(一)不同性别大学生手机依赖行为的差异分析

大学生手机依赖行为存在性别差异，且女生比男生更容易产生手机依赖行为，原因可能如下：

第一，社会刻板印象。在传统的社会分工中，男性往往被寄望于成为勇敢、坚强、不屈不挠的人，所以就会有“男儿有泪不轻弹”的说法。这种社会期望使即将成为男人的大学男生刻意模仿成熟男性的行为方式，如压抑自己的情感，不轻易表露自我等。这些行为表现在手机的使用上，就显示出男生们往往不会沉溺于手机依赖中，也不会将其作为情绪情感发泄的方式。

与此相反，女性被期望成为温柔、善良、体贴的人，女性往往被看作社会中的弱者，期望得到保护与照顾。在这种社会暗示下，女性更容易表达自己的情绪情感，也更容易将手机短信作为表达的渠道，从而产生手机依赖的几率也就高于男性。

第二，社交方式。男性往往表现为更富有精力，这使他们的视野与社交范围高于女性，且更容易结交朋友。女性的交往方式虽不如男性丰富，但是在友谊的保持上要好于男性。在交友以及友谊的保持过程中，女性比男性更多地使用手机短信，从而更容易产生手机依赖行为。而男性由于社交方式较多，所以较少使用手机短信交友及保持友谊。

（二）不同年级大学生手机依赖行为的差异不显著

在进行大学生手机依赖行为存在年级差异的假设时，默认了一个前提条件，那就是随着年龄的增长以及交往范围扩大与交往方式的多样化，大学生的手机依赖行为会逐渐减少。而研究结果表明，大学生的手机依赖行为不存在年级差异。这就推翻了假设前提，即交往范围与交往方式不是产生手机依赖行为的决定性因素，也可以解释为手机依赖行为有一定的持续性，它的产生可能与某些人格因素有关。

（三）内外向高、低分组大学生在手机依赖行为上的差异不显著

本研究采用独立样本 t 检验的方法进行内外向高、低分组大学生在手机依赖行为上的差异检验，结果在 $p<0.05$ 的水平上差异不显著，表明内外向因素不是决定大学生手机依赖行为的决定性人格因素。产生此结果的原因可能如下：

第一，结果正确。内外向因素的确不是决定大学生手机依赖行为的决定性人格因素。在以往研究中，就内外向因素与手机依赖行为的关系一直存在争议，本研究的其中一个目的就是探讨内外向因素与大学生手机依赖行为的

关系。决定大学生手机依赖行为的人格因素有很多，不能简单地说内向的人更容易产生手机依赖或是外向的人更容易产生手机依赖，决定大学生手机依赖行为的人格因素很可能是交互的，需要进行进一步的探讨。

第二，结果有误。内外向高、低分组大学生在手机依赖行为上的差异显著。本研究中的 EPQ 问卷中的 E 量表的再测信度为 0.6883，不是很高，且被试人数较少，这些都可能影响最后的结果。本研究仍需改进，并需要进行进一步的探讨。

发表于《咸宁学院学报》2011 年第 5 期

试论情绪弹性的提高

情绪是人对客观事物的态度体验及相应的行为反应。它以个体的愿望和需要为中介的一种心理活动。当客观事物或情景符合主体的需要和愿望时，就能引起积极的、肯定的情绪。反之，就会产生消极、否定的情绪。绝大多数的人有个错觉，认为情绪是完全无法控制的，它是一种自然的制约反应，这个错觉使大家视情绪如病毒，当我们的“心理体质”不佳时就会被入侵；有时候我们也把情绪看成是理智的“堂兄弟”，会拖累理智所能发挥的力量，甚或有时候我们的情绪只不过是对别人所言或所为的直觉反应而已。总之大多认为它是个测不透的东西，是我们所不能掌控的。

在每个人的人生中，都必然会遇到诸多无法控制的事情，我们时常受到诸如焦虑、抑郁、失望等负面情绪的侵袭，而要保证任何一件事能够成功，你得选择弹性的做事方法，弹性的做事方法又离不开弹性的情绪和认知。负面情绪传递的讯息无非就是告诉我们要更有弹性，选择弹性，其实也就是选择了快乐。芦苇就因为能弯下身，所以才能在狂风肆虐下生存，而榆树就是想一直挺着腰杆，结果为狂风吹折。

一、情绪弹性的概念及其特点

弹性是种怎样的状态？我们都看过高手打架：膝盖微微弯曲，含胸拔背，身体重心落在两腿中间的某一点，却并不落实；整个身体如同一个微微绷紧的弹簧，却始终含而不发。不发，也就可以朝任意方向发，谋定而后动，观察对手的变化，跟随对手行动而动。即使出招，也绝不招式用老，因为一旦招式用足，除非一击而中，否则就是大大的空当。拳理中的这些精华，在情绪调节中提高情绪弹性也完全适用。我们认为情绪弹性即为个体产生积极情绪能力以及从消极情绪体验中快速恢复的能力。

情绪弹性主要有以下特点：一是情绪弹性是情绪变化的一种性质或特点，是个体情绪对外界刺激等因素的反应程度和灵敏度的一种描述。二是情绪弹性具有个体差异。个体的生理因素、年龄、性别和需要是有所差别的，所以情绪激活的阈限、体验的强度也是有差异的；每个人生活背景差异很大，具有不同的情感经历，情绪线索输入上存在差异；个体人格特质、评价风格存在差异，情绪线索有可能被放大或者缩小，所以每个人的情绪弹性各有特点。三是情绪弹性是一个动态概念。它随外界刺激的变化而变化，并因人而异。人们对于同一事件的情绪反应还会随着它的重复发生而动态变化。比如，对于同一个事件，人最初的情绪变化可能很大，然而随着其出现频率的增加，人们可能会对其产生麻木；也可能开始人们对其并没有情绪上的强烈反应，但随其发生频率的增加，会让人情绪上产生极为敏感的反应。比如一些灾害性事件的频繁发生会让人变得草木皆兵。四是情绪弹性是有限度的。正如物理学中提到物体都有各自的弹性限度一样，人也有情绪弹性限度，在弹性限度内是一种正常的情绪反应；但超出这个限度，则要引起注意，进行必要的心理干预。五是情绪弹性具有可塑性。虽然情绪弹性有其稳定的一面，但不是一成不变的，会随个体的成长、社会阅历的增加而有所变化，对情绪弹性可以进行适度的调节。

二、情绪弹性的重要性

情绪弹性与心理健康的关系极为密切，研究表明，情绪弹性与抑郁、焦虑等负性情绪关系密切。较低的情绪弹性是许多情感障碍和精神疾病发生的基础，为情绪障碍和精神病的易发性埋下潜在的危险，如抑郁、焦虑、躁狂等心理异常现象，从现象学的角度理解就是因情绪弹性的缺失而造成的。Davldson 则认为，抑郁、焦虑等心境障碍与不能充分、快速地恢复负性情绪密切相关，例如，抑郁症患者不能主动趋近积极的目标，焦虑症患者不能摆脱紧张事件所引发的紧张状态，恐惧症患者不能摆脱恐惧的情绪体验，等等。

可见，不良的情绪弹性不利于身心健康。例如，长期压抑悲伤和哭泣容易引起呼吸系统的疾病，抑制爱会引起支气管疾病或癌症，不表达情绪会加速情绪的恶化，对愤怒的压抑与心血管疾病、高血压的发病率有着密切联系。

此外，情绪影响工作效率、人际交往、自我效能等。由此可见，情绪不仅影响生理机能也影响心理机能并影响人们的社会行为表现，它的重要性已毋庸置疑。而良好的情绪弹性更能使我们良好地适应环境，与环境和谐相处，从而增进自我和谐感。

三、如何保持良好的情绪弹性

我们应当承认情绪是人本身的一部分，情绪弹性并不意味着简单地接受遇到的恶劣境况并将这种单纯的接受作为应对的一种手段。相反，人们在情绪控制的同时，要尽可能减少损害的前提下，冷静地作出最佳的行为决策。有研究表明，随着孩子年龄的增长，他们越来越多地应用认知和行为策略来应对不利的境况，具体来说，他们应用行为策略的频率（如与别人交谈，做其他事）似乎将保持不变，而关注于情感的认知策略的使用（例如分散自己的注意力，积极思维）有所增加。另外，男孩比女孩更容易依靠社会支持、运动等，而女孩比男孩更有可能把重点放在内部的情感体验，并尝试消除负面情绪，例如，设法忘掉痛苦的情感体验等。

情绪弹性是可以提高的，而且由于压力和挑战本身就是生活中不可缺少的一部分，所以总有机会让人们去尝试着提高自己的情绪弹性，如果将这种尝试坚持下去，其效果也会比较明显。具体来说，可以从以下几方面来提高情绪弹性：

第一，合理宣泄。将不愉快情绪表达出来，就是宣泄。宣泄必须合理，以不伤害别人为前提。可以投入地哭一次，忘了自己；告诉父母或好友或你信得过能帮助你的人："我今天很难过"；不妨背后骂骂人。（不是背后议论人）

第二，改变观念。是你的思想与态度产生了你的感觉，而非外在的事物与刺激。早在大约1900年前，希腊哲学家埃皮克提图就指出人不会受事物的干扰，干扰人的是他们对事物采取的观点。艾利斯的ABC理论：A——事件，B——对事件的看法，C——情绪及行为反应。该理论强调认知(B)对情绪产生及行为反应的重要影响。要知道，是观念左右情绪，而不是事件本身。人们通常会有一些不合理的观念，比如非黑即白，非此即彼、以偏概全、以己度人、给好事打折扣、乱贴标签等。所以正确对待所遇到的问题重要的是要改变你的观念，而不是你周围的一切。

第三，有效利用社会支持。国内外相关研究表明，社会支持与个体的身心健康有着显著的正相关，社会支持在缓解个体心理压力，消除个体心理障碍，增进个体心理健康方面有着重要影响作用，社会支持作为一种情境或环境因素，其缓冲模型认为社会支持可以通过调节其他因素，缓冲压力事件对身心的消极影响，保持与提高个体的心理健康水平。相反，那些缺乏社会支持系统的人可能会很容易发现自己比较脆弱。

第四，运用积极的心理情绪暗示。比如，处于负面情绪状态时，可以通过使用具有“引动积极情绪”的字眼，来振奋我们的情绪，它能奇妙地改变自己的情绪。少说带有负性情绪的词语，有意识地用积极词汇表达，情绪就会有截然不同的反应。因此，只要我们聪明并用心地选择积极性的字眼，伟人所拥有的语言的力量在我们身上也能够发现。

第五，借用转移注意情绪的其他策略。有时我们觉得消极的情绪如同乌云一样笼罩着久久不能散去，这主要是我们脑子里不断浮现着消极事件发生时的种种令人不舒服的情景，此时我们的注意过多地关注着消极事件及消极情绪。生活的经验也告诉我们可以通过以下方式来释放不愉快情绪：看书、听音乐、看电影、运动、吃零食、交际等。比如在跑步的时候可以带动身体内外的状态，而这种状态可以使人充满力量和气势，从而覆盖替代负面情绪。食疗养生方式的内部改变情绪的方法如同吃到喜欢的食物会使人感到幸福高兴。进行这些活动的过程中，消极情绪便悄然离去，甚至还可以提升我们的心智。

任何的成功若欠缺了情绪方面的成功，那就不算是真正的成功。良好的情绪弹性可以将情绪很快且很有效地改变成我们所想要的。我们应当了解，一切行为的改变必先从改变自己的感受开始，因此我们每天应努力消除掉习以为常的负面情绪，同时多多去体验那些能带给你积极人生的正面情绪，让良好的情绪弹性成为一种习惯，负面情绪不再乘虚而入，并且努力做到让情绪服务于我们，而不是我们受制于情绪，我们应做自己情绪的主人。

发表于《知识经济》2011 年第 7 期

四　管理篇

媒体时代政府对舆论的引导作用研究

互联网的普及和应用，推动了社会的进步与发展，信息传播进入了多元化时代。过去那种传统媒体一统天下的格局被打破，网络已经成为网民诉求社会公平正义的平台，但同时也成为民众心理宣泄的窗口，甚至有些人借机传播虚假信息和各种谣言混淆视听。一些负面的舆情甚至有害信息造成一定的公众“围观”，进而对社会产生了负面影响。对各级政府的执政环境、管理方式也产生着潜移默化的影响。在这种情况下，政府如何作为呢？笔者认为，政府应该直面互联网，在以下几方面积极引导网络舆论健康发展。

一、发挥舆论各方的积极性，形成优势互补

第一，传统媒体与网络媒体的互补。传统媒体具有资源优势、品牌优势，在广大民众中享有较高的公信力和影响力。而网络媒体以其方便快捷的传播方式、多元的传播渠道，使其传播的信息具有海量性、时效性和互动性等优势。可以说二者各有所长，因此，应该发挥二者的优势，改进各自不足。传统媒体应该注重升级改造，实现新旧媒体之间的资源整合。目前，人民日报、光明日报等传统主流媒体都实现了报网整合。网络媒体应该注重在规范运行，提高公信力上下功夫。让传统媒体具有网络的时代性，让网络媒体借助传统媒体提升权威性。通过互补，实现传统媒体和网络媒体的契合。

第二，主流网站和商业网站的互补。我国主流网站经过多年的建设和发展，影响力越来越大，在现实生活中发挥着越来越重要的作用。但是，主流网站体系也存在缺少统筹规划、绩效不突出、孤岛现象明显等问题。商业网站受众广泛、浏览量大、影响力大。但是，商业网站的公信力有待提高。主流网站表达的是官方观点，商业网站具有天然的民间色彩；主流网站的新闻

发布，计划性较强，信息相对单一，商业网站通常能反映读者对某一主题的不同倾向性。只要二者互为借鉴、优势互补，就能提高网络舆论的格局。政府应该对有发展潜力的综合性网站给予一定的资金和政策支持，形成一批“政府管得住、网民信得过”的强势网站，并以他们为阵地，传递主流声音，引导网络舆论。

第三，政府监管与行业自律的互补。对于今天社会生活中须臾都离不开的媒体系统来说，政府应加大行政监管力度，建立互联网准入退出机制，对涉及公共利益的网络信息实行行政审批，建立健全日常监管、年度审核、行政处罚等一系列管理制度。但是，仅有政府监管是不够的，行业自律即自我约束和自我管理是非常必要的。因此，不论是传统媒体还是网络媒体，都应该加强行业自律，恪守职业道德，积极主动地将公众关注事项纳入关注范围，始终把对新闻真实性的追求放在首位，在追求经济效益的同时要更加注重追求社会效益。

二、鼓励民众利用网络建言献策和舆论监督

第一，是鼓励民众在网络平台上建言献策。网络创造了全新的、开放的，没有强权的信息空间，在互联网上所有参与政治的人不仅机会是均等的而且地位也是平等的，人人都有进出网络、选择身份角色、发表言论、与人交往、选择信息的自由。在虚拟的网络空间，不同阶层、不同地域的人们可以无障碍地畅所欲言。网络还是政府收集民情、反映民意的重要途径之一。政府应该鼓励网络民众“参政议政”，表达自己的愿望和诉求，并把民众的意见建议，作为公共决策的依据，做到民主执政，科学执政。

第二，应该鼓励舆论监督。因为舆论监督是社会主义民主政治的重要内容，是人民群众行使民主权利的有效形式。网络监督事实上已成为社会监督的有效渠道之一，网络反腐正起着越来越重要的作用，它具有很强的公众震慑力，对领导干部和公职人员的公务行为和有悖于法律道德的行为都有警示作用，会使得权力的运行更民主更科学更合理。假若借着“网上打黑”而对网络言论设置重重屏障，阻拦网络监督，那么，窒息的是生气勃勃的民主风气，对推进改革开放和社会监督都没有好处。

三、对网络舆论要积极引导和区别对待

第一，把恶意造谣和心理宣泄区别开来。有的人打着关心民众的幌子，编造一些让人恐惧和不安的消息，挑起事端、扰乱社会秩序；有的人利用网络造谣、诽谤、炒作，怀着险恶用心利用网络中伤他人；有的人利用一些网民的仇官心态，制造一些领导干部的“丑闻”；有的人凭空捏造“帖子”、或恶意炒作、利用网络出名“爆红”。笔者认为，对待恶意诽谤、造谣抹黑等网络“暴力”，相关部门要主动出击，对网上披露的各种信息、爆料要认真查实查清，并及时公布调查结果，还事实真相于民众，同时要自觉树立凡是关系当地发展的重大事项不管网民关注不关注，都要第一时间在网上说话，避免信息不公开造成谣言产生的土壤。民众利用网络，获取自己所需的信息，缓解恐慌情绪，或者利用新媒体交互性与开放性，表达自己的不满与愤怒，从而满足心理上的需求，宣泄一下由于生活节奏加快而增大的心里压力。只要在法律允许的范围内，我们要给予包容，在某种程度上，互联网可以缓解我国在社会转型过程中面临的结构性压力。让网络起到“社会解压阀”的作用。

第二，把信谣传谣和公众“围观”区别开来。以互联网为代表的新媒体，因其匿名性与快速传播性极易成为谣言的“助推器”和“放大器”。畅通的言论通道与开放型舆论环境给人们交流思想提供了极大的便利，但同时，一些蔓延于网络的“情绪型舆论”，有时产生的负面影响也很大，从而加剧了群众的盲从与冲动，也使网络冲突与网络暴力现象日益突出。有的人利用网民的猎奇心理，迎合个别网民低俗兴趣，只要看到有关党委政府的负面传闻和领导干部的花边新闻，就不加思考的相信、传播，对于这些不良信息，要加大治理力度，保证网络运行的健康发展。网络公众的“围观”现象，是发生重大事件时网民集中关注、发帖、提供信息等的一种现象。有其积极意义，对事件本身有监督作用；对正义方有声援作用；对非正义方有警诫作用，只要我们予以正确地引导，就能化被动为主动。

四、要加强民众的教育和网络舆论管理的法制化建设

第一，要加强对民众的教育。要教育民众增强责任意识。网络在赋予民

众权利的同时，也要求民众对自己的行为和对所创造的网络世界担负起更大的责任。网络不会自动地把民众带入一尘不染的数字化乐园，需要网络民众的责任来维持网络的安全和畅通。如果人们不担当起应有的责任，必然会产生恶劣的后果；要培养民众的道德意识。网络技术与其他一切科学技术一样是一把双刃剑，许多负面的、消极的、非主流道德观念也冲击着网络民众的头脑，并产生一定的影响，要对网络民众宣传教育，文明上网，净化网络环境，构建和谐的网络社会。要加强对网络从业人员的思想政治素质和业务培训，提高他们的业务水平，加强网站及其从业人员的行业自律，恪守职业道德，明辨是非真伪、积极主动地将公众关注事项纳入关注范围，充分发挥媒体的舆论引导职能。

第二，加强网络舆论管理法制化建设。完善网络舆论的法律法规建设就是要在保障公民言论自由的情况下，有效地规范网络上的言论行为，防止其侵犯公民合法权益或社会公益，这是当前我国政府推进网络舆论管理的当务之急。要建立健全网络舆论监督的各项法律法规，实现网络虚拟社会法制化的建设与管理。要加强打击网络犯罪、保护个人隐私等相关方面的立法，为虚拟的社会管理提供明确的法律约束机制。在网络舆论法制化建设的过程中，要提升公民的法律意识，网络舆论的法制建设离不开每个公民法律意识的提高。公民不仅要能遵守网络相关法律法规的规范要求，还要能够以自身的力量推动网络舆论法律法规的制定、健全及完善。

发表于中共中央党校《课题研究报告》2012 年 4 月，人民网 2012 年 4 月 11 日全文转载。

浅谈领导者非权力影响力及其应用

对领导者而言，权力影响力是权力因素在社会和组织作用下而产生的强制性影响。无论是谁，只要担任了职务，自然而然也就获得了与这个职务相对应的权力影响力，然而一旦离开这个职位，这种强制性影响力也就不存在了。非权力因素影响力则不同，它是建立在被领导者对领导者个人所具有的品格、眼光、才能、学识及情感等因素基础上形成的综合影响力，这种影响力既不与权力大小成正比，也不与权力进退相始终，与权力没有直接、必然的联系。这种影响力一旦形成，即使不在领导职位，影响力依然存在。据现代管理学研究，下属的积极性，至少40%要靠领导者的非权力因素影响力来调动，在权力因素一定的条件下，非权力因素的影响力越大，领导者的权威也就越高。因此，提高领导者非权力因素影响力，进而提高领导活动的效率和效益显得尤为必要。

一、非权力影响力的构成

对领导者来说，其非权力影响力主要由以下几方面构成：

第一，能力。对领导者来说最重要的能力主要有三个层面：一是专业技能。有与具体职位相对应的专门知识技能是领导者胜任相应工作岗位的基本条件，也是赢得下属和同行尊重与认同的第一步。二是领导力。中国科学院相关课题组研究认为，领导力主要有五点：感召力、影响力、前瞻力、决断力和控制力，也被称为领导力五力模型，这“五力”是领导完成组织目标的手段和方法。三是领导者的沟通协调能力。领导或是安排工作或是做决策，都需要得到同事的认可，如何才能得到同事和下属的认可，认真的贯彻实施领导意图，需要领导者做好沟通协调工作。

第二，情感。“感人心者，莫过于情”，一个成功的领导者，不仅要立之以德、展之以才、还要动之以情、以情感人。在领导活动中，领导者如果有优良的品格，较强的能力，并且有一定的情感表现力，就会产生一种超越权利的诚服和忠诚。领导者平时谦和待人，尊重下属的人格，主动为下属排忧解难，让下属感受到大家庭的温暖，下属就会对领导者产生信赖感、归属感、顺从感，形成强大的吸引力和影响力。

第三，品质。高尚的品质是构成非权力性影响力的首要因素，也是赖以建立威信的基础。它包括思想、品行、道德、作风等。领导者优良的品质会使人产生敬爱感，具有感染力，促使部属去模仿。“上行下效”，“其身正，不令而行”，无论职位多高的领导者，倘若在品格上出了问题，就会失去影响力。

二、非权力影响力的作用

非权力影响力是领导者所产生的自然影响力，它是由领导者的人格因素引起的，为被领导者认可，以内驱力的形式影响和改变被领导者心理与行为的一种力量。与权力性影响力相比，非权力性影响力产生的基础十分广泛，它是建立在被领导者对领导者的尊敬、依赖、钦佩、崇拜的基础上，为被领导者自觉自愿、心悦诚服的接受，不具有任何强制色彩和驱使感，常常能发挥权力影响力所不能发挥的作用。

第一，感染作用。感染表现为对他人在心理、思想、感情的自觉共鸣。被领导者在领导者非权力性影响力的感召下，从内心自发服从领导，把领导的要求变为自己的要求，从而产生内在推动力。

第二，榜样、导向作用。领导者的非权力性因素对于下属的是非标准的认定和行为的取舍具有直接作用。领导者自身的优秀品质、良好作风给下属提供了一个效仿的榜样。

第三，凝聚作用。领导者的非权力性影响力可以对群众产生很强的凝聚力，使之以高度自觉的精神团结在自己的周围，为共同目标奋斗。

三、非权力影响力的提升

优良的品质是非权力影响力中的重要因素，领导者要有意识地培养自觉性、坚毅性、果断性和自制性等优良品质。

第一，学习的自觉性。领导者角色要求其知识和能力要比一般人高，并且还要不断地再学习，再提高。因此，领导者要在繁忙的公务之余不断提高自己，只有依靠高度的自觉性，不受外界干扰，坚持学习，才会在工作完成和理论学习的结合中，不断地提高自己的领导力。同时，自觉性也是领导者坚定的立场和信仰的反映，它贯穿于领导者意志行动的始终，也是产生坚强意志的源泉。

第二，决策的果断性。现代社会飞速发展，很多机遇稍纵即逝，领导者必须具备这一优良的心理品质，善于根据具体材料，进行分析、判断、明辨是非真伪，迅速而正确地作出决定，及时地采取行动。如果缺乏果断性，遇事优柔寡断，就会错失良机，给工作造成损失。

第三，言行的自控性。领导者在日常工作中应把握和控制自己的言行，在工作中遇到矛盾时，努力克制自己，冷静分析、权衡，做出正确的判断。在自己情绪冲动时，不要随意做出决策，采取行动，防止出现不良后果。

发表于《中国招标》2009 年第 50 期

关于高等学校教师素质的思考

——21世纪教育对高校教师的要求

《中国教育改革和发展纲要》明确指出："当今世界政治风云变幻，国际竞争日趋激烈，科学技术发展迅速，世界范围的经济竞争，综合国力竞争，实质上是科学技术的竞争和民族素质的竞争。从这个意义上说，谁掌握了21世纪的教育，谁就能在21世纪的国际竞争中处于战略主动地位。为此，必须高瞻远瞩，及早筹划我国教育事业的大计，迎接21世纪挑战。"本文就21世纪教育对高等学校教师的素质要求谈一点粗浅看法。

一、提高高校教师素质是一项紧迫的战略任务

面向21世纪教育，提高高校教师素质是一项重要任务，在当前尤为迫切。这是因为：

第一，提高高校教师素质是教育改革和发展的根本大计。众所周知，教育是国家兴旺、民族腾飞的奠基工程，教育是培养人才、创造精神产品的特殊领域。邓小平同志说："一个学校能不能为社会主义建设培养合格人才，培养德、智、体全面发展，有社会主义觉悟有文化的劳动者，关键在教师。"因此全面提高高校教师素质是面向21世纪教育飞速发展的需要，是适应现代化建设的迫切要求。振兴经济靠科技，科技腾飞靠教育，教育发展靠教师。教师素质如何，直接关系到教学质量和科研水平的高低，关系到人才素质的优劣程度。高校教师不仅是人类文明的传播者和建设者，是专门人才的培养者，是文化科学、意识形态的传递者，而且还担负着一定的科学研究和政治、经济、文化活动以及社会主义精神文明建设的重要任务。是实施"科教兴国"战略目标的主力军。正如《中国教育改革和发展纲要》中指出：

“振兴民族的希望在教育，振兴教育的希望在教师。因此，建立一支具有良好的政治素质、业务素质、结构合理、相对稳定的队伍，是教育改革和发展的根本大计。”

第二，面向21世纪教育对高等学校教师提出了新的更高的要求。首先，21世纪的世界，是信息发展的世界，是高科技竞争的世界。未来社会的现代化将以信息工程、生物工程、海洋工程和空间工程的尖端成果为标志，生命科学、环境科学、计算机等高新技术将广泛应用。这就要求全面提高教育质量和办学效益，培养和造就高素质的各类人才。教育必须面向21世纪的经济起飞和高科技发展所需要的迫切任务，不断提高教师素质以适应“致力于提高国民素质，在各个领域培养一批跨世纪的优秀人才的需要”。面临市场经济、国际交流、科技竞争、人才竞争，社会对人才的数量和质量提出了更高的要求。综合国力的竞争、科技的竞争和经济发展的竞争，是人才的竞争，实质上是教师实力和教师素质的竞争。为此，国家颁布的《教育法》中规定，实行教师资格、职务、聘任制度，通过考核奖励、培养和培训，提高教师素质，也充分说明了这一点。其次，21世纪是我国走向世界的世纪。实现我国经济和社会发展的第二步和第三步战略目标，高等教育无论在科学研究方面还是在输送人才方面都具有举足轻重的作用。《中国教育改革和发展纲要》及其实施意见中指出：“九十年代高等学校要使高层次专门人才的培养基本立足于国内，教育质量、科学技术和办学效益有明显提高。”“面向21世纪，分期分批重点建设100所左右的高等学校和一批重点学科，使其到2000年在教育质量、科学研究、管理水平和办学效益方面有较大提高，在教育改革方面有明显提高。”1996年3月，第八届全国人民代表大会第四次会议批准的跨世纪的宏伟纲领《中华人民共和国国民经济和社会发展“九五”计划和2010年远景目标的纲要》，更加鼓舞人心，而要实现这一宏伟目标，对高校教师又提出了新的更高要求。只有不断提高高校教师的综合素质。才能担负起培养和造就一大批高质量高素质人才的重任。

第三，是高校教师在高等学校所担负的重任和所处的主导地位所决定的。教师担负着传授知识、开发学生智力的重任，并对学生的人生观、价值观的形成有重要的导向作用。正如董纯才同志曾指出的：“社会主义教育必须为社会主义建设服务，后者必须依靠前者培养各级各类合格的建设人才。广大人民教师担负着这一艰巨而光荣的任务。”高校教师在教学过程中处于主导地位，是学校办学的主体和改革的动力。学校办学水平的实力也主要体现在师资队伍的建设上，教师的德才直接影响到人才的培养。加强师资队伍建设，提高广大高校教师的思想政治素质、业务素质、心理素质和高尚道德情操及各项综合素质是开创我国社会主义教育事业新局面的关键。面向21世纪教育，提高高校的教师素质，在目前尤为重要。

第四，现有教师队伍面临新老交替的关键时期，教师的素质应有更高要求。据1991年底国家教委人事司的统计资料表明：到1995年我国普通高校现有教授80.5%、副教授34.5%准备离退休；到2000年，教授的96.5%、副教授的80.7%将准备退休。而中年教师（36~45岁）仅占教师总数的14.5%，35岁以下青年教师占到教师总数的48.6%，出现高层教师的“青黄不接”。在某些教师个体素质方面也程度不同地存在一些问题，这些都将直接影响教学质量和科研水平。因此，采取强有力的措施，加速培养跨世纪的高校教师队伍，特别是学科带头人，全面提高教师素质，是一项十分紧迫的任务。

二、高校教师应其备的基本素质

教师素质是指教师德、识、学、才、体综合因素的表现。而最主要的是德和才，德、才兼备，最根本的是“德”，即品质和思想政治素质，因为这是教师的根本，是灵魂。思想政治素质包括政治方向、政治信念、政治立场、政治品质和思想作风等方面的内容。忠诚党的教育事业是教师职业道德的基本原则，热爱祖国、献身教育是教师职业道德的基本要求，遵循规律、教书育人是职业道德的基本职责，勤奋向上、又红又专是教师职业道德的重要内容，热爱学生、诲人不倦是教师职业道德的高尚情操，关心集体、团结协作是教师职业道德处理人际关系的行为准则，以身作则、为人师表是教师职业道德的主要特征。因此，高校教师应具备以下素质：

第一，优良的政治道德素质。一是有坚定的政治信念。即认真学习马列主义、毛泽东思想，掌握邓小平同志关于建设有中国特色社会主义理论，自觉贯彻党的基本路线和教育方针，坚持社会主义办学方向，积极参与教育改革和科学研究，以对祖国四化建设高度负责的精神教育学生，具有高尚的道德品质和教师的职业道德。二是具有热爱教育事业的敬业精神和献身精神。忠诚人民的教育事业，有高度的事业心和强烈的责任感。热爱本职工作，热爱学生，为人师表，教书育人。三是具有创新精神。解放思想，实事求是，有创新意识和开拓精神，勇于改革，大胆实践，在教学过程中更新教育观念和教育内容，不断改进教学方法。

第二，精深广博的文化素质。高校教师处在培养人的前沿阵地，必须具有渊博的知识，精通自己的专业，并具有广阔的知识面。具体来讲，高校教师的文化素质应表现在以下几个方面。一是应具有丰富的专业知识。对自己所教学科的知识体系有一个较为深刻透彻的了解，即对所教学科的基础知识、学科的一般系统的理论知识、学科的最新成果、攻关方向和研究动态都要掌握并达到精通的程度。二是应具有扎实的教育学科知识。高校教师不但应该明白给学生“教什么”，还应该知道“为什么教”和“怎样教”，这就要求高校教师在具备丰富的专业知识的同时，还应有扎实的教育学科知识，懂得教育理论，掌握教育规律，正确运用教育原则。教育科学发展到今天已成为一个庞大的体系，它包含很多理论学科，如教育学、教育哲学、教育经济学、教育社会学、教育心理学、教育伦理学、教育行政学、教育管理学和各种教学法，都应该力求掌握并灵活运用。三是应具有广阔的知识面。这是教师社会角色的多面性所决定的，教师不仅是知识的传授者和智力的开发者，同时又是学生灵魂的塑造者，既是严父又是慈母，要完成这些角色的要求，就必须具有广博的知识面。那么高校教师应具备哪些知识呢？除具备工具方面知识，如哲学、数学、计算机、外语以外，还应具备社会学、教育学、历史学、伦理学、美学、文学、法学、政治学、语言学、管理学、心理学、物理学、电子学、生物学、地理学、天体学、未来学、逻辑学等知识。

第三，健康的心理素质。健康的心理素质，是合格的高校教师必须具备的一个重要素质，大学生正处于世界观、人生观的形成期，高校教师的言行和心理素质对他们的影响是非常明显的。教师健康的心理素质，对大学生的成长无疑会产生潜移默化的影响。因此，高校教师在个体的认知、情感、意志等过程中，都应有特殊的要求。一是有良好的认识品质。这种品质主要包括敏锐的观察力、丰富的想象力、较强的表达能力、牢固的记忆力、创造性思维能力等，高校教师具备这种心理素质就能防患于未然，较为准确的预知未来，以较强的心理承受能力顺利实现自己的教学工作目标。二是有丰富的情感。这种心理素质包括激情、心境、热情。教师的情感就是对事业、对学生的内心情绪的体验，这种情感对学生身心健康影响极大，因此，教师善于利用和控制激情，保持明快的心境，坚持一以贯之的热情，对教书育人工作有重要意义。三是有顽强的意志。这种心理素质包括坚定的目的性、果断性、坚韧性和自制力。意志是做好任何一种工作所必需的品质。高校教师肩负着培养跨世纪人才的重任，更应该适应时代的要求，积极培养坚韧不拔的意志品质，完成自己的历史使命。

三、提高高校教师素质的几点思考

面对社会主义市场经济持续发展的态势和各项配套措施的逐步完善，如何面对 21 世纪的高等教育，不断加强师资队伍建设，全面提高高校教师素质，是值得认真研究和解决的课题，我们认为可从以下几方面考虑：

第一，解放思想，转变观念。提高认识，加大教育投入，增强效益意识。21 世纪社会主义市场经济体制的发展和完善，生产力将大大发展。经济效益的高低，经济支持力的大小，对师资建设，稳定教师队伍，增强学校对教师的吸引力和教师之间的凝聚力，将起着重大作用。各级政府必须认真贯彻《中国教育改革和发展纲要》精神，加大教育投入力度。学校既要注重经济效益，也要注重社会效益。积极开发校办产业，改善办学条件，优化教学环境，改善教师的社会地位，这是稳定教师队伍的重要因素。当然也要考虑市场经济的负面效应，加强教师的思想政治教育，自觉抵制“拜金主义”等不良风气的影响。

第二，增强竞争意识，为教师素质的提高创造良好氛围。21 世纪，随着社会主义市场经济的发展，校际之间、学科之间、专业之间、教师个人之间的平等竞争将是必然趋势，学校与教师的双向选择必然形成优胜劣汰的格局，各级教育行政部门和学校领导，必须有竞争的意识，为教师在思想、政治、业务上的提高创造条件，如开展校际之间专业交流，相互请进来讲学、派出去进修，相互访问、交流信息，防止近亲繁殖，扩大专业面，增进知识积累，为教师竞争创造良好环境和坚固的专业基础。

第三，适应社会主义建设事业对人才的需求，做好思想和物质准备。21世纪是高科技不断发展，信息不断加大的时代，社会对人才的要求更高更精，要不断更新教育思想，改革教学内容和课程设置，改进教学手段和方法，使之适应高科技快信息的要求，加强学生综合素质的培养，多快好省的培养高科技人才、各类型的专才、通才和复合型人才。教师必须加强自身的学习和世界观的改造，全面提高教师的整体素质，才能适应社会的发展，培养出为社会所承认和接纳的人才。

第四，增强法制观念，依法治教。社会主义市场经济发展规律启示我们，经济越发展必须要有法律保证。我们要充分认识到这一点，《教育法》、《高等教育法》等教育法规的相继出台为教育走向法制化的轨道，提供了法律依据，使教育事业稳步走向规范化、法制化、制度化的正确轨道。各级行政部门和高等学校要认真宣传各种教育法规，切不可学而不实、贯而不力，搞形式主义，违背社会主义市场经济的发展规律和21世纪社会发展的大趋势。

发表于《固原师专学报》1997年第4期

青年领导者的心理素质初探

在我国社会主义现代化建设事业飞速发展，全国人民快步奔小康的道路上，一大批崭露头角的青年干部走上了各级领导岗位，为我国干部队伍注入了新的活力。他们热情高、干劲足、政治素质和文化素质好。但由于他们年轻，接受实践的磨炼少，心理承受能力相对较弱。还因为青年领导者所从事的领导工作，是与紧张繁忙的社会活动，大量信息的保存和加工、高效率的工作方式、创造性的活动内容紧密相连的。这就决定了青年领导者的心理活动是极为紧张，极其烦琐的。他要承受比一般人更为沉重的心理压力。所以，青年领导者要胜任领导工作，就必须具备优良的心理素质。

那么，作为一个青年领导人，应具备哪些心理素质呢？笔者认为，主要应具备超前的认知，丰富的情感和坚强的意志。

一、超前的认知品质

领导者的认知品质，是领导者对领导对象及领导环境的反映过程，它主要包括领导者的观念、记忆、想象和表达能力，青年领导者具备了这种心理素质就能防患于未然，稳固地驾驭时代发展，在政治风云中增强心理承受能力，顺利实现自己的工作目标。

第一，敏锐的观察力。观察能力强的人，能洞察秋毫，常常能见人之所未见，察人之所未察，能通过现象看到本质。作为一名青年领导，要实现自己的工作目标，必须具备敏锐的观察能力。而这种能力不是先天就有的，它是在长期的观察实践中逐步培养形成的。青年领导者要提高自己的观察能力，首先要培养自己良好的观察习惯，勤于观察，事事留心，处处仔细，随时随地发现问题。其次，要善于观察。比如，要有目的、有计划、系统地进行观察，把握事物发展的趋势；要全面、总体的观察，把握个别与一般的关系。此外。提高观察能力，还要注意从发展变化中观察事物，因为任何事物都处在不断地运动变化之中，而不是静止和固定不变的。实践证明，从运动、发展、变化中观察事物，就比较容易认识事物的本质和规律性。否则，会被假象所迷惑，甚至上当受骗，给领导者自己和革命事业带来不应有的损失。

第二，创造性想象能力。它是一个综合素质不可缺少的部分。一个优秀的青年领导者必须具有丰富的想象力。爱因斯坦说："想象力比知识更重要，因为知识是有限的，而想象力概括着世界上的一切。"领导活动是一项有目的的活动，它要求领导者在确定目标、进行决策时张开想象的翅膀奋力振飞。要开拓、要前进，领导者就必须树立远大理想，进行创造性的想象。那么，青年领导者怎样开掘想象力呢？一是要广泛涉猎知识、汇集丰富的经验，知识与经验是想象的基础。实践证明，谁的知识面广、经验丰富，谁就有较强的、生动的想象力。二是要培养好奇心。好奇心是想象力发展的动力，只有爱提问题的人，才能展开想象的翅膀，在未知世界里翱翔。三是要善于捕捉灵感。想象有时如同昙花一现，稍纵即逝，而这种宝贵的火花，就是想象中的灵感，青年领导者要善于捕捉稍纵即逝的想象火花，让"神秘"的灵感发挥作用。四是要培养健康的情绪。想象与情绪密切相关，健康的情绪可以激发积极的想象。悲观的情绪通常使人产生令人失望的想象。因此，青年领导者要有意识培养健康的情绪，从而使自己的想象力经常处于创造性状态。

第三，较强的表达能力。青年领导者作为一个群体的指挥员，要率领全体成员完成规定的目标，必须把自己制定的计划、方案、确定的领导目标宣传给群众，化为群众的自觉行动。这就要求青年领导者必须具备较强的表达能力。所谓表达能力，一是语言表达能力。领导者具备出色的口头表达能力，有助于提高和完善领导者的组织指挥能力、疏通协调能力。领导向群众宣传、演讲、报告，如果能做到语言生动形象，引人入胜、以情感人，群众就会更好地接受领导的观点、主张，否则，领导意图的贯彻就会受到影响。二是文字表达能力。领导者除了通过口头向群众进行宣传外，还要通过文字进行宣传，这就需要较高的文字表达能力，写出来的文章既要观点正确、思想深刻、逻辑严谨、内容丰富，又要生动活泼、声情并茂，克服干巴巴的

"说教"，这样才能吸引读者，使人信服，领导者还要进行理论探索、研究，总结经验，撰写工作计划等等，这些都离不开文字表达能力。领导者的表达能力强了，其他各项素质就会不断完善，从而最大限度地发挥潜能，使自己向着高层次的水平发展。

第四，准确的记忆能力。作为一个青年领导者，必须具备良好的记忆力，它会为领导者事业的成功插上腾飞的翅膀。例如，对重要改革精神、常用性法律条文能牢记不忘，就可以在平时的宣传教育、即席讲演中信手拿来，为领导者工作提供极大的方便。对部下姓名的熟记，随时碰到下级时能直呼其名，就会使下级感到他在领导者心中有一个位置，从而增强工作的热情和主人翁感。领导者要提高自己的记忆能力，就要去实践。"刀不磨不快，脑不用不灵"，记忆力是在记忆实践中逐步锻炼出来的。此外，还要掌握和运用科学的记忆方法。如形象记忆法、歌诀记忆法、规律记忆法、趣味记忆法、联想记忆法、多感官协同记忆法等等。领导者只要勤于实践、方法得当，并同遗忘不断作斗争，记忆能力就会大大提高。

二、要有丰富的情感

领导者的情感就是对革命事业，对本职工作的内心情绪的体验。喜怒哀乐是它外在的表现形态。如对革命事业、本职工作的执着追求、对同志、对员工的满腔热情，对不正之风的极端愤慨等。青年领导者的情感对下属影响很大，善于利用和控制激情，保持明朗的心境和高度的热情，对于推动领导工作是有重要意义的。

第一，要善于控制和利用激情。人处在激情状态时，最容易失去理智而感情用事，出现过火行为，还会使自己认识范围缩小，控制自己能力减弱，不能正确评价自己行为的意义及后果，如果不能恰当地控制自己的激情，不仅会使自己处于难甚的境地，还会给革命事业带来不应有的损失。领导地位越高，损失会越大。因此，对不良的激情要控制。控制的方法有很多，可采用转移注意降低强度、延缓爆发时间等办法。当然，对于正义的激情要鼓励其爆发。例如：在本单位的腐败行为和严重的错误进行严厉批评时的神色和措辞，会对不良行为起到振聋发聩的作用。在紧急的任务面前，激情会使人的力量倍增。

第二，要保持恬静明快的心境。领导者的心境积极与否，对部属的影响很大，领导者积极乐观的心境，会使部属的工作劲头和创造性得到充分的发挥。如果领导一贯表现出消极的心境，下属在领导面前就会体验到一种压抑感，常常敬而远之，影响双方的思想、情感的交流，影响下属的积极性创造能力就会受到限制，从而会影响到一个单位的目标的实现。

当然，人在生活中不可能事事随心，处处如意，领导也是人，在生活上、工作上出现一些不顺心的事是常有的，也是正常的，况且人体的生物节律也决定了人的心境呈现出一种周期性的变化。因此，领导者偶尔表现出的消极心境也是正常的。问题在于，领导者要善于自我调节心境，持别是当面对下属时要保持豁达乐观。有些领导者在生活中遇到困难或不顺心的事，独自一人时心境低落，甚至萎靡不振，但当以领导者的角色出现在下属面前时，就立即精神焕发，谈笑风生，判若两人。汉高祖刘邦在与项羽的一次战斗中，被对方的利箭射中了胸口，当下属问到伤得怎么样时，他骂着回答："狗崽子射中了我的脚，好疼啊"，下属得知主帅此言，个个精神抖擞，冲锋陷阵，取得了战争的胜利。承想，刘邦如果说射中了他的胸口，那将对下属是一种什么影响，结局又将如何也可想而知。因此，一个高明的领导者，一定是一个善于控制和调节自己心境的人，作为青年领导者更应如此。

第三，要有一以贯之的热情。热情综合了心境和激情的特点，但比激情持久，比心境强烈、深刻而又稳定，作为一个青年领导者，首先要有对自己的事业的极大热情，如果没有对自己所从事的事业执着的追求和火一般的热情，其他都无从谈起。有了这股热情，表现在其他方面也是积极、向上的情感，这是做好工作的基础。其次，要有对下属的热情。有了对下属的热情，就会缩短领导与被领导之间的心理距离。一般说来，下属对领导者有一种仰视感，心理距离较大，要消除这种心理距离，主要在领导者方面，如果领导对下属表现出一种真诚的热情，如一句关心的问候，一个赞许的目光，甚至一个由衷的微笑，都能使员工倍感亲切，产生巨大的精神力量，如果一个领导者对员工缺乏真诚的热情，不是一副冷冰冰的脸孔，就是几句硬邦邦的话，员工就会与你"话不投机半句多"，产生逆反心理，影响领导与员工的思想交流，进而影响员工对工作的热情。可以这样说，员工对工作的热情由领导对员工的热情度决定的。

三、要有顽强的意志

意志是人们改造客观世界和主观世界、发展能力所不可缺少的心理因素。是一个人为了实现预定的目标，自觉地制订计划，克服困难，不断地调节，支配自己的行动的心理过程。

宏伟而又艰巨的社会主义现代化建设事业迫切需要造就一大批有胆有识、意志坚强的领导者。因此，青年领导者要有意识地培养自己意志的自觉性、坚毅性、果断性和自制性等优良品质。

第一，高度的自觉性。青年领导者公务在身，没有大量的时间可供学习。因此，一定要在繁忙的工作之余自觉地挤时间学习，并做到一以贯之，就会在工作完成和理论学习的结合中，不断地提高自己。

第二，顽强的坚毅性。领导活动是一个过程，有些工作需要一个相当长的时间才能见效，一蹴而就是不可能的。社会主义现代化建设需要几十年乃至上百年，实现共产主义需要若干代人的努力奋斗，这就要求青年领导者具有超人的毅力和顽强的坚毅性，对信念理想的执着追求和不畏困难、挫折、失败以及不达目的誓不罢休的决心。在这一方面，许多老一代的革命家为中国革命的胜利，始终不渝地同敌人和各种困难进行艰苦卓绝的斗争，这就是坚毅性的表现，是青年领导者应该继承和发扬的。

第三，坚强的自制力。意志的自制力就是善于掌握和支配自己的能力，是青年领导者必须具备的优良的意志品质之一，青年领导者血气方刚，充满活力，这是很可贵的，但又容易感情用事。因此，青年领导者应扬长避短，善于控制自己的情感，约束自己的言行，把握自己的注意力，在行为动机遇到矛盾时，要努力克制自己的情绪，进行冷静的权衡，做出正确的决策。在情绪的意外发作或冲动时，要迫使自己克制意外情绪的发作和冲动，坚决执行已采取的决定。如果对自己的情绪、行动不加约束，任其兴致所致，就会导致不堪设想的后果，青年领导者对此应有清醒的认识。

发表于《宁夏大学学报》1996年第3期（国际中文权威性学术期刊）

领导干部要保持平常心

王勃在《滕王阁序》中云："君子安贫，达人知命。"一个人要正确认识自己，正确认识人生，保持平常心是关键所在。何为平常心？即布衣之态，宁可清贫自在，不求浊富多忧。这既是一种生存智慧，也是一种战胜自我的豁达和大度，又是一种拒绝庸俗的超脱和清醒，更是一种为人为官之道。领导干部一旦失去了平常心，必然会被物欲所困，被名利所累，陷入极端个人主义的泥坑不能自拔，最终走上腐化堕落的邪路。在新的形势下，领导干部保持平常心要做到"五要"。

一、知而无涯，要坚持学习

博观而约取，厚积而薄发，是一种很高的学习境界。宋朝学者黄庭坚曾说："士大夫三日不读书，则义理不交于胸中，对镜觉面目可憎，向人亦言语无味"，说的就是读书学习与个人修养的关系。当今社会，一个领导干部如果不读书不学习不提高自己的修养，就不可能成为一名合格领导干部。领导干部的经验再丰富，也不可能在纷繁复杂的现实情况下"以不变应万变"。缺乏知识特别是缺乏从事专业领域前沿知识的领导干部，工作热情再高，也无法成为真正的行家里手。因此，习近平同志最近强调，各级领导干部要深刻认识现代领导活动与读书学习的密切关系，深刻认识领导干部的读书学习水平在很大程度上决定着工作水平和领导水平。爱读书，读好书，善读书，通过读书学习来增长知识、增加智慧、增强本领，这是领导干部胜任领导工作的内在要求和必经之路。领导干部读书，须坚持阅读与思考的统一，在广泛阅读的基础上开动脑筋，对现实中的疑惑进行深入思考，力求把零散的变为系统的、孤立的变为相互联系的、粗浅的变为精深的、感性的变为理性的；须坚持读书与运用相结合，联系实际，知行合一，通过理论的指导、利用知识的积累来洞察客观事物发展规律，在读书过程中增强运用能力，在运用的过程中提高读书水平；须坚决去除“三种取向”，庸俗化取向、浅表化取向、功利化取向；须锲而不舍、持之以恒，发扬挤劲、钻劲、韧劲，先易后难、由浅入深，循序渐进、水滴石穿。当读书学习成为领导干部日常的一种生活态度，真正做到“博学、审问、慎用、明辨、笃行”，处理事务就能不囿于个人见解，不限于个人视角，不计于个人得失，坦然面对，泰然处之，决策就能站得更高、看得更远、想得更深。

二、宁静致远，要淡泊名利

不因名而喜形于色，不因利而得意忘形，是一种很高的人生精神境界。“为而不争”是这样一种境界。老子认为：“天之道，利而不害；人之道，为而不争”，说的是自然界的规律是施利而不为害，人之道与之相通，要有所作为，但不争名夺利。“尽性知命”也是这样一种境界。曾国藩认为：“盖尽其所可知者，于己，性也；听其不可知者，于天，命也。”意思是说，对自己所能知道所能做到的事情，要尽自己的能力去做，这是人的尽性；办不到的事情，听任上天，这就是知命。知命，是遵循事物发展的内在规律去顺其自然，顺其自然并不等于消极地无所事事，而是对于当尽之事，百倍努力，以求其成功，对于受客观环境或条件所制约，不以主观意志为转移的事，就当以淡然为原则了。一代伟人毛泽东在《卜算子·咏梅》中云：“俏也不争春”，“俏”也不争春之“不争”，是一种更加高尚的精神境界。以梅喻人，把淡泊名利，为而不争的人生境界推到了最高处。领导干部淡漠名利须记三点：一曰“清”，淡漠名利、清心寡欲；一介不苟、鬼伏神钦。二曰“慎”，深谋远虑、未雨绸缪；行有不得、反求诸己。三曰“勤”，手眼俱到、死而后已；困知勉行、夜以继日。持有这样的人生观，就能既投身于现实社会生活，又不被名利所束缚，在勤勉敬业中表现出一种恬淡，在处理事情之外，又具有一种豁达的气度。领导干部拥有一颗淡泊名利的心，纵然昨天的辉煌成为过眼云烟，也能冷静地耕耘今天；纵然今天的肩上重荷如山，也能乐观地憧憬明天；纵然明天依然荆棘满途，也能潇洒地步入后天。

三、安身立命，要修炼品格

“修身齐家治国平天下”，遵纪守法、修身齐家，为人表率，这既是封建社会士大夫阶层激励自我、成就人生的追求境界，也是当代每一位共产党人，特别是领导干部应有的道德修养。马丁·路德曾说：“一个国家的繁荣，不取决于它的国库之殷实，不取决于它的城堡之坚固、也不取决于它的公共设施之华丽，而在于它的公民的文明素养。”对于从政为官者，人品官德尤为重要，没有一流的人品作底子，从政肯定要跌跤，这是警世之言。古人讲“吾日三省吾身”“见善则迁，见过则改”，不断地反省自己，解剖自己，修炼品格，须从点滴做起；“凡做好人、做好官、做名将，俱要有好师、好友、好榜样”，追溯上下五千年，名人贤士辈出，灿若群星，修炼品格，须有榜样；“以责人之心责己，以恕己之心恕人”，宽厚待人，是中华民族历来崇尚的处事美德，修炼品格，须严己宽人；“自古圣贤，盛德大业，未有不由学而成者”，只有不断学习，才能明白为什么进行修养，从而掌握修养的方法，提高修养的自觉性，修炼品格，须知行合一；“宝剑锋从砥砺出，梅花香自苦寒来”，修炼品格，还须躬行实践。当领导干部面对金钱的诱惑、权力的纷争、宦海的沉浮，不惊不惧，不愠不怒，不急不躁，保持一颗平常心，才能于利不趋，于色不近，于失不馁，于得不骄。

四、知足常乐，要抵制诱惑

登攀往往十分艰难，而跌落仅仅是一瞬间。明朝的开国皇帝朱元璋曾给他的手下算过一笔账：老老实实地当官，守着自己的俸禄过日子，就好像守着“一口井”，井水虽不满，但可天天汲取，用之不尽。朱元璋的这个账算得颇有哲理，不妨称之为“一口井”哲学，一些被法办的官员，其最大的教训，就是守不住自己的那口“井”。君子爱财，取之有道。任何情况下，为官者在形形色色诱惑的冲击下，须经受住考验，人生的道道关隘都需要面对。要做到“不汲汲于荣名，不戚戚于卑位”，对权势、金钱、名位等看得轻些，才能抵制住诱惑；要时刻高标准严要求，长思贪欲之害，常怀律己之心，常除非份之想，常守为官之道，时刻警惕“权力”“金钱”“美色”

“三大陷阱”。否则，好吃，有人投之以甘饴；好喝，有人投之以佳酿；好色，有人投之以粉黛；好捧，有人投之以谄言。只有常存敬畏之心，才会时刻如履薄冰，自觉严格要求自己，保持正确的人生航向。应该说，不管是谁，从一般干部走上领导岗位，毫无例外都要经过认真的选拔和严格的考验，同时也有自己辛勤的汗水和突出的贡献，来之的确不易，其间甘苦一言难尽，倘若不懂得珍惜而忘乎所以，不牢记宗旨而为所欲为，犯错误摔跟头是必然的，成功的巅峰和低谷并不遥远。领导干部守住了平常心，就守住了伸出去的手，捂住了张口的嘴；守住了平常心，就守住了法律原则，就守住了道德伦理；守住了平常心，就守住了做事的快乐，守住了做人的幸福，就守住了社会的朗朗晴天。

五、敬畏节制，要慎待权力

纪晓岚有句名言：做人要牢记一个“怕”字。从政为官者说话做事，都代表了一份权威，寄托了一份信任，权力的每一次行使，都关涉公共事务，都指向公共利益，无一不渗透着公权力的根本属性和价值归旨，因此更要时刻牢记，手中的一切权力都是人民赋予的，对待手中的权力一定要以一个“怕”字来经常约束自己，怕违纪违法、怕违规操作，怕有愧于党和人民。对待权力，时刻保持审慎和节制。人的理性是有限的，为官从政保持一份清醒，对人的有限理性和可能犯的错保持着警惕，这就是审慎的源头。节制是一种与审慎品质相连的美德，意识到自身理性的有限，并考虑自己的行为对他人可能产生的影响，使自己的行为把握一种度：不狂热，不盲信，不主观，不专断，不唯我独尊，追求真理而容忍异见，捍卫正义而尊重事实。审慎和节制，显然不同于胆小怯懦与寡断优柔，敬畏节制是一种上智之人所拥有的美德。

发表于《共产党人》2009 年第 15 期

管理者如何提升讲话水平

讲话水平是管理者素质的一个重要方面，是管理者思想品质、思维能力、组织指挥能力、社会活动能力、管理作风、心理素质等方面的综合反映。随着社会的发展，市场竞争日益激烈，对管理者的素质提出了更高要求。其讲话水平直接关系到管理的成效，是优秀管理者的必备素质。

一、讲话要分清对象，确定内容风格

讲话要针对不同的对象，调整讲话风格和内容。如果不管对象，一味坚持自己的固定模式套路，做做样子，这样的讲话倾听者不会买账。管理者要根据对象思想活动的独立性、选择性、多变性、差异性，下一番苦功夫，摸透其心理，讲究讲话艺术，对接其心理需求，把握好时、效、度。要注意讲话的逻辑性，在讲话之前确定主线，紧紧围绕该主线展开。必要时可以放慢讲话节奏，有意识地向主线靠拢；要讲究语言风格，用平实的语言讲明主题，引起共鸣，让管理者和听众更加贴近。面对不同的讲话对象，讲话的艺术体现为，在适当的时间、地点、语境，对合适的人讲合适的话。

二、讲话切忌空泛说教，要抓住要点，长话短说

管理者讲话，一定要切记空泛说教。这关键要解决思想和能力两方面的问题。一是要在转变思想、求真务实上下功夫。要学会换位思考，讲话贴近听众才能打动人心。力戒居高临下、照搬照抄的官话套话，据弃语言生硬、形式刻板的空洞说教。二是要守住讲话的“底线”。管理者可以不善于遣词用句，也可以不善于旁征博引，但在事关大是大非、原则问题时必须讲真话讲实话，讲清是非界限，讲清模糊认识。三是要着力在注重积累、独立思考

上下功夫。既要注重理论政策方面的积累，又要注重事实材料的积累。做到记得住、找得到、用得上。

抓住要点，长话短说，是赢得听众的一件法宝，也是一种说话的技巧。简明扼要、直截了当是管理者讲话的一个重要原则。讲出你要谈论的主题，其余的客套话尽量少讲或不讲，这样听众才能领会要领。一般说来，对于内部的会议，与会者比较熟悉，就没有必要客套。应该一开始就要抓住要点，一针见血，吸引听众，使他们迅速进入主题，避免冗长、空洞的言论。

三、讲话宜采用单层结构

管理者的讲话大多是在听众没有视觉参考的情况下所进行的口语表达，这对讲话的结构有较高的要求。“讲”和“听”都是在瞬间完成的，听众在跟随管理者“讲”的同时，很难清楚地记忆复杂的层次关系，这要求讲话给听众一个简单而清晰的逻辑，宜采用单层结构形式。这样能使讲话简洁明快，富有节奏感。

四、讲话要多用口语

语言学大师叶圣陶认为讲话语言的质量标准有两点，“说起来挺顺当，听起来不含糊”。因此，根据口语的特点，管理者在讲话时要力求做到：一是使用短句。短句的特点是简洁明快，紧凑有力，适合人们的语言习惯和心理要求。二是使用通俗词句。中国语言博大精深，很多词语是近义词，但有些词语通俗易懂，更适合于讲话，有些词语文雅，适合写文章用，要尽量于少用生僻晦涩的古词、偏词或专业性很强的术语，即使不得已用了，也一定要加以口语化的解释，以免产生听觉歧义。三是善用修辞。在多种修辞方法中，比喻、排比在讲话中使用频率较高，用简单的比喻复杂的，用熟悉的比喻不熟悉的，和具体形象的比喻抽象的。排比句在口语中则能增强语言的节奏感和旋律美，并产生叠加的气势和推进的力量。四是交替呈现。管理者要把握听众的心理规律，将枯燥的理论阐述与具体感人的事例相结合，将视觉与听觉中对立的两种内容如抽象的讲述与形象的画面、动与静、明与暗等交替呈现，才能增强讲话的生动性。

五、突破误区，促进讲话的讲演合一

管理者讲话是在特定的时境中，借助有声语和态势语，把讲话的意图传达给听众，以阐明意见、部署工作、组织活动、抒发感情，最终达到感召听众并付诸行动的一种社会实践活动。讲话不仅以“讲”为主，表达思想，还要体现“演”，表达情感。如何做到“讲”和“演”珠联璧合，有机统一，管理者要突破思想误区，增强讲话中“演”的意识，提高锻炼的自觉性。一是要保持适当的身体形态。人类生来就是富有动作性的，即使是平常谈话，姿势动作也具有相当的价值。讲话时的每一个时刻，无论动与不动，都应当像个优美的雕像，体现着一种姿态美、形象美。二是要运用眼神表情达意。随着讲话内容要表达的思想感情不同，眼神的变化必定是多种多样的，要配合讲话的思想感情变化同步产生和终止。讲话还要通过眼睛察言观色，随时发现听众的思想情绪、心理变化，从而采取措施，改变或提高听众的情绪和兴趣。三是要设计适当的手势动作。手势动作的总原则是服从内容的需要，恰当自如，和谐优美。手势动作和站姿一样，也应当有对比和反衬，避免机械的对称。一般情况是，表达积极意义的，手臂动作就向上、向前、向内；而表达消极意义的，手臂动作则向下、向后、向外。当然管理者讲话在一定程度有别于演讲比赛，“演”要配合声音内容，恰如其分，切不可离开有声语言的内容，去追求形式主义的态势“表演”，否则将会适得其反。

六、心中有数，克服讲话紧张心理

现代心理学认为，在任何存在评价的场合，人们一般很难发挥自己原有的水平，评价忧虑是造成人在讲话时产生紧张、不安和担心等怯场反应的最主要因素。对于管理者来说，讲话要经历不同的场合、面对不同的人，因此心理素质至关重要。克服紧张心理，一要专注于要讲的主题。要做好充分的准备，紧紧围绕主题选择讲话的材料，对材料进行合理取舍和详略安排。可以先进行心理和现场预演。二要降低心理预期。期望值过高，太在意自己的表现是否完美反而容易造成紧张情绪，当不苛求自己能让人人满意，能容忍自己在讲话中出现失误或失态，不去过分在意自己的表现时，紧张情绪就会消除不少。三要寻找和谐的讲话氛围。很多人在众人面前不敢表达，缺乏自信，要想提高自信心还需尽量减少对自己的否定性评价，增加肯定性评价，给予自己积极的心理暗示。

总之，当前社会对管理者带来一系列新的挑战，不仅要“敏于行”，更要“善于言”。只要解决好没话讲、怎么讲、敢于讲三个方面的问题，讲话才能真正达到使人知、使人懂、使人信、使人行。

发表于《招标采购管理》2014年第1期

浅谈领导艺术——模糊艺术

领导艺术属于领导科学的方法论范畴，是领导科学的组成部分。它是领导者在做领导工作时，为有效地达到领导目标而灵活运用的各种技巧、手段和特殊方法。它是领导者的智慧、学识、才能、胆略、经验的综合反映，是领导者的素质、能力在方法上的体现。高明的领导者具备精湛的领导艺术。领导艺术有多种多样，模糊艺术也应当发展成为其中的一种。

一、模糊艺术的概念

模糊艺术，主要涉及在模糊语言的应用上。中国学者对模糊语言的研究始于伍铁平先生的《模糊语言初探》。此后，国内许多学者开始探讨模糊语言问题。什么是“模糊语言”呢？莫彭龄在《浅析语言的模糊性》中指出，模糊语言的“模糊”，实质表达概念的外延“勿晰”“不确定”。模糊语言是一个语言概念，是反映客观事物中那些在内涵和外延上都有不确定性的语言概念。客观事物的模糊性或实际表达的模糊性需要，决定了模糊语言的产生和存在。其最大特点在于客观上的模糊、实际表述需要的模糊和表述过程中语言概念的模糊，由此形成的表述事物的准确性。

目前，研究模糊语言，主要研究表达概念的模糊词语，也有一些学者从模糊语词人手，探索模糊语言在人际交往中所起的作用以及模糊语言的语用规律。

二、模糊艺术在管理中的意义

管理工作中存在着大量的模糊性，而人的认识能力也有一种模糊特征，在一些特殊情况下，领导运用模糊方法，从模糊现象中抽象出模糊概念，利用模糊概念进行模糊判断和模糊推理，再使用模糊语言进行表述，会收到更好的效果。模糊语言的存在是必需的，也是必要的，它能使我们的语言更符合言语行为的需要，使语言具有策略性，为提高领导者的管理能力起到应有的作用。

三、模糊艺术的作用

领导者应当了解掌握模糊思维艺术，以增强解决各种棘手问题的能力，正确处理日常碰到的复杂问题。运用模糊思维方法，在坚持原则的前提下，以“难得糊涂”的思维方法去灵活处理模糊事物。

下面介绍几种模糊艺术的作用：

第一，可以节省时间，提高效率。对于重大决策、原则问题，管理者须细细调查研究，分清是非，决断处理，但对许多具有模糊性问题的处理却是粗比细好。诸如管理团队不团结问题，下属间的隔阂、积怨问题，员工中存在的各种情绪问题，采取“宜粗不宜细”的模糊方式去处理，其效果往往胜于精细深究。如果企图将管辖范围内的所有问题搞得非常清楚，既增加工作难度，也加大了管理成本。所以，在管理工作中，处理具有模糊性的工作或问题时，须把原则性和灵活性结合起来。

第二，有利于达到管理目的。面对重大原则问题，领导者必须旗帜鲜明的严肃处理。对管理团队内部、上下级之间、员工之间，许多具有模糊性的问题，则以容忍、原谅态度去处理，才能达到管理的目的。我们常说“金无足赤，人无完人”，表示人处在“绝对好”与“绝对坏”之间的某种状态，皆有优点与缺点，这与模糊思维逻辑相一致。既然如此，管理者就应当容忍他人的缺点，原谅他人的过失。正如著名心理学家斯宾诺莎说：“心不是靠武力征服，而是靠爱和宽容大度征服。”

第三，有利于员工建立良好的人际关系。由于员工的行为、态度、需求、沟通等表现各有差异，在一些局部问题上不可避免地会产生一些分歧和摩擦。领导者若善于运用模糊艺术，往往可以淡化或隐去一些无原则纠纷，建立良好的人际关系。一些对管理颇有经验的领导在谈及他管理成功的“诀窍”时曾说：“做领导的管理原则有一句话，那就是‘大事清楚，小事糊涂’”。这样，可使员工和谐相处，才能深层次地挖掘潜能，提高工作效率，团结更多的人。

第四，使用模糊语言可增加观点的可接受性，易于彼此间的言语沟通。管理实际中，领导者不免会批评下属，然而批评就像是在别人身上动手术，出了偏差是会伤人的。因此，领导者运用“模糊”批评，就是一种相当高明的管理艺术，它能较好地消除批评带来的负面影响。模糊批评法即“点到为止”，就是把管理中发现的某种倾向或一时非说不可的问题，寻找适当的时机，在适当的场合用严厉而中肯的方式提出。批评用模糊的语言包装起来，既可以解决调解工作中存在的问题，纠正当事人的错误，又能保护当事人的自尊心，消除他们的对抗心理，有效地避免了揪住不放、纠缠不休、浪费精力、伤害感情、贻误工作的弊端。

四、领导者如何应用模糊艺术

通俗地讲，模糊语就是人们出于策略的需要，借助语意的模糊性和理解的灵活性，而不把话说得太死的一种言语表达方式。模糊语就是一把“双刃剑”。一方面，它能取得精确言语所不能取代的表达效应；另一方面，有时也会使言语表述含混不清，使传情达意受到损害。因此，如何巧用模糊艺术，成为管理者必修的一门学问。

第一，要巧用模糊语。一是巧用模糊语，进退自如。比如在涉外交谈中所运用的外交辞令，许多话都是模糊语。在接受邀请出访时，常说“将在方便的时候访问贵国”。何时为“方便”之时，是不精确的，模糊的。在交谈中，领导人说这番话既是出于对邀请者的尊重，作出合乎礼仪的答复，又使自己的言谈留有余地，无懈可击。就是日后出现意外或者无意回访也可以各种“不方便”为由，加以辩解。若换作精确时间，或许会有最后通牒的意味。二是巧用模糊语，解脱于困境。在我国历史上的秦末战争中，楚王项羽与刘邦两路兵马同时进发关中。结果由于刘邦先打进关中，当了关中王，项羽依仗自己兵多势大，对刘邦很不满意，要加害于他。这时范增献计项羽说：“等到刘邦上朝时，大王就问他：‘寡人封你到南郑去，你愿意去吗?’如果他说愿意去，你就说：‘我早就知道你愿意去。那里是养兵练将的好地方，又可聚草屯，你养足了精兵强将好跟我争天下，对不对？这证明你有反我之心，绑出去杀了！’如果刘邦说不愿意去，你就说：‘我早就知道你不愿去的，你入关当了关中王，叫你去南郑，你怎么会愿意去呢？你这是有意反我，绑出去杀了！’我想刘邦是怎么也逃不出灭顶之灾的。”范增这个主意够恶毒了，看来刘邦是必死无疑了。可是，就在刘邦参见项羽的那一天。项羽按范增所授一套问刘邦时，刘邦很虔诚地回答说：“大王啊！臣食君俸禄，命悬于君，臣如陛下坐骑，鞭之则行……臣唯命是听。”项羽一听，杀掉刘邦的借口看来不是那么“名正言顺”，无可奈何，只好对刘邦说：“你要是听我的，南郑你就不要去了。”刘邦回答：“是，臣遵旨。”刘邦之所以免遭杀身之祸，是由于他巧妙地运用了模糊语言“唯命是听”，避免了陷入项羽的圈套，从而保全了自己性命。在特定的环境下，由于表达的需要，有时要有意识地使用一些含义较宽泛的词句，来表达对事物的认识和态度，使“模糊语”不模糊。三是巧用模糊语，避免说明的武断。比如，读过《中国石拱桥》这篇事物说明文的都知道，“几乎”“大约”“可能”“可算”是一组语意内含量大、模糊而不确切的词语，使用它们，似乎很难达到“准确说明”的目的。而茅以升就是巧用它们，反映客观实际，避免了说明的武断。在中国，石拱桥分布确实广泛但是否已广泛到自古到今无处不在的情况呢？很难断定，因为事实上不可能进行一次从古到今的全国各地的石拱桥调查，用“几乎”这个表程度的副词，在强调石拱桥分布广泛的同时，避免了说明的绝对化，否则难以令人信服。同时由于时间久远，掌握的资料不可能齐全，对一千多年前的史实记载更不可能断言，于是作者恰当地选用了“大约”“可能”这两个表示估计的词，以对历史情况作客观的反映。四是巧用模糊语，不得罪人。比如一些领导者批评别人，如果问题不是特别严重且尖锐，可以冠以“有的”二字，这样就避免了得罪特定的人，同时起到提点众人的作用。

第二，要慎用模糊语。恰当地运用模糊言语的确是一种特殊的表达技巧、修辞技巧。但是要模糊得适切，如果不适切，就将带来很多问题。领导者在管理实践中一方面尽量避免它，做到信息的精确传递，另一方面还要刻意运用它，让它有效地为自己的管理工作服务，使语言更具有艺术性，要在正确的范围内巧妙地运用它。它需要精心运作，严格界定事物量变的“最大值”和“最小值”，在阈值（一定界限）区域内，牢牢把握住量变可能引起质变的“度”，运用自如。否则，它会伤人又伤己。真理，朝前或向后跨一步，便成谬误。

总之，作为现代领导者，应当在过去已经模糊地运用模糊艺术的基础上，更加有意识地学习掌握模糊理论，把它引进到自己的工作领域中来，潜心探索，认真实践，逐步形成一种真正有价值的模糊领导艺术。减少思想方法的片面性，克服工作方法的简单化，多一些解决问题的科学方法，始终保持清醒的科学头脑，使工作得心应手。

发表于《中国招标》2010 年第 38 期

浅谈领导艺术——对话艺术

作为一个领导者，不仅要通晓管理科学，具有驾驭事业的雄才大略，还要娴熟领导艺术，兼备与群众交往的细致与匠心，才能进行卓有成效的管理。领导者与群众的对话艺术，便是领导艺术中的一门必修课。

在领导者的管理工作中，广开对话渠道，正常对话制度，有利于领导者倾听群众的反映与要求，改进工作作风，密切干群关系；有利于宣传方针政策，有针对性地解疑释难；有利于干群面对面平等交换意见，沟通感情，把双方的认识统一。因此，对话若要达到如下效果：不会招致无谓的冲突、使对话对象无法抵制、对对话对象能够产生实质影响，领导者可以从以下几个方面进行探索。

一、要善于把握时机，随机应变

一场对话，能否取得满意的效果，往往取决于领导者的灵活变通能力，保持较好的“竞技状态”。这不仅需要“临场发挥”，还需要场前准备。这是因为，对话虽然没有固定的程序和模式，但往往有一定的系统性；临场变化虽然令人难以捉摸，但也有一定的预见性；对话的内容虽然比较广泛，但也不可忽视其针对性。在对话过程中，领导者要灵活应变，在恰当时机表达自己的观点；在不同的场合，要把握分寸，与当时的气氛相协调。

二、要善于应用幽默，营造氛围

幽默是领导活动不可或缺的方法。在对话时，善用幽默，能够创造出轻松、活跃、欢乐的氛围，使人放松心情，减轻压力，领导者掌握幽默的语言艺术，常常会起到意想不到的效果和作用。有研究证明，幽默可以改善生产力，提升士气，并有助于团队合作。幽默是一个人的学识、能力、自信心、机智等的综合反映，想要灵活运用幽默，不仅需要有渊博的知识，还应准确地把握好运用幽默的时机。如果运用不当，很有可能会弄巧成拙。作为领导者，具备幽默感是百利而无一害的。每个领导者都应有意识地培养和运用生动的语言，在对话过程中化干戈为玉帛，化尴尬为轻松，在轻松愉悦的气氛中，达到最佳的效果。

三、要善于适时沉默，无声胜有声

诗人吉卜龄曾说过："你的沉默，道出了你的心声。"沉默是一种无声语言，它并非拒绝传达意思，而是以神态、表情、态势以及暗示等方法传递信息，表达自己的思想、态度、感情、意向，以此来弥补言语沟通的不足。沉默的寓意丰富，既可以是无言的赞许，也可以是无声的抗议；既可以是欣然默认，也可以是保留己见。恰当的沉默可以化解矛盾，也可以发人深省。领导者掌握沉默的方法，灵活的运用于领导活动的实践当中，常能有效地协调沟通的不足，无声胜有声，取得良好的工作成效，建立和谐友善的人际关系。

四、要善于劝导说服，晓理动情

说服是一种有意向的沟通，不是一般随兴所至无明显目的。在领导者的协调工作中，经常因各种原因需要说服他人。说服在于有充分的理由使对方接受并从心理信服，对于领导者而言，善于说服对于自己游刃有余的协调好各方面的工作是十分必要的。想要说服他人，不但需要领导者自身有很强的人格魅力、缜密的思维和真诚的态度，还需要领导者设身处地地为他人着想以及选择正确合理的方式，做到"晓之以理，动之以情。"在说服的时候，要从效果出发，采取"顺耳"的方式，投其所好，因势利导，做到不卑不亢，不急不躁，礼貌周全，态度和气，循序渐进使对方在不知不觉中接受自己的意见，达到说服的目的。

五、要善于侧耳倾听，掌控全局

"会说的不如会听的"，在交流的过程中，通过认真的倾听对方的话语，观察细微的变化，并且加以分析，可以帮助领导者获得许多有用的信息。作为领导，不仅要擅长说话，更要善于倾听，通过倾听获得信息，把握全局。倾听有很多技巧，首先要端正动机，以空杯心态听取任何人的表达；其次，要善用倾听技巧，以微笑表示好感、以目光接触表示关注、以不打断说话者表示接纳、以点头表示认同等等。通过倾听，领导者既可以让对方感到自己被尊重和理解，还可以判断对方说话的动机，理解对方说话的目的，明白想要什么，回避了什么，达到更好的沟通效果。英国学者约翰阿尔代说："对于真正的交流大师来说，倾听和讲话是相互关联的，就像一块布的经线和纬线一样。"所以，作为领导者，在对话过程中"当一个好听众"，可以使对方感到亲切，对领导更加熟悉与信任。

发表于《世界家苑》2017 年第 7 期

我区公共资源交易市场存在的问题及对策

随着市场经济制度的日趋完善，公共资源交易活动在国民经济中发挥着越来越重要的作用。据不完全统计，目前，我国每年招投标额约占 GDP 的 25%~30%。以 2011 年为例，约有 15 万亿元的各类资源是通过招投标方式配置的。2012 年，国务院第五次廉政工作会议要求，整合各部门分散建立的招投标市场，加快建立健全统一规范的公共资源交易市场。党的十八届三中全会提出，建立统一开放、竞争有序的市场体系，使市场在资源配置中起决定性作用的基础。自治区党委政府在推动建立健全统一规范的公共资源交易平台建设上，认识早、起点高、行动快，我区公共资源交易体制改革走在了全国前列，受到中央纪委和有关方面的肯定和关注。

一、我区公共资源交易市场的现状

第一，我区公共资源交易市场建设取得的成绩。2011 年 8 月 11 日，自治区政府第 99 次常务会议，11 月 3 日自治区党委第 34 次党委会议先后研究通过《自治区公共资源交易平台建设方案》，并决定将自治区招标管理服务局更名为自治区公共资源交易管理局。12 月 28 日，自治区公共资源交易管理局和自治区公共资源交易服务中心挂牌成立，我区成为全国第一个设立省级公共资源交易管理专职机构的省区。2012 年 2 月，原自治区招标管理服务局所属招标投标服务中心，自治区住建厅所属建设工程交易中心，以及自治区国土资源厅所属土地和矿业权交易中心完成机构整合和人员移交，新的自治区公共资源交易中心正式运行。2012 年 10 月，我区完成了区、市两级六个公共资源交易市场的机构整合和组建工作，是全国第一个完成公共资源交易市场全覆盖的省区。至此，我区公共资源交易体制改革和公共资源交易市场建设推进工作走在了全国前列，也是自治区政府当年向国务院汇报的九项亮点创新工作之一。自治区公共资源交易中心运行两年来，累计完成进场交易 8301 场次，交易额 612.54 亿元，节资 60.73 亿元，溢价 27.68 亿元。同时，通过现场报名、公告及招标文件核验、投标文件检索，以及开通投诉举报通道等方式，发现、上报并通报涉嫌违法违规交易行为 32 起，有效遏制了虚假交易、围标串标行为。

第二，我区公共资源交易领域存在的突出问题。一是招标人强势干预。有的招标人利用项目法人责任制优势，在投标资质、技术商务要求以及评审标准上，采取设立门槛、对号入座或制定歧视性条款、与投标人串标等多种方式“排除异己”；在信息公开上搞“封锁”或“截留”，如缩短报名、领取文件时间，或不按规定公开关键信息等；在评标会现场暗示甚至公开诱导专家评委与招标人保持所谓“一致性”；要求与中标人开展价格谈判，或采取各种手段逼迫自己不满意的中标人放弃合同。二是投标人不正当竞争。投标人是市场竞争的主体，具有谋取利益最大化的“天然”属性。当前，由于法治环境和法律体系不健全等多种因素，投标人商业贿赂屡禁不止，通过各种关系、渠道或机会，向招标人、专家评委、代理、公证等相关利益方实施商业贿赂；与招标人进行串标，或与相关投标人合谋围标串标；中标后采取转包、要求调价或降低质量、技术标准等方式谋取非法利益。三是专家评委发挥作用不够。专家独立评标意识不强，相当一部分专家把评委职责混同为“参谋”“顾问”，一切跟着招标人指挥棒转；专业素质参差不齐。由于经济和社会发展环境制约，很多地区缺少高素质专业人才，导致专家库专业分类粗放，难以满足评标工作实际需要；少数专家缺乏职业道德约束。一些评委受招标人、投标人等相关利益人委托，收受贿赂，不公正评标、恶意打分等。四是中介机构不能公正履职。由于市场竞争日渐剧烈，招标代理及公证机构受利益驱动，为招揽中介代理业务，违心接受招标人指令“操纵”，利用代理、公证专业服务技能，引导招投标活动按“既定目标”实施，甚至参与围标串标活动，并收取“回扣”“分成”等非法利益，往往成为虚假交易、围标串标活动的“帮手”。

二、营造我区公共资源交易市场环境的具体对策

统一规范的公共资源交易市场是一项新生事物，需要在改革中不断探索和完善。总结近两年来的工作实践，我们认为，在公共资源交易市场建设推进中，必须按照“坚持五项原则、实行五个统一、加强五项监督和推进五个分离”工作思路，不断推动我区公共资源交易平台建设健康快速发展。

第一，坚持五项原则。一是坚持行业监管的原则。我国招投标实行行业监管体制，坚持行业监管原则，有利于发挥行业行政部门专业职能优势，有利于公共资源交易活动中监管责任的落实。二是坚持管办分离原则。有利于形成相互制约的机制，权力会受到制约，能有效预防腐败行为的发生。三是坚持分统结合原则。分行业监管和统一交易平台，必须有二者的有效结合，才能实现既各负其责又相互协调的目的。四是坚持信息共享原则。实现交易、信用信息在全区乃至全国范围内互联互通和共享，才能做到信息对称。保证交易的公开、公平、公正。五是坚持公共服务原则。公共资源交易平台的主要职能是服务，服务不仅体现在免费进场上，还要体现在对进场人员的服务态度和服务理念上。

第二，实行五个统一。一是统一进场交易。凡是法律法规规定或公共资源交易目录范围内的各类交易活动都必须进场交易，否则交易无效。二是统一监督管理。在自治区公共资源交易管理委员会统一领导下，各有关行政部门依据相关法律法规对进场交易活动实施统一有效监督。三是统一操作规程。全区范围内各公共资源交易市场实行统一的交易流程、统一的运行规则。四是统一信息平台。自治区六个公共资源交易市场使用统一信息化平台，并与自治区电子监察、电子政务等网络平台互联互通。五是统一专家库。由自治区发改等有关部门将分散在各部门行业、地区的各类专家库实施整合，组建自治区统一综合专家库，各级公共资源交易市场负责使用和信息反馈。

第三，加强五项监督。一是加强行政部门监督。监察、发改、财政、住建、经信、国资委等部门依据相关法律法规，加大对进场交易活动实施行政监察和监督力度。二是加强对交易当事人监督。由于交易活动最大利益方为

交易当事人，因此，应该强化对当事人的监督。三是加强市场监督。充分发挥工商、药监、质检、物价等部门对交易市场的监督作用。四是加强司法监督。强化检察机关、法院等司法部门对公共资源交易活动的法律监督。五是加强社会监督。要加大人民群众对交易市场的监督力度，尤其是人大代表、政协委员对公共资源交易市场调研与监督，广泛利用各类新闻媒体实施立体化监督。

第四，推进五个分离。一是推进招标人与投标人相分离。采取在公共资源交易网络平台进行网上报名、网上下载标书及网上统一缴纳投标保证金等方式，使潜在投标人信息通过网络实施封闭管理，防止招标人、代理机构泄露投标人信息，或阻挠投标人正常投标等。二是推进招标人与评委相分离。建立完善网络远程和全封闭评标室，推行对评委之间实行物理隔离，为专家评委独立评标创造必要环境。同时，积极试行无业主评委探索。三是推进招标人与代理机构相分离。可采取抽签或轮转等随机方式为招标人选聘招标代理机构，防止代理机构受招标人“操控”。四是推进评委与投标人相分离。实行网上远程异地评标，评委异地集中接送，遏制投标人对评委进行围堵、贿赂等违法违纪现象发生。五是推进代理机构与公证机构相分离。采取排序轮转等随机方式选聘公证机构，为公证机构公正、客观履行公证职能创造条件。

建立统一规范的公共资源交易市场是完善社会主义市场经济体制的客观需要，是建立健全惩治和预防腐败体系的必然要求，也是构建工程建设领域突出问题专项治理长效机制的重要举措。贯彻党中央、国务院的改革部署，落实自治区党委、政府的工作安排，立足区情，勇于探索，不断创新，我区公共资源交易改革工作就一定能够继续走在全国前列，在自治区经济社会跨越式发展中发挥更大作用。

发表于《宁夏工作研究》2014 年第 3 期

学习凝聚力量　实干成就梦想

党的十八大以来，公共资源交易管理局把学习贯彻十八大精神、十八大三中、四中全会精神和习近平总书记系列重要讲话紧密结合起来，科学谋划，精心部署，不断引向深入。紧紧围绕公共资源交易中心工作，积极开展多种学习活动，做到了深入开展学习活动、广泛开展宣传交流、密切联系工作实际、切实加强督促检查，学习活动取得了显著成效，为促进我区公共资源交易活动规范运行起到推动作用。

一、扎实推进学习活动取得实效

第一，认真学习，做到“四个表率”。党组坚持以中国特色社会主义理论体系为指导，深入学习贯彻党的十八大、十八届三中全会和自治区第十一次党代会精神，高度重视学习工作，建立了完善的学习机制。一是机关党委充分担当学习贯彻习近平总书记系列重要讲话精神的组织者、推动者；二是坚持深入系统学，以局中心组学习为引领，安排每季度深入学习总书记系列重要讲话精神；三是坚持领导干部带头学。重点抓好处级及以上领导干部的学习，发挥带学促学作用；四是广泛深入各支部，为党员干部配发《习近平总书记系列重要讲话读本》，每月组织党员干部进行学习。

第二，广泛宣传，积极营造浓厚氛围。按照建立学习型机关建设的要求，我们始终把干部职工的政治理论和业务学习放在重要位置，制定规划，周密安排，采取措施，使学习经常化、制度化、规范化。一是理论学习不放松。一方面组织集中学习，我们把习近平总书记系列重要讲话，作为学习的主要教材，及时传达学习中央、自治区重要会议精神，坚持中心组学习和周五下午学习制度，制定年度学习规划，逐月安排学习内容，每周具体组织落实，保证了每月“四个一”（一次理论学习，一次业务学习，一次参观学习，一次支部学习）学习制度的落实。通过专家辅导与个人自学、集中组织与支部组织、走出去与请进来、理论研讨与调查研究、座谈讨论与工作实践“五个结合”，做到了内容、时间、人员三落实。另一方面，持续抓好处级干部网络培训工作。自2011年开展干部网络培训以来，我局党组始终把处级干部网络培训作为创建学习型机关的重要抓手，按照“武装头脑、指导实践、提升服务”的工作思路，扎实开展处级干部网络培训工作。在宁夏干部教育培训网络学院历次督学通报中我局均名列前茅，现已连续4年保持参学率和结业率均达100%。在2012年宁夏干部教育培训网络学院组织的“我与网络学习”征文比赛中，我局荣获组织奖，参赛的处级干部有14人获奖，其中一等奖3人，二等奖7人，三等奖4人。2013年我局1名处级干部被评为全区网络培训优秀学员；二是主动学习，增强学习时效性。组织全局干部职工收看中国共产党第十八次全国代表大会开闭幕式，各支部组织学习党的十八大精神；请宁夏党校副校长、宁夏行政学院副院长宋建钢教授为我局全体员工进行了关于《中国共产党第十八次全国代表大会精神解读——深入学习贯彻党的十八大精神努力建设和谐富裕新宁夏》的讲座，党的十八大以来，共安排13次集中学习，安排支部自学达20次，把学习拓展到全体党员和群众；三是氛围浓厚，形式多样。先后组织观看《大上海》《周恩来的四个昼夜》《南平红荔》《天上的菊美》4部党的群众路线优秀电影故事片，并要求各支部撰写观后感；举办了学习党的十八大报告和党章知识竞赛、“中国梦·我的梦”主题演讲比赛，各支部组织学唱传唱《颂歌献给党》歌曲，在区直机关团工委举办的“我的中国梦——奋斗的青春最美丽”主题征文活动中，我局两名同志分获二等奖和优秀奖。通过开展丰富多彩的学习交流活动，增强了我局干部职工学习的吸引力和实效性。

第三，学法普法，联系实际讲求实效。一个富强民主文明和谐的中国，首先是法治的中国；一个自由平等公正的社会，首先是法治的社会；我们坚持学法与用法相结合，学法就要懂法，懂法就要用法、遵法、守法，不断提高依法行政的能力水平：一是以宪法为主要内容的法律法规的学习，加深对根本大法的认识理解。把学习宪法、宣传宪法，遵守宪法、执行宪法作为我们的行为准则，为实现宪法赋予我们的神圣职责而奋斗终生。二是以业务法律法规学习为基本内容，增强学习的实效性，以提高依法行政能力和服务水平。组织干部职工认真学习了《中华人民共和国政府采购法》《中华人民共和国招标投标法》《中华人民共和国招标投标法实施条例》和《宁夏回族自治区招投标管理办法》以及相关的《合同法》《公司法》等，规范公共资源交易服务行为，更好地为我区经济发展做好服务工作。组织 50 岁以下干部职工报名参加了全国招标师职业资格考试，以考试来检验学习效果，目前已取得招标师职业资格的有 13 人。三是以制定内部管理运行制度，推进依法进场交易服务工作的开展。2011 年以来，先后制定了《宁夏回族自治区公共资源交易管理办法(暂行)》《宁夏回族自治区公共资源交易综合评标专家库使用管理办法》等相关法规以及《自治区公共资源交易管理局“十不准”工作纪律》等 14 项工作制度，并于 2012 年 12 月编印出版《公共资源交易法律法规制度汇编》，为公共资源交易服务夯实了制度基础。四是以学习党规党纪，促进依法办事能力的提高。普法依法治理目的是普及法律知识，使人人知法懂法，旨在执法用法能力的提高。组织干部职工，特别是领导干部反复认真学习《中国共产党党员领导干部廉洁从政若干准则》《干部任用条例》，党风廉政建设方面的规定、制度，以提高领导干部遵纪守法的自觉性，近几年，没有发生所属干部职工违法违纪现象，业务工作上也没有发生一起有效投诉。

二、立足本职努力提高服务水平

学习的目的在于运用，要将学习的成果吸收并转化成解决实际问题的能力。高举服务大旗，设立服务创新长效机制，主动履职尽责，以饱满的热情、昂扬的斗志、务实的工作作风全身心地投入到日常繁杂的工作中去，加强和优化公共服务，促进社会公平正义。

第一，处处为职工着想。一是完善设施，建设优美内部环境。依托新办公大楼，加强文化设施建设，把单位建成职工之家。为职工配发了统一的工装和姓名牌；建立了文体活动室、职工书屋和荣誉室，设置了职工午间休息室和淋浴间；开办了职工食堂；积极改善机关办公条件，定期安排专人检查空调、管线等，着力维护统一、规范、美化办公大楼环境。二是以人为本，处处体现组织关怀。制订方案，每年按计划做好“七一”慰问党员、职工健康体检、生病住院职工慰问及困难职工发放生活补助等工作。通过为职工订购多功能办公座椅、生日蛋糕、暑期供应绿豆汤、规划解决职工停车车位等一系列服务举措，设身处地为职工解决困难，以实际行动惠及每个干部职工，使大家时时处处感受到了组织的关怀，增强了集体凝聚力和向心力，逐渐在全局形成了团结一致、互帮互助、凝心聚力的良好风气。

第二，时刻为进场人员服务。为有效加强市场管理，提高服务质量，我们教育干部职工高举“服务”旗帜，唱响“服务”主旋律，多措并举服务工作对象，确保了公共资源交易市场的规范运行和集中代理工作任务的顺利完成。一是在公共资源交易活动中提供无偿服务。在开标区、评标区、办公区醒目的地方张贴指示牌，方便进场人员进行招投标活动；为各代理机构无偿提供办公场所、办公设备、免费储物柜；设立了候标休息厅，为进场交易人开通免费 WIFI 专线，提供新闻播放、午餐方便、免费开水、免费充电及免费复印等，提供公共资源交易杂志及报刊；在门口及各开、评标楼层准备了手推车，方便招、投标人运送资料；为了不让投标人误时，采取视觉（电子屏滚动显示）、听觉（广播播放）和互联网信息发布三种渠道的信息服务，使投标人能及时掌握开、评标信息；为方便投标人存缴保证金，专门设立了银行网点，现场办公；为公证处提供办公场地，提供免费公证；设置了行政监督室，配备了电脑、办公用品等，开辟了现场接待、举报箱，电话、短信、互联网等多投诉渠道。最近又增加了隔夜评标休息室，大大方便了监督工作的开展。二是支部和党员带头作出服务承诺，践行机关文明公约。要求工作人员使用文明用语，迎一声问候，让一个座位，倒一杯热茶，使进场交易人感到真切的温馨。通过诸多优质、高效、便捷的服务举措，赢得了招投标当事人和社会各界的广泛好评。在 2013 年自治区纪委组织的行风评议中，我们在 13 个窗口单位中名列第四。

学习贯彻习近平总书记系列重要讲话精神，要认真学习领会，坚决贯彻落实，努力把学习成果转化为推进公共资源交易工作的动力。让我们在以习近平同志为总书记的党中央坚强领导下，牢记“服务至上”的宗旨，按照自治区党委、政府的统一部署，扎实有效的开展各项工作，为实现建设开放、富裕、和谐、美丽宁夏、与全国同步进入全面小康社会目标而努力奋斗！

发表于宁夏《机关党建》2014 年第 6 期

加强机关党的建设　促进公共资源交易改革

十八届三中全会提出，建立统一开放、竞争有序的市场体系，是使市场在资源配置中起决定性作用的基础。自治区公共资源交易管理局党组坚持党组织的政治核心作用，围绕业务抓党建，不断加强党的思想、组织、作风和制度建设，以服务为主要职能，加强监督，把体制改革等作为机关党建的主要内容，促进了公共资源交易改革与发展。

一、围绕业务抓党建，促进公共资源交易工作

自治区公共资源交易管理局党组把党建工作融入业务工作之中，取得了明显的效果。自治区同全国一样，在计划经济时代公共资源主要依靠指令性计划分配手段进行配置。例如，在基本建设项目中，水泥、钢材、木材等大宗物资，以及成套设备机电产品等公共资源采购，按照上报需求、组织订货、下达计划、计划执行四个阶段完成指令性计划分配过程。自治区在“一五”至“三五”时期建设的所有国家和地方大中型项目所需各类资源均是采用指令性计划方式配置完成，在初步形成较完善的工农业体系方面发挥了重要作用。

改革开放初期，国家实行有计划的商品经济制度，招投标等手段逐步引入。20 世纪 80 年代，建设部门率先在工程建设施工领域开展招投标试点。同时，全国机械设备成套系统在为国家和地方建设项目提供设备成套承包服务过程中，也开始尝试使用招投标方式组织成套设备采购。例如，自治区公共资源交易管理局 20 世纪 90 年代用招标方式为中石油宁夏石化公司第二套大化肥工程、银川河东机场一期工程等大中型基建项目采购大型成套设备及各类机电产品、大宗材料等节省了大量资金，为这些工程高质量按期建成发

挥了重要作用。

新世纪伊始，我国进一步加快改革步伐，2000年1月《招标投标法》实施，2003年1月《政府采购法》全面实施。两法颁布实施，标志着我国公共资源交易法制化进程步入了一个新的历史阶段，招标投标已逐步成为市场配置公共资源的主要手段。

近年来，由于法律体系不完善和管理体制改革滞后以及利益导向等多种原因，公共资源交易活中的虚假交易、围标串标等违法违纪行为日益严重，成为腐败案件的易发、高发区，饱受社会各方诟病。为此，中央决定从2009年起，在全国开展一次工程建设领域突出问题专项治理活动。通过对在建项目进行拉网式检查，查处了一大批违法违纪案件，特别是查办了原铁道部部长刘志军在高铁建设项目招标投标中存在的严重腐败问题。同时，中央纪委高度重视各地区创新探索经验，经过深入调研，提出整合各部门建立的有形交易市场，建立统一规范的公共资源交易市场的改革思路。今年初召开的全国两会，国务院将公共资源交易体制改革列为转变政府职能的重要措施。

二、以服务为主要职能，公共资源交易市场不断完善

自治区党委、政府在推动建立健全统一规范的公共资源交易平台建设上，认识早、起点高、行动快，自治区公共资源交易体制改革走在了全国前列，受到中央纪委及有关方面的肯定和关注。

第一，体制改革和市场建设走在全国前列。2008年自治区政府决定将自治区招标局（政府采购中心）更名为自治区招标管理服务局，同时，增设隶属我局管理的自治区招标投标交易服务中心。2009年2月，自治区政府第27次常务会的会议讨论通过了新的《宁夏回族自治区招标投标管理办法》（第12号令），明确规定：自治区和设区的市设立招标投标交易服务中心。招标投标交易服务中心是政府设立的综合招投标有形市场，经费列入财政预算。2009年5月12日，自治区政务服务中心、自治区招标投标交易服务中心同时挂牌，成为全国为数不多的实行免费服务的综合招投标服务有形市场，也是开启探索公共资源交易体制改革的少数省区之一。

第二，以服务为主要职能的定位得到了广泛认可。当前，在公共资源交

易市场建设推进中，一些地方在公共资源交易中出现了综合监管和行业监管的重叠，随意增加审批备案等环节，干预当事人合法权益；有的地方将原有的部门所属交易市场简单合并，在交易过程的依法监督、规范运行上没有实质性改变，交易过程不透明，交易结果不公平，投诉救济机制形司虚设等原有问题仍然存在；有的地方交易中心实行以盈利为目的的收费，加重了市场主体的负担。社会上将上述问题归纳为“进不去、进不起、进去乱”，甚至有“分散”腐败向“集中”腐败转移的热议。针对上述情况，自治区公共资源交易管理局广泛征求与公共资源交易相关的 7 方面当事人意见建议，经过缜密调研、深思熟虑，提出了以服务为主要职能的定位思路。一是提高服务意识。明确服务是有形市场的主要职能，教育干部职工把工作重点放在提升服务质量、效率上；二是细化服务措施。在开评标及办事大厅等服务场所配置电脑、打印、储物等设施，并提供免费服务；三是提升服务质量。制定了定期开展服务回访、征求服务对象意见建议的长效机制，将其确定为交易运行服务规则的组成部分，并开展经常性的监督检查。在今年 5 月自治区、党委对自治区公共资源交易管理局巡视工作中，对自治区公共资源交易管理局以服务为主要职能的定位给予积极的评价。

第三，遏制虚假交易、围标串标取得明显成效。近年来，自治区公共资源交易管理局一手抓服务，一手抓规范，做到“两手抓，两手硬”。一是设立监控平台。由局监督检查处、纪检监察室专人值班，对开评标现场实施实时音视频全过程监控；二是设立现场见证岗位。由交易中心相关处室按交易项目确定专职见证员，对开评标现场进行全过程跟踪管理，对发现的违法违纪行为予以当场纠正，并及时上报各有关行政监督部门及纪检监察机关。自治区公共资源交易服务中心运行以来，通过现场报名、公告及招标文件核验、投标文件检索，以及开通投诉举报通道等方式，发现、上报并通报涉嫌违法违规交易行为 25 起，有效遏制了虚假交易、围标串标行为。

发表于宁夏《机关党建》2014 年第 21 期

宁夏大学后勤改革的探索与实践

我校后勤改革在校党委和校行政直接领导下，从 1985 年试行单项定额承包开始，经过 12 年的探索与实践，从单项承包起步，抓体制改革，转换运行机制，创办后勤产业，重视人员素质提高。12 年时间，我们通过一系列的改革出现了新的局面，已经给师生员工展示了较好的服务环境和条件，受到了校党委的肯定，得到了更多的师生理解、支持。目前，我校后勤社会化改革的步伐加快，领导支持、群众拥护、改革的环境良好，广大后勤战线职工以饱满的热情投入到进一步深化改革当中。

回顾我校后勤改革实践，主要有以下几个方面：

一、加快“变体转型”，理顺后勤管理、服务、经营的关系

第一，体制改革。承包制在后勤改革中起到了敢于探索、敢为人先的作用，但由于计划经济的大环境和单一的行政管理方式的体制制约，使得承包制在改革的深度和广度上受到很大局限，因此，我校的后勤改革也只能在一定限度内探索。1992 年春天，邓小平南方谈话，打破了计划经济体制下的旧格局。明确提出了建立社会主义市场经济体制，我国的改革开放又迎来了一个春天。校党委抓住改革的机遇，要求后勤打破旧的格局，按照市场经济的要求对现行体制进行改革。1994 年，校党委批准了总务处第一步改革方案，将处于后勤改革龙头地位的伙食管理科转为饮食服务公司，每年只拨人员管理费 10 万元和设备购置 10 万元。要求饮食公司在收回直接成本的基础上只加收 10%的间接成本，其余缺额部分由饮食公司自行解决，实行独立核算，自我发展，自我约束的运行机制。1995 年，校党委通过总务处进行体制改革的方案，并要求总务处在三年内完成体制方面的改革。一是组建小机关。按

照学校对后勤的总要求，小机关代表学校对各实体的工作进行管理、协调、监督、指导、检查、考核。不再实行单一的行政管理体制，而是根据不同实体的建立，逐步实行新的经济上的甲、乙方关系，根据以上要求，我们组建小机关时申报成立质量监督检查科并得到校党委的批准。目前，小机关以精简、高效的形式运行。二是将行政科室逐步转变为实体。两年多来，我们根据原有实体和科室的工作性质，建立不同形成的实体，实行分类管理指导。第一种类型是经营服务实体。有服务总公司，由原来的服务队、缝洗店、液化气站等组建；斯达教育建筑公司，由原修缮科和学校投资入股的建筑公司组建。对这种类型的实体，我们完全以企业化的管理形式实施管理，学校不再投入、实体运行除靠自收自支、自行发展外，还要按照合同规定，按时向学校交纳利润。第二种类型是有偿服务实体。有饮食服务中心，由原伙管科转轨。运输服务中心，由原车管科转轨。对这种类型的实体，我们采用准企业化管理形式实施管理，学校通过总务处同实体签订合同，合同定工作任务、定管理目标、定经费补贴标准、定考核办法，经费结余留用，超支不补。实体按照合同要求，提供有偿服务，同时允许这类实体在保证完成基本任务的前提下，有条件地开展对内、对外经营服务，为实体发展壮大增强势力。第三种类型是管理服务实体。有水暖电管服务中心，由原动力科转轨；有校园卫生绿化管理服务中心，由原校园管理科转轨。对这种类型的实体，我们采用核定经费、实行目标管理，根据该实体的任务指标，工作目标，分项核定经费，有的项目采取不核经费，自收自支的办法。同时制定管理制度、岗位职责、监督奖惩细则，作为年终考核、落实奖惩制度、评聘实体负责人依据。允许实体在完成本职任务外，利用自己的资源、技术优势，对内对外搞经营服务，发展自己。

第二，机制转换。长期以来，由于受计划经济体制的束缚，高校后勤一直是采用“统、管、包”的计划管理方式，吃社会主义“大锅饭”，经营机制也只能是“等、靠、要”。

当我们在管理体制上进行了改革后，运行机制的转换也就提到了议事日程上，因为体制是框架，机制是“内核”，没有体制的改革，机制没有依托。同样，没有机制转换，体制改革也是虚的，没有活力。因此，机制转换和体制改革是同样重要的，只有体制和机制同步协调的实行“变体转型”，才能最大限度地解放和发展后勤生产力。

在运行机制的转换上，我们着重抓了以下工作：一是运用多种方法激励人，建立动力机制。动力机制是提高管理效率、强化系统活力的基本因素。高校后勤系统的普遍问题是动力机制比较单一，动力难以持久。例如，有时采用单一的经济杠杆动力，但往往忽视服务质量，产生“一切向钱看”的负效应，有时采用单一的行政指令动力，但往往统得过死，产生束缚职工积极性的负效应。心理学原理告诉我们，人不是经济人，更不是工具人，而是社会人，自动人（复杂人）。因此，调动人的积极性，建立动力机制时应从多元化、多层次原则出发。我们在调动人的积极性时，既注重思想政治工作。我们总务处党政领导和中心负责人都交叉兼职，既是行政领导，又是思想政治工作者，除做好面上的思想政治教育外，更注重个别人的思想政治工作，我处前些年有几位闹情绪的，躺倒不干的，胡整乱闹的职工，经过几年耐心细致的思想政治工作，目前这几位职工都心情舒畅地工作在第一线，有的当了班组长，有的被评为总务处优质服务“十佳标兵”。又注重提高职工的物质待遇。近两年来，我们通过创收，建立了处内津贴，凡是在岗位上正常工作者，都可按不同分值享受一分处内津贴，普遍调动了职工的积极性，还注重把激励职工动力的根本立足点放在尊重人、关心人和理解人上。当职工有病时，我们处党政领导都亲自去家中或医院探望。同时，我们还注重“人际关系也是生产力”的作用，开办人际关系系列讲座，使广大职工在相互尊重、理解、信任的人际关系中产生自己当家做主的凝聚力。二是健全岗位责任制、完善监控机制。现代管理学原理说明，科学管理包括决策、执行、咨询、信息反馈和监控等，其中监控是科学管理中重要一环，它关系到改革能否顺利进行和改革成败的大局，我们在体制改革之初，就注重监控机制的建立。首先，我们先做好内部监控，建立“内控机制”。健全各种制度。近年来，我们先后修订、制订各种制度 250 余条，张贴、悬挂制度 30 余条，使每个岗位、每位职工都明白自己应遵守的制度；健全各类岗位职责。在原有岗位职责的基础上，我们修订、补充各类岗位职责 140 余条，并打印下发。质量监督检查科按照制度和职责去进行检查，有奖有罚，使内部监控走向正规渠道。例如，以前后勤职工上班拖拉，下班提前，建立了上下班制度和奖罚办法后，后勤职工上下班明显好转，成为全校机关上下班较好的单位。其次，我们也注重“外控机制”的建立。发挥学校职能部门和广大师生对后勤工作的监控作用。请校纪委监察室对后勤各实体会计账目分别进行年常规审计和主管财务领导离任时的交接审计，杜绝财务的违纪行为；向全校师生员工公布后勤各种维修值班的电话及后勤各级主管领导的电话和承诺，若遇维修打不通电话或找不到人时，可直拨其上级电话直至处长电话。我们将违诺行为的处罚结果向投诉人反馈，使承诺服务落到实处，使服务对象“投诉有门、投诉有效”。使广大服务对象在新机制中得到实惠，感到满意。三是不拘一格选用人才，强化竞争机制。人才是后勤改革成败的根本，没有能人，再好的体制和机制都不能发挥其效益。因此，我们在用人用工机制上，强化竞争机制。在定岗定责、定员的基础上，采用多种形式的用人用工制度，建立事业编制与企业编制、固定工与临时工相结合的模式。按干部编制数，本着“公平竞争，择优上岗”的原则，打破干部、工人界限，能考上，弱者下。近几年，我们先后从工人中选拔了实体、科室正副职 11 人。这些人都是在基层第一线工作多年的实干家，加上他们的聪明才智，将他门充实到基层领导班子当中，为基层领导增添了活力，为我校后勤改革进一步深化增加了后劲。对技术人员，我们实行技术职称“评聘分开”的原则，根据工作需要及个人的实际技术水平和工作责任心决定聘任，有的人我们低职高聘，如有一位业务优良的工人，没有技术职称，我们将他聘在技术岗位上，责任心强，负责的技术设备，完好率高，维修、损坏率低，每年为国家节约上万元资金，我们提高了他的工资待遇，体现了竞争，激励了他人。四是经营服务打破保险箱，引入风险机制。没有风险的经营，就像人们常说的“包盈不包亏”的经营，就会使企业经营者没有足够的压力和驱动力。建立风险机制，就能增强经营者的自负盈亏能力、自我发展能力、自我约束能力、自我优化能力、竞争能力和应变能力。我们在建立风险机制中，实行自收自支的风险承包，例如运输服务中心，学校只提供原来的车辆、房屋，规定车公里价格。人员工资和维修经费全部由运输服务中心自收自支，自负盈亏。由于引入风险机制，他们实行单车核算，定额管理，司机按路程、耗油量、修理费用等计酬，调动了司机出车积极性，产值年年上升。他们还组建了维修部，对内服务，对外创收，经过几年的发展，他们已在社会竞争中有立足之地；在创办经营实体时，实行股份形式集资，风险共担。例如，我们在建立苗圃创收基地时，采用职工自愿入股，由持股者组成的股东会承担经济责任，由于实体的前途和股民利益息息相关，因此，工作效率高，进展快，充满活力。

第三，改革实例。一是引进校外服务，弥补校内服务力量不足、促进竞争。由于学校事业的不断发展，师生员工数量逐年增加，对生活条件改善的呼声越来越高，为了做到既满足师生的需求，又不增加学校负担，我们有选择地引进了一些校外服务项目。例如，我校在学生综合食堂建成以后，将原来的培训餐厅、教工餐厅、综合食堂闲置的二楼，全部从校外餐饮业中选择有经验的经营者来校内承包经营服务。由于他们的参与，原校内的大餐厅就再不能搞一家经营服务，谁的饭菜质量好，谁的营业额就高，营业额又是衡量各餐厅工作实绩和奖金分配的重要指标。因此，各餐厅之间展开了无声的竞争，在竞争中饭菜质量逐步提高，总回笼额也逐步增加。学生对伙食的满意率明显提高。我们还引进了理发、缝纫、自行车修理、电话服务等项目，不仅大大方便了师生员工生活，而且与学校内同行业在竞争中提高了服务质量，为高校后勤社会化进程起到了促进作用。二是实行教室承包管理，由管用分离改为管用一体化，效果明显。以前我校教室的各种设施都是由后勤各职能部门分别管理，各系和学生只管使用，损坏了各系向总务处反映，无偿维修，丢失了各系向校领导和总务处要求补配。多年来，这种管理方法使管理者管不了，丢失损坏后着急没办法，使用者不用管，丢失损坏后告状发牢骚。总务处不断维修、补配，学校财产不断损坏流失，一直在恶性循环。一次，一位系主任向校长和总务处长同时反映，由于课椅缺少，一部分学生站着上课，管理部门受到了批评，事后我们组织人员到学生宿舍检查，这个系学生宿舍就有课椅 20 余把，根据这种情况，我们专题报告校长办公会，要求对教室实行承包管理。具体是，根据各教室维修量，每学期开学后，先将核定的承包经费以现金形式发给各教学单位，学校成立教室管理领导小组（办公室设在总务处）教室管理办公室每学期进行两次普查，检查各教室的设备在位率和完好率，并将检查结果通报全校，年底评出教室管理先进单位。经过一年多实践，教室设备损坏率明显降低，丢失的不到 1%，并且要求丢失单位自行购买配齐，使教室管理走向正规化。三是加大收费力度，促进管理型实体向经营型实体过渡。近年来，学校水暖电支出增长很快，年年超支，仅电费一项，1992 年只有 15 万元，1996 年增加到 92 万元，4 年翻了两番半，年平均增长 53%。而电费回收很少，从 1995 年下半年开始，我们就研究收费管理办法，水暖电中心成立了收费小组，并与处签订了收费合同，合同规定，每年元月一日将应收费用户电表由收费小组和质检科一起抄齐起码，第二年元月一日抄齐止码（是第二年的起码），经过核算，得出应收电费数，收费小组向处财务上交应收费的95%。剩余部分作为收费小组抄表费用（临时工抄表）和奖金。如收费达到95%，收费小组抄表费用自理，并且不能评为先进，经过一年的实践，1996 年水暖电收费达到 56 万元，较 1995 年的 27 万元翻了一番多，效果十分明显。教工浴池，以前每年只能回收 6000 元左右，不足 2 名正式工和 1 名临时工的工资的一半，主要原因是相当一部分人洗澡不买票，我们经过核查计算，如果全部买票，回收澡票大致相当于三个人的工资并略有节余。我们就和管理浴池职工签订合同取消澡票，实行收现金洗澡（每人次 1 元），管理人员工资 14000 多元全部收回财务，澡票收入全部以工资形式留给管理人员，这样做之后，开浴池时间按时了，到关门时如还有人洗澡，他们主动延长开放时间，既方便了教职工洗澡，又增加了他们的收入，一举两得。每年为学校多收回经费近 1 万元。四是实行医疗改革。1986 年，我校医疗费超过 10 万元，以后每年超支数大幅度递增，1991 年，医疗费超支 30.4 万元，1992 年超支 35 万元，1993 年 1~7 月超支 63 万元，从 1986 年到 1993 年 7 月，我校医疗费用累计超支超过 200 万元，公费医疗无法维持，教职工手中的医疗费不能报销。1993 年8 月，我校根据自治区卫生厅、财政厅《关于区级单位实行医疗经费交由医院管理工作通知》，将教职工医疗费交由自治区人民医院管理，具体办法是，教职工按年龄分档次分段承担 12%~40%，超支部分由医院、宁夏大学、区财政按“1:2:7”的比例分担。1996 年，在此基础上做了修订，适当增加了个人承担比例。

公费医疗改革的实践，证明改革是成功的，一是保证了教职工的基本医疗，职工有病都能得到及时治疗。二是有效控制医疗费的严重超支，改革试行前后两年半相比，超支减少 22.5 万元，下降 17.5%，除去物价上涨因素，医疗费超支减少约 30%。三是避免了浪费，凭证就医，对症开药，遏制了“一人公费，全家吃药”的现象。四是发挥了医院的管理作用，减少了人情用药，控制了门诊药量，起到了“闸门”作用。

二、创办后勤产业，增强后勤改革的造血功能

后勤的深化改革是以经济实力为基础的，没有经济基础为后盾，后勤的改革就不能顺利进行，甚至受阻停滞。目前，学校总经费的来源仍是国家拨款。由于经费紧，很难维持，常常寅吃卯粮。要拿出大量金支持后勤社会化改革是很困难的。但后勤又必须改革、发展，因此，后勤必须发展产业，增强自身造血功能，推动学校后勤社会化进程。

后勤产业的主体是服务产业，学校后勤创办产业，其意义不仅在于发展高校后勤生产力，更重要的是它把社会主义市场经济体制引人高校后勤经济，进一步促进现代企业制度在高校后勤经济中的建立和发展。通过创办后勤产业，学习和探索市场经济的知识、规律，积累现代企业的管理经验，并应用于高校后勤的其他经济实体，由此推进整个高校后勤经济的社会化。

我校后勤以前所办的产业，商场、招待所、商品房和苗圃，都被学校先后调出，后勤只能靠挤出几间办公室和会议室出租，其创收十分有限。近年来，随着社会化步伐的加快，我们认识到不创办后勤产业，后勤改革就没有出路。经过几年的努力，后勤产业得到较快发展。

第一，建设自考生教舍。近年来高校自学考试教育迅速发展，但学生的住宿、教室成为自考教育发展的瓶颈，建设自考生教舍，既是我们后勤办服务产业的优势，又是支持学校自考教育发展的具体举措，我们提出申请，在学校暂时闲置的空地建设自考生公离，为各系自考教育提供住宿、上课、用餐、洗澡一条龙服务，很快得到学校的批准，1996 年初，我们利用学校危房拆迁的旧材料（以前危房拆迁时旧材料都以折抵拆除工费被拆除者运走）投资 47 万元，建成了 1500 平方米自成体系的自考生平房小院，当年收回资金

近 16 万元，成为我校后勤固定创收基地。

第二，创建新苗圃。学校原有苗圃归后勤校园科管理，每年都可为学校提供一定数量的树苗，还有一部分创收。苗圃被学校调归校产办管理后，学校每年所用树苗都要到社会上去买，对于绿化学校和后勤利用自身优势办产业都是不利的，为了改变这种局面，我们在附近农村租用 20 余亩土地，建起了新苗圃，育苗 4 万多株。几年以后，可以一边出圃，一边补育，我们测算，三年以后，每年平均至少有 10 万元的售苗收入，既可以满足校内用苗，又可对外售苗创收。

第三，创办建筑公司。随着教育事业的不断发展，教育行业的基本建设将逐年增加。我们瞄准建筑行业的潜力，发挥后勤自身优势，申请创办了宁夏斯达教育建筑工程公司，1996 年元月注册，公司实行董事会领导下的独立核算、自负盈亏、自我发展、自我约束经营方式。创办一年，生产值近 400 万元，利润 30 余万元，为校承建的新教工住宅楼一次性通过银川市质检站验收为优良工程，教职工公认该楼是我校建校以来质量最好的住宅楼。建筑公司的创办，为我校后勤增强自身造血功能，学习现代企业管理经验，推进我校社会化进程都将起到很大的促进作用。

三、重视人员素质提高，增强后勤改革的后劲

随着高校后勤改革的不断深入，现代科学管理方法和现代企业管理程序都要引入高校后勤运行机制当中，而这些引人都要以人员素质，特别是管理者素质提高为前提，后勤改革全面推开以后，我们就认识到这一问题的必要性、迫切性，及早动手，注重人员素质提高，几年来，在提高职工素质，建设人才队伍方面取得了初步成效，具体做法如下：

第一，支持职工业余学习，努力提高文化素质。随着我国教育体制的改革和教育水平的不断提高，各类成人学校向这方面职工敞开了知识的大门。我们抓住机遇，动员宣传、提供条件、学校报销学费，大力支持职工参加业余文化学习，以提高职工的文化素质。几年来，我处广大职工克服各种困难，积极地投入到业余学习中去，并已形成了良好的学习气氛。目前，已取得中专以上学历的有 45 人（其中大专 19 人，本科10 人，研究生 1 人），还

有39人在读，他们占全处总人数的51%。比起八十年代初的中专以上文化程度的职工只占5%的比例有显著提高。也正因为职工文化素质的提高，其工作水平、能力、质量也都有了明显。

第二，加强职工岗位培训，提高专业技术水平。后勤工种多，工作繁杂，而且技术性强。每个岗位都有它的重要性，不是任何人都可以代替的。因此，岗位工人的技术水平，就直接影响到其工作的成效，甚至影响到整个后勤工作的成效。对此，我们非常重视对技术骨干的培养和对职工岗位的培训，以此来提高职工的专业技术水平。近几年，我们配合学校和社会有关部门，对全处60余名在技术岗位工作的职工分期分批地进行了岗位技术培训和考核，还对10余名从事财会工作的职工进行了计算机理论和实践的培训考核。目前，这70余名职工已全部拿到了不同等级、不同专业技术的合格证书。通过培训，职工的专业技术水平进一步提高了，其专业技术特长也更好地发挥出来。

第三，严把人事关，选拔重用高素质人才。由于后勤工作繁重，且工作条件差，社会偏见多，致使许多人特别是一些优秀人才不愿从事后勤工作，造成人才短缺现象。而另一方面，现有机构臃肿，闲杂人员难以分流，还有低素质的人硬往里钻。怎么办呢？只有严把人事关，不该要的坚决不要，选拔重用高素质人才。为此，几年来，我校陆续从教学单位、校内外党政机关、其他企事业单位以及大中专毕业生中选调近20名具有大中专以上学历的同志，到我处领导岗位和关键部门工作。这些同志的共同特点是视野宽阔、思想解放、综合能力强、政治觉悟高。更重要的是，这些同志走上后勤工作岗位后，具有强烈的敬业精神，积极推进后勤改革，在近两年的时间里，修订了170多项管理章程与制度，使我校后勤管理工作迅速向科学化、制度化的轨道迈进，服务质量明显提高，工作出现可喜局面。

四、我校后勤进一步改革的思路

第一，在改革的深度上下功夫。一是改革目前人事管理制度。总务处对各中心负责人实行年度聘任制，年初签订目标责任书，年底考核检查，根据考查结果，提出续聘或解聘的意见，并报学校备案。对职工实行聘用制，根据年终考评结果，中心负责人提出聘用意见，总务处审定，报学校备案。中心负责人有权拒绝不需要的人事安排。二是改革现行拨款体制。建议学校对后勤分项目进行驱动机制的改革，先从一个行业开始，将依靠拨款驱动的运行机制改为靠市场驱动的运行机制，实行按政策收费服务，在一个行业取得经验后，逐步扩展，最终完全改革现行拨款体制为全成本收费服务体制。三是继续推进“变体转型”的改革。尽快完成校医院、幼儿园的实体转轨工作，实行企业化管理。对于已经转为管理服务型的实体要推进这类实体向经营服务型转化，成熟一个就转轨一个。并积极准备由多实体向大实体的转化，加快后勤社会化的步伐。四是继续完善、强化监督机制。对现有内控和外控两个监督系统继续完善、加强，特别要强化内部监督机制，保证后勤服务质量的不断提高和运行的规范，树立良好的改革形象，加强日常维修的值班服务，保证用户打电话的畅通和接到用户维修反映20分钟到现场的承诺服务，把用户的定期测评意见作为群众监督的有效措施，并使之规范化、定量化，并与维修人员的分配挂钩。

第二，在发展后勤产业上下功夫。一是加强对现有三个产业项目的指导，最大限度地发挥其效益，减少浪费，增加创收。并支持其发展后劲，给予必要的投入，保证产业的可持续发展、壮大。二是申请调回原总务处管理的北林带苗圃（校产办管理）。采取股份制投入（学校控股51%），职工自愿入股，实行股东会管理形式，为后勤产业的发展和提高后勤职工待遇打下坚实的基础。三是积极论证，走出校园。到社会上去创办、联办与高校后勤关系密切的产业，为社会化高校后勤企业及早探路。

发表于《中国高校后勤研究》1997年第4期

宁夏大学后勤发展的现状和改革思路

一、后勤改革的进程及困难

我校后勤的改革从1985年实行食堂承包起步，经过十年的不断探索，在运行机制和机构改革上取得了一定的成绩。但也存在不少问题，随着社会主义市场经济的进一步确立，原来计划经济运行方式的弊端和深层次的问题开始日趋严重，随着改革力度的加大，后勤向前发展的困难也越来越多，严重地制约着后勤改革，目前后勤所面临的困难有以下几个方面。

第一，更新观念难。由于人们长期受计划经济思想的影响及旧观念的束缚，面对市场经济大潮的冲击，思想观念就显得滞后和矛盾，具体表现在：一是后勤人员既想在市场经济潮流中大显身手，得到更多的实惠，又缺乏风险精神和创新意识，害怕砸了铁饭碗，既想多劳多得，拉开分配档次，又留恋大锅饭，希望旱涝保收。二是服务对象对后勤人员的服务质量要求越来越高，同时希望福利性服务越多越好，个人承担的越少越好，公家包得越多越好。这些观念上的反差，给后勤人员的服务增大了难度。三是学校一方面感到后勤人员文化素质低，跟不上形势发展的需要，另一方面出于对学校整体的考虑，将教职工配偶文化低的一方和考不上学又找不到工作的子女，希望总务处给予安排；一方面希望后勤提高服务质量，另一方面又不希望加大收费力度和涨价。这种观念上的反差对后勤的改革和发展后劲有一定的影响。

第二，经费困难。自治区、宁夏大学的经费困难，这是实际情况，但总务处的经费更困难。从近五年的情况看，每年物价平均上涨15%左右，建筑面积每年平均增加4000余平方米，服务对象的人数实际每年增加200多人。这三项因素加起来，每年实际经费增加30万元才能持平，但近五年学校经费每年平均增加不足15万元，以1995年为例，总务处预算经费需要250万元，学校核拨经费只有155万元，除去拨给饮食服务中心20万元，给总务处实际拨款只有135万元，加上收入40万元，经费缺额达75万元。总务处只有请学校追加，欠账运行，寅吃卯粮。

第三，设备超期运行严重，隐患重重，高质量服务难以保证。随着学校规模的不断扩大，基础设施的陈旧老化，运行当中的跑冒滴漏，断水断电时有发生。后勤服务人员每天都处于紧张状态，工作方式就像消防队一样，很难有时间和精力顾及长远的发展规划。以水暖电中心为例，我校上下水管道是60年代安装的，运行已达30余年，管壁严重锈蚀，已经不起锤子敲打，经常跑冒。到了冬天跑冒更为严重，维修方式只能是挖开冻土，用铁卡子堵住漏眼，继续运行。污水排放更是苦不堪言，由于排污管道的老化，加之建筑面积的增加，排污量已超出排污管道的排污能力一倍以上，只要遇到洗澡或用水量高峰，污水就从许多排污检查井里冒出，污水流向校园、马路、公共场所。据测算，我校要彻底更换上下水管道和顺利解决排污问题，约需资金200万元。

供暖设施的老化也很严重，供暖锅炉七台，其中三台使用时间已超过十年，需大修或更新。供热锅炉三台，其中二台投入使用已达15年之久，已超过使用寿命年限仍在运行。全校供暖管道总长6716米，60%投入运行已超过十五年，管壁锈蚀严重，据实地勘测，管壁变薄为2毫米以下，最薄处只有1毫米。在上级关怀下，近两年已更换暖气管道2015米，还有3821米亟待更换，经预算如果更换直埋式管道，总需经费90万元。

供电设备老化，计量用电更是困难。很多电线外皮老化脱落。加之建筑面积的增加，学校上空电线纵横交错，很难保证正常供电。计量供电更是无法实现，要将我校供电完全走上正规化、计量化，做到安全供电，不停电，总共需要资金210万元，其中实现计量用电需30万元，改为电缆供电需50万元，改用双回路供电30万元，建立变电所需100万元。以上水暖电三项设施如全部更新改造，共需经费500万元，也就是说，目前在欠巨债运行。

第四，总务处产业被学校收走，缺乏发展的后劲。总务处主持（在学校支持下）筹建并管理的大学商场、招待所、苗圃、商品房都在渡过困难期，有了经济效益时被学校收走或调出。

第五，管理体制不顺，事企不分的现象仍然存在。承包的主体是以处、科为单位的行政部门，与原有的行政管理没有本质区别和变化。甲方、乙方一体化，承包者既是承包方，又要履行承包和管理、监督职能，就好像一个人要扮演正反两个角色一样，冲突和矛盾在所难免。

第六，缺乏现代管理手段和高层次管理人才。全处科以上干部，大专以上文化程度者不足30%，没有高层次的后勤管理专业人才，后勤总体改革的力度和思路都受到了很大的局限。

二、改革的思路

第一，改革的指导思想和目标。改革的指导思想是以邓小平同志建设有中国特色社会主义理论为指导，紧紧围绕学校综合改革的整体目标，坚持“三服务、两育人”的后勤工作宗旨，进一步解放思想，更新观念，加快改革步伐，加大改革力度，按照“事企分开，两权分离”的原则。实行“小机关，多实体，大服务”的管理模式，对内开展有偿服务，对外开展经营服务，逐步使后勤各科室转变为专业化生产，经营服务，企业化管理，自收自支的经济实体，形成资产多元化和经营服务方式多样化的社会服务体系。

改革的目标是，按照学校的总体改革目标和发展战略，后勤改革的目标分三步走。

第一步，1996—1997年，重点是进行体制方面的改革，完成总务处小机关的建设，实行“小机关、多实体、大服务”的高校后勤管理体制的新格局，做到机构分开，分配渠道分开，对后勤服务实体占用国有资产作好资产评估和产权界定工作，核定其资产占有量，确定其保值和增值的管理目标。在财务管理方面，根据后勤服务的主体性质，分别实行单独核算或独立核算，小机关代表学校对后勤服务实体实行计划指导，宏观监控的合同管理，建立健全与管理体制相配套的科学管理制度，服务标准体系和职业道德规范。

第二步，1998—2000年，重点进行机制方面的改革。将依靠学校拨款驱动的运行机制转换为靠市场驱动的运行机制。实行收费服务制度，凡应给予政策性补贴的项目，一律实行明补。

对实行有偿服务和经营服务的实体，按企业成本核算的项目计算成本。推行全员风险抵押承包，全员风险抵押租赁经营，引入利益驱动机制和产权约束机制。

发展后勤产业，让经营性服务实体走向社会、参与竞争，增强后勤服务的自身造血功能，使创收能力达到运转经费的20%，减轻学校负担。

第三步，到2010年，实现后勤服务工作社会化，只保留小机关，大部分后勤服务单位均与学校分离。学校除与教育、科研联系密切，技术性较强的服务由自己来承担以外，一切生活服务均由后勤社会化的实体和社会上众多的第三产业来承担。

第二，改革意见和建议。一是争取学校各方面的支持和理解，是搞好后勤改革，推向社会化的关键。学校要把后勤改革纳入到学校的整体改革之中，从人、财、物各方面加大对后勤的投入，或给政策发展后勤产业，还要为后勤撑腰，加强对后勤的领导、指导，使后勤改革朝着健康的方向发展，为后勤工作创造一个良好的工作环境，师生员工应充分认识后勤工作的特殊性和重要性，理解配合，支持后勤改革。二是要重视后勤管理干部、技术骨干的配备和选拔，这是搞好后勤改革的组织保证。根据后勤工作和改革的需要，要把那些求真务实，勇于开拓进取，有献身精神的实干家，有一定管理和市场知识的人才选配到后勤工作岗位上来，要扩大选拔后勤管理干部和技术骨干的视野。要在全校范围内选拔优秀干部充实后勤干部队伍。选拔优秀大中专毕业生补充后勤干部和技术骨干队伍。从后勤工人中选拔管理干部。三是后勤的改革与实践，要注重理论的研究并在实践中接受理论指导。没有理论指导的实践和改革是带有盲目性的，正确的理论指导比实践本身具有更重要意义。四是后勤改革要从高校实际出发，不能忽视“三服务、两育人”的宗旨。从高校后勤的性质和特点看，高校后勤具有两重性，既有社会第三产业的属性，又具有高等教育的教育属性。正是由于它的双重性特点规定了高校后勤工作，既要按经济规律办事，又要按教育规律办事，这就对后勤战线上的干部、职工提出了更高的要求。因此，后勤改革必须在挖掘自身潜力上下功夫，在提高职工综合素质上下功夫，在后勤管理服务走向社会化的过程中，使“三服务、两育人”的工作做得更好。

发表于《宁夏大学高教研究》1996 年第 1 期

五　文化篇

中西方文化差异性比较研究

文化，从根本意义上说是人类认识世界和改造世界的总成绩，是人类物质文明、精神文明、政治文明和社会文明成就的总概括，是人类全部思想和行为的总记录。人类历史的一切成就都可以归为文化成就。

文化传统有着强劲的连续性，在世界一体化过程中，不同文化间的趋同不断增多，差异不断减少。但是，千年的文化积淀非一朝一夕所能改变，从总体上说，不同地域、不同民族的文化个性依然明显。了解中西方文化差异对于提高跨文化交际能力有着重要的意义，它能帮助我们正确理解西方人的言行，在交际过程中，充分了解对方，尊重对方的习俗，实现共赢。

一、中西方文化的差异性

（一）伦理倾向与法理倾向

第一，对人性的态度不同。中国文化从“性善”的角度出发，认为人的本性是善的，把人首先都看作好人，认为长官、君王一定是好人，主张建立良好的伦理道德以规范人们的行为，通过权威和权力来维护社会秩序，通过教化来使人形成自律意识，使人自觉的克服动物性本能和个人私欲，遵守社会规范，维护社会秩序。由此，人治思想容易被老百姓接受。

西方文化从“性恶”的角度出发，认为人的本性是恶的，认为人都有坏的冲动，主张“原罪说”，认为人生下来就有罪，主张通过建立严密的法律来处理人与人之间的关系，抑制个人动物性本能，通过建立各种制度和规范来维护社会秩序。用“他律”来促使人们遵守社会规范，维护社会秩序，于是就产生了三权分立。

第二，对面子的看法不同。在讲面子和讲规矩之间，中国人更在乎讲面子。例如，中国人到电影院按票找到自己的位置，见有人坐着，说请你起来，这是我的座，对方一定说，这是你的座吗？那你怎么不搬回家去。如果你说，您坐吧，我随便找个地方坐坐，他一定会说，没关系，还是你坐吧，为什么会这样呢，因为他是为了一个面子。

西方人更在乎规矩。西方人到电影院只要拿出票，说这是我的座，对方一看票，就说，对不起，你请坐。

第三，对个人隐私权的态度不同。中国人的个人隐私观念比较淡薄。特别是在亲朋好友之间，大家喜欢不分你我，共同分享对方的私人生活。另外，长者往往可以随意问及晚辈的私人生活，以显示关心。

西方人非常注重个人隐私权。在日常交谈中，大家一般不会涉及对方的“私人问题”。如年龄、婚姻状况、收入、工作、住所、经历、宗教信仰、选举等。同时，人们还特别注重个人的私人生活空间。别人房间里的壁橱、桌子、抽屉、桌子上的信件、文件和其他文稿都不应随便乱动、乱翻。假如别人在阅读或写作，也不能从背后去看对方阅读和写作的内容，即使对方只是在阅读报纸或杂志。

空间距离上也很在意。即使在公共场所，大家都十分自觉地为对方留出一定私人空间。比如，排队的时候他们总是习惯和别人保持一定距离。

（二）内在倾向与外在倾向

第一，对待赞美的态度不同。中国人在别人赞美自己的时候，多数人还是倾向于拒绝。一般来说，中国人大多反对或蔑视王婆卖瓜式的自吹自擂。尽管内心十分喜悦，但表面上总是表现得不敢苟同，对别人的赞美予以礼貌的否定，以示谦虚：“还不行”“马马虎虎吧”“哪能与你相比啊”“过奖了”，等等。

而西方人对待赞美的态度可谓是喜形于色。“约翰，你棒极了”“玛丽，你真优秀”。受到赞美时总是用“Thank you”来回应。

第二，待客和做客的方式不同。中国人和人相处的时候，总是习惯从自己的角度去为别人着想。这表现在待客和做客上，客人总是尽量不去麻烦主人，不让主人破费，因而对于主人的招待总是要礼貌地加以谢绝。比如，主人问客人想喝点什么，客人一般会说“我不渴”或“不用麻烦了”；主人在餐桌上为客人斟酒，客人总要加以推辞，说“够了，够了”，而事实上，客人并不一定是不想喝，往往只是客气而已。所以，称职的主人不会直接问客人想要什么，而是主动揣摩客人的需求，并积极地给予满足。在餐桌上，殷勤好客的主人总是不停地给客人劝酒、劝菜。所以，中国人的待客和做客场面往往气氛热烈：一方不停地劝，另一方则不停地推辞。

西方人，无论是主人还是客人，大家都非常直率，无须客套。当客人上门了，主人会直截了当地问对方“想喝点什么”；如果客人想喝点什么，可以直接反问对方“你有什么饮料”，并选择一种自己喜欢的饮料；如果客人确实不想喝，客人会说“谢谢！我不想喝”。在餐桌上，主人会问客人还要不要再来点，如果客人说够了，主人一般不会再向客人劝吃、劝喝。

第三，送礼的想法不同。中国人送礼比较看重礼品的价值，礼品的价值一定程度上代表了送礼人的情意。中国人不会当着送礼人的面打开礼物包装，除非送礼人要求对方这么做。这么做的目的是为了表示自己看重的是相互间的情谊，而不是物质利益。如果当着送礼人的面打开礼物包装，就有重利轻义的嫌疑。

西方人不是很重视礼尚往来，尽管他们也常常在节日、生日和拜访时向亲朋好友赠送礼物。他们一般不看重礼品的价值（因而喜欢赠送一些小礼物），认为向朋友赠送礼物不是为了满足朋友的某种需求，只是为了表达感情。西方人在收到礼物的时候，一般要当着送礼人的面打开礼物包装，并对礼物表示赞赏。如果不当面打开礼物包装，送礼人会以为对方不喜欢自己所送的礼物。

(三)整体倾向与个体倾向

第一，思维的角度不同。中国人的整体倾向是远古的狩猎生活和农耕文化影响而形成的，因为靠个人的力量很难狩到猎物，耕作也只能通过合作才能完成。因此，中国人整体性思维较强，强调整体的定性思维，注重从整体的角度来把握个体和观察事物，着眼于事物之间的有机关系，强调人与自然是一个统一的整体。不足的是不善于对事物做周密的逻辑分析，难以发现自然界中的规律。

西方人强调个体、局部的实证思维，注重的是个体的人，善于从个体上把握整体，长于对某一个体作精密的逻辑分析，能够透过表层发现内在的规律和原理等。缺点是具有某种片面性。

第二，对宗教信仰的态度不同。中国文化对宗教信仰是兼容的，在信仰上不排他，许多人既信佛教，也信道教和其他宗教。有的人见神就拜，见寺庙或教堂就求，不论它属于什么宗教。有些寺庙甚至把多种宗教的神像放在一块共同供奉和祭祀，如明清以来的许多寺庙，都是儒、道、佛三教同堂供奉。人们的祭祀和敬拜心理，也是拜的神越多越好，会得到更多的神保佑。

西方人的宗教信仰具有排他性的特点，每个人一般只信仰一种宗教，不会既信基督教又信天主教或伊斯兰教，西方人重精神寄托。

第三，对集体和个人的看法不同。中国人的思想内核是群体意识，要为群体着想，也要为群体负责，其特点是每人都是群体的一分子，以该群体荣辱存亡看成是自己的荣辱存亡。在中国，安定是最高的社会理念。

西方人的思想内核是个体意识，重视个人成长，注重个性发展。西方人具有直截了当、公开的沟通方式、自我张扬、富有雄心的特点。

(四)家族倾向与个人倾向

第一，对待子女的要求不同。中国人人际关系，以“伦理”为主。在中国家庭中，子女年幼时依赖父母，父母为家庭做出很多的个人牺牲，但要求子女更多的服从。子女成长后则对父母负有赡养的责任，但在某些情况下会继续依赖父母。父母与子女这种依赖与被依赖的关系不可能使子女与父母平等相处，子女更不可能用名字来称呼父母；西方人认为父母培养孩子的目标是使孩子在18岁左右能成为独立自主、自食其力、并对自我行为负责的独立的个人，在职业、婚姻、家庭、运动、爱好各方面，都倾向于自我抉择。在西方家庭中，父母与子女的关系较为平等。子女与父母之间没有这么多依赖性，子女中学毕业后就不在家里住，年轻人以独立自主为荣。

第二，对兄弟的理解不同。从小生活在中国，曾获得诺贝尔文学奖的美国女作家赛珍珠把《水浒传》翻译成英文，书名改为《四海之内皆兄弟》。

书名的置换，反映出赛珍珠这样的感受：在一部描写中国农民起义以及被招安的小说里，比杀戮、谋略、情爱更让人倾心的是兄弟之情。水泊梁山的好汉，有名有姓108人，他们同生共死的理由只有一个：兄弟。

兄弟情被中国人称为手足情。把兄弟定位于肢体关系，是中国式宗法伦理的一大发明，当然它来自儒家的教义。“孝悌”之“悌”，即说兄弟之间是友善的、不弃不离的、订之于终生的亲情。在中国人心中，兄弟情是大事。

西方人则没有这样的观念。

第三，对婚姻的态度不同。西方人的婚姻观与中国人的婚姻观有着极大的不同。因为他们认为：婚姻纯属个人私事，任何人不能干涉；同时婚姻不属于道德问题。一个人有权选择和他/她最喜欢的人生活在一起，一旦发现现有的婚姻是一个错误，他/她有权作第二次选择。如果夫妇一方爱上了第三者，任何一方都不会受谴责。在他们看来，强迫两个不相爱的人生活在一起是残忍的。中国人的婚姻相对来说比较稳定。这是因为中国人把婚姻当作人生的头等大事，每个人都谨慎对待，认真选择，一旦决定了，就不会轻易改变。而且中国人一向把婚姻当作一个严肃的道德问题，喜新厌旧，或是第三者插足都被认为是极不道德的。

西方人认为婚姻纯属个人私事，任何人不能干涉；同时婚姻不属于道德问题。一个人有权选择和他/她最喜欢的人生活在一起，一旦发现有的婚姻是一个错误，他/她有权作出第二次选择。如果夫妇一方爱上了第三者，任何一方都不会受谴责。在他们看来，强迫两个不相爱的人生活在一起是残忍的。

(五)直觉倾向与理性倾向

第一，饮食的方式不同。在中国，任何一个宴席，不管是什么目的，都只会有一种形式，就是大家团团围坐，共享一席。筵席要用圆桌，这就从形式上造成了一种团结、礼貌、共趣的气氛。美味佳肴放在一桌人的中心，它既是一桌人欣赏、品尝的对象，又是一桌人感情交流的媒介物。人们相互敬酒、相互让菜、劝菜，在美好的事物面前，体现了人们之间相互尊重、礼让的美德。虽然从卫生的角度看，这种饮食方式有明显的不足之处，但它符合我们民族“大团圆”的普遍心态，反映了中国古典哲学中“和”这个范畴对后代思想的影响，便于集体的情感交流，因而至今难以改革。在西式饮宴上，食品和酒尽管非常重要，但实际上那是作为陪衬。

宴会的核心在于交谊，通过与邻座客人之间的交谈，达到交谊的目的。如果将宴会的交谊性与舞蹈相类比，那么可以说，中式宴席好比是集体舞，而西式宴会好比是男女的交谊舞。由此可见，中式宴会和西式宴会交谊的目的都很明显，只不过中式宴会更多地体现在全席的交谊，而西式宴会多体现于相邻宾客之间的交谊。与中国饮食方式的差异更为明显的是西方流行的自助餐。这种方式便于个人之间的情感交流，不必将所有的话摆在桌面上，也表现了西方人对个性、对自我的尊重。但各吃各的，互不相扰，缺少了一些中国人聊欢共乐的情调。所以，归根结底还是感性与理性之间的差异。

第二，遵守秩序的态度不同。中国人面对社会秩序的约束，首先想到的是看能不能打擦边球，能不能通融。西方人遵守社会秩序比较自觉。例如，一个中国留学生在和法国的女朋友过马路时闯了红灯，法国的女朋友就提出分手，理由是“你连红灯都敢闯，你还能遵守其他规矩吗”？这个留学生回国找了个女朋友，过马路时女朋友闯了红灯，而他吸取了教训，没有闯红灯。女朋友就提出分手，理由是“你连红灯都不敢闯，还能干什么？”这就是中西方文化不同的碰撞。

第三，遵守时间的观念不同。中国很多人的时间观念不是太强。没有预约的突然造访和临时约请都相当普遍，即使提前预约也往往在一周以内。另外，职业人在时间分配上往往公私不分，下班以后谈公事或是上班时间谈私事都是寻常之事。

西方人大多时间观念比较强，日程安排很紧凑。如果要拜会或是宴请，一定要提前预约，预约时间通常在一周以上。如果你没有预约而突然拜访或是临时约请对方，对方一般会拒绝你。而且，对于工作时间和个人时间有严格的区分。如果是工作交往，应选择在对方的工作时间里进行；如果是私人交往，就要选择在对方下班的时间里进行。

在约会的时候，中国人一般为表示对对方的尊重会提前来，有的时候说：“我在这已经等了你 3 天了，今天终于见到你了。”可是在西方是这样，双方说定 9 点约会，往往会守时而来。见面时会说：“Hello，我准时到了。”你要跟一个西方人约会，你说提前 3 天就到了，他一定觉得你神经病！西方人厌恶突然拜访，中国人则对其感到惊喜。

二、中西文化的互补性

中国哲人两千多年前便意识到文化多样性和差异性的重要性，认为“不同”是事物互补和发展的根本，相异的事物相互补充，才有可能不断发展和繁荣。如果事物相同，就没有比较和借鉴，事物就会停滞不前甚至窒息。《国语·郑语》记载西周末年史伯说过的话：“和实生物，同则不继。”

(一)中西方文化优缺点的互补

英国著名的思想家罗素早在80多年前，便站在历史的制高点俯瞰中国和西方文明。他认为：中国文明的长处在于对人生归宿的合理理解，中国文化的弱点在于缺乏科学。西方文明的显著长处在于科学的方法，西方文化的弱点在于过分强调个性张扬。中国可以从西方文化里学到必不可少的、实用的效率；而西方则可以从中国学到一些深思熟虑的智慧。例如：中国人重视群体的作用，强调由己及人，孝慈友悌，注重人事，兼济天下，有利于形成互敬互爱的人际关系，增强民族的群体意识和凝聚力，并能把握适度原则，防止“过往”或“不及”，在现代社会有着一定的积极作用。但这种思维方式容易压抑个体的创造性。

西方人重视个体作用，强调个人自由、个人权利、个人的独立性。

在当代社会，要实现一种社会与个体的融合，必须坚持这两种思维方式的有机结合和互补，既要发扬以群体为本位的积极作用，又要激发个人的生存和创造能力；个体有义务为社会群体作出贡献，社会群体有义务为其成员服务。

(二)中西方文化多样性的互补

文化多样性是人类社会的基本特征，也是人类文明发展进步的动力。越是异性、异质的文化，互补性也就越强。任何一种文化在历史发展长河中，并不是自我封闭，而是在相互交流中保护自己的特色，在竞争和比较中取长补短，在求同存异中共同发展。每一种文化都有其长处和不足，如果两种文明完全相同或相似，就不可能取长补短，不可能吸收新的文化因素，文化或文明也就没有活力。一种文化没有活力，就会停滞不前，就会衰落，历史上许多文明的消亡大多是由于文化失去活力而引起的。文化多样性是创新和创作的源泉。例如：文化创新或某种新新文化的创造，在许多情况下是在不同文化的交流中产生的，有不少是在异民族文化的基础上或在吸收了其精华而创造的。古今中外许多著名舞蹈、音乐、绘画、工艺等，都是在不同文化的交流中产生的。现代西方流行的许多舞蹈、音乐，是在非洲黑人和印第安等民族的舞蹈和音乐上创造的。

三、结语

加强对话、相互尊重、彼此认同、充分理解、平等合作、和谐相处，是世界不同文化、不同文明、不同宗教的民族之间的相处之道。文化具有相对性，每一种文化都是适应自然和社会环境的产物，一切文化都有其内在的、独特的价值，不应脱离历史和社会环境评价某种文化之优劣。一切文化的价值都是相对的，绝对的价值标准是不存在的。无论哪一个民族，都应尊重文化的差异性和多样性，既尊重自己的文化，也尊重他人的文化；既要尊重强势文化，更要尊重弱势文化。

总的来说，我们既要欣赏东方文明之美及其伟大贡献，也要欣赏西方文明之美及其历史价值；既要继承东方的智慧，也要吸收西方的智慧。全盘肯定传统、故步自封、夜郎自大、不愿吸收和借鉴西方文明的精华，必将落后于世界；而全盘否定传统、妄自菲薄、自轻自贱、必将丧失自己的优秀传统，成为西方文化的附庸。文化保守主义和历史虚无主义都不是科学的态度，不利于中华文明的复兴和发展。中西文化彼此之间应该相互尊重，取长补短，互通有无，共生共荣，并行发展。

发表于《中国招标》2012 年第 7 期

中西方文化的优势与弱点比较分析

英国著名的思想家罗素站在历史的制高点俯瞰中国和西方文明。他认为：中国文明的优势在于对人生归宿的合理理解，中国文化的弱点在于缺乏科学。西方文明的优势在于科学的方法，西方文化的弱点在于过分强调个性张扬。中国可以从西方文化中学到科学实用的方法，而西方则可以从中国文化中学到深思熟虑的智慧。

比较中西方文化的优势与弱点，可以看出以下的不同与区别。

一、中西方文化的优势与弱点比较

（一）中国文化的优势

第一，中国文化延绵不断。伊拉克人的祖先是最早创造的楔形文字，已经没有人能够读懂了。埃及的金字塔虽然没有倒塌，但是谁也不知道它是干什么的。希腊人只有从欧洲那里了解自己的祖先。中华儿女现在还能读得懂古人的文章，我们现在读孔子、孟子的书，还是那么亲切、那么顺畅，我们的文明延续下来了。

第二，中国文化不走极端。周易八卦图，是中国哲学的一个模型，它与西方国家的哲学不一样。这种圆形的视觉结构，告诉我们任何极端都走不通。这种不极端的思维，使中国文明从古代到现在具有充分的弹性。现在，有人都认为我们中国强大了，21 世纪应该成为中华民族的世纪。其实这不是我们中国人民的总体思维。我们不会做这么极端的事情。了解中国文化的人，不会提出“中国威胁论”。

第三，中国文化推崇秩序。从秦汉帝国开始，中国建立了强有力的管理秩序，统一了度量衡、统一了文字、实行了户籍制、郡县制。这些一直延续到今天，郡县制就是中央派官员下来，郡下面是县、县下面有乡，这使中国整个社会基本保持有序状态。科举制度解决了如何有效管理的问题，就是因为科举考试的内容是儒家学说，而儒家学说就是修身齐家治国平天下。

(二)中国文化的弱点

第一，不重视公共空间。中国文化讲忠孝两全，忠是指朝廷，孝是指家庭，对这两者之间的公共空间都不太重视。公共空间既不是朝廷也不是家庭，因此大家都不太在意。如有的知识分子在书房里面进行研究，研究的作品公众看不懂，他们也不想让公众看懂，这其实是对公共空间的拒绝。

第二，不重视实证。中国历史最大的不足是缺少数字化的管理。中国古代很多战斗，都是领导凭经验而不是仔细调查后作出决定的。现在的数字化管理已经开始，但文化上还不是，文化上缺少实证意识，缺少科学思维。我们提倡科学思维的时候，提倡科学发展观念的时候，实证一定是我们的基础。

第三，不重视创新。我们在编《四库全书》的时候，西方在发明蒸汽机，做热气球的自由飞行，证明化合物、社会契约论。我们在汇集，他们在创造，我们在收集经典，他们创造未知，我们在咬文嚼字，他们在考察宇宙。我们曾经有过辉煌的过去，但在达到顶峰时是缺乏创新了，缺乏创新就会落后。

我们不能因为四大发明而骄傲了，我们的创新非常薄弱，创造发明越来越少了。

(三)西方文化的优势

第一，热衷于自然界的探索。具有强烈的怀疑和批判精神。西方的哲学家、科学家都致力于探索自然界。古希腊哲学家泰勒斯关于“水”的本原说，毕达哥拉斯关于“数”的本原说，德谟克利特的原子说，哥白尼的日心说，亚里士多德关于生命的探索，阿基米德关于浮力的研究，都是有力的明证。

热衷于探索自然界，热衷于寻找现象背后的原因，是西方文化的一个根深蒂固的传统，这一传统从古希腊开始，一直延绵至今。

第二，有强烈的怀疑和批判精神。西方科学家不相信任何权威。西方学派林立，学派内部也观点不一。亚里士多德提出“我爱我师，我更爱真理”，并以此为由另立门户。赫拉克利特认为，“人不能两次踏进同一条河流”，而他的学生克拉底鲁认为“人连一次也不能踏进同一条河流”。阿布拉尔认为“解决问题的最好方法就是坚持经常的怀疑”。康德把自己的哲学称为“批判哲学”，波普尔认为“科学的态度是批判的态度”。

纵观西方学术史，之所以学派林立，理论纷繁，新学科不断诞生，新学说不断涌现，就是因为西方文化中浸透着强烈的怀疑和批判精神。

第三，注重对知识的检验和论证。西方文化认为没有经过检验或论证的知识是不可靠的。例如，勾平方与股平方之和等于弦平方，只有用逻辑方法证明了它确实正确，才叫“定理”。毕达哥拉斯第一个用逻辑方法证明了勾平方与股平方之和确实等于弦平方，所以西方人把它叫作毕达哥拉斯定理。如果没有严格的逻辑证明方法，就没有定理，如果没有定理的支撑，就没有今天的数学。

(四)西方文化的弱点

第一，过分强调个人作用。重视个人自由、权利和独立性，易于激发个人的生存和创造能力。但这种思维方式，不重视个人对群体与社会的责任和义务，容易导致个人主义，人情淡漠，不利于社会安定。只重视人与人之间的外在关系，强调人对物的支配关系，缺乏人与人之间的内在关系，人与物的和谐统一。使得一个人在团队中的关系不协调，团队精神得不到很好的发挥，一定程度上影响了整个团队，甚至整个社会的潜在效益。

第二，过分强调个性张扬。个体本位得到了张扬，有利于创新与进取，促进了平等自由观念，却助长了自私自利，自由涣散，唯我独尊及无政府主义思想，人与人之间疏远隔离，缺乏融洽的沟通，员工与企业之间成为雇员与雇主的关系，个人利益与集体利益不能有效的结合，不利于社会的发展与进步。

第三，人与自然对立。西方文化强调征服和战胜自然，当人们的生存靠征服自然来获得的时候，这种征服自然的观念便深入人心，这使得西方的一些企业去追求企业的利益最大化，追求短期企业目标，对自然资源的滥采滥用，过度开采，这种不关心天人和谐的做法极大地威胁着世界的和平与发展。

二、中西方文化的优势与弱点分析

历史的发展，有其内在的运行规律，以中国人为代表的东方人和以欧洲人为代表的西方人在文化上的差异，导致了不同的人群性格、不同的价值体系和不同科技发展方向，又推动着社会的发展在历史上留下不同的轨迹。

中国延续五千年的文化，创造了大一统的中华和谐秩序。在历史上，中国虽然一而再再而三的被仇敌、汉奸和外族打败并凌辱，都又一而再再而三的复国强盛。我国古代的科学技术在许多方面居于世界前列，当历史进入公元记事以后，我国的科学技术一直在向前发展，而欧洲的科学技术却停滞不前。公元 2 世纪至 10 世纪，中国先后发明了造纸、指南针、火药和印刷术，到 12 世纪至 16 世纪传入西方，四大发明推动了世界科学技术发展。当中国人的文化所创造的社会推动力在唐代达到顶峰的时候，欧洲还处在漫长而黑暗的中世纪中。

公元 15 世纪，中世纪结束时，由于封建制度的瓦解和资本主义制度的逐步形成。西方人利用中国发明的纸张和印刷术，传播科学知识，普及教育。利用中国发明的指南针，火药，探索世界。在此基础上，西方人用他们的思维方式创立了现代科学和现代资本主义制度，推动了人类科技飞速发展。使人类达到了前所未有的高度。

但是，这种发展也带来了问题。威胁着整个人类的进一步的生存与发展。现代资本主义制度和现代科学体系下的发展盲目性、竞争无序性、过度强调个人利益等，已经给地球、给人类带来了巨大的危害，严重地影响着人类的长远发展。大量的森林被砍伐，大量的水资源被污染，大量的动植物灭绝。地球已经被破坏的面目全非，究其原因，就是因为西文化方片面地强调人的权利，而忽略自然环境所致，造成了人与环境的对立。

中国文化、中国思想在沉默了五百年之后，又重新回到了世界舞台的中心，为人类的和平与发展贡献自己更加成熟、更加自信的中华民族的智慧。在经济上，中国改革开放，学习资本主义先进的经营方式和管理理念，走中国特色社会主义道路，用 30 年时间，由 GDP 占世界 1%增长到 10%，在我们党成立 100 周年时，中国的经济总量将超过美国，成为世界第一经济大国，重现我们昔日辉煌。在国际关系上，提出建立和谐世界的理论，它是对现行世界奉行的以利己主义和自由竞争为基础的价值观和价值体系的一种修正。对西方体制主导下的世界所存在的种种顽疾，如环境问题、种族问题、文明冲突等给出了一个最终的解决思路。在可以预见到的未来，中国文化必将主导世界。

中西方文化在历史发展的不同时期、不同阶段，都曾引领了世界文化发展的方向，都曾展现了自己的优势与辉煌。同时，中西方不同的文化在发展到一定阶段后，也都反映出了各自文化的弱点与不足。文化发展的这种现象，符合任何事物的发展都是螺旋式上升和波浪式前进的辩证思维。

发表于《宁夏人大》2013 年第 9 期

中西方文化差异的分析

一、中西方不同的文化性质

从文化性质看，中国文化属于“伦理型”文化，西方文化属于“法理型”文化。中国人的伦理文化是从“性善”的角度出发的，认为人的本性是善的，即“人之初，性本善”。主张建立良好的伦理道德以规范人们的行为。西方人的法理文化是从“性恶”的角度出发的，认为人的本性是恶的，主张“原罪说”，认为人生下来就有罪。主张通过建立严密的法律来处理人与人之间的关系，抑制个人动物性本能，通过建立各种制度和规范来维护社会秩序。

第一，培养人的标准不同。中国文化以培养善良、本分的人为目的。注重用教化、修养，把人塑造成父慈、子孝、长惠、幼顺的传统中国人。西方文化以培养一个遵规守法的公民为基本目的。重视法律建设，从制度上规范人们的行为和意识，它是在制度约束下形成的自律，使每一个社会成员都成为一个守法的人。

第二，对自然的态度不同。中国文化是“成人之性”，重人文、人生、人道、人伦、人格、人情、人性。儒家一切意识形态皆以人为出发点，又以人为归宿点。强调与自然为善，天人合一，人与自然和谐相处。西方文化是“成物之性”，以自然为恶，强调人与自然的关系是主体与客体、征服与被征服的关系。主张征服自然，向自然索取。

第三，对隐私权的态度不同。中国人的个人隐私观念比较淡薄。特别是在亲朋好友之间，大家喜欢不分你我，共同分享对方的私人生活。长者可以随意问及晚辈的私人生活，以显示关心。西方人非常注重个人隐私权。在日常交谈中，大家一般不会涉及对方的私人问题。包括年龄、婚姻、收入、工作、住所、经历、宗教信仰等。

二、中西方不同的文化性格

从文化性格看，中国文化属于“内在型”文化，西方文化属于“外在型”文化。中国人的内在倾向是远古的农耕生活影响而形成的。农耕必须居住而作，世世代代通过长期的耕作，安土乐天，对自己的土地有深深的眷恋，对外界缺乏兴趣，视野不宽，思维封闭。所以中国传统思维注重内向自求，提倡“正心、修身、齐家、治国、平天下”。西方人的外在倾向是远古的边疆文化影响而形成的。西方国家大多数处于开放的海洋型地理环境，那里山风海啸、动荡不安，构成了西方民族注重空间拓展和武力征服的个性。居住在沿海地带开放环境下的人们，由于经常与外界交流和竞争，思维对象倾向于外界，思维视野不受地域限制，偏向于重视空间，他们认为，要想得到稳定的生活，必须消除外部不稳定的因素。盯住别人，就成为西方人的思维方式。

第一，对外关系的态度不同。中国人爱好和平，不喜欢战争。军事战略是以防守为主，主张后发制人，人不犯我，我不犯人。西方文化的进取性和扩张性很强，重视外部环境对自身安全的影响，通过扩张来保障国家的安全。主张先发制人，事事争取主动，强调把对手消灭在萌芽状态。

第二，求发展的方式不同。中国文明是“静的文明”，崇尚稳定，善于忍耐。无论是古代还是现在，都强调稳定，祈求平安，在稳定中求发展，知足常乐，追求社会的均衡与和谐。西方文明是“动的文明”，崇尚变化，不断进取，追求社会的变革与动态，在变动中求发展。

第三，评价自身方式不同。中国文化不主张炫耀个人荣誉，提倡谦虚谨慎。中国人视谦虚为美德，不论是对于自己的能力还是成绩，总是喜欢自谦，如果不这样可能会被指责为“不谦虚”“狂妄自大”。西方文化认为，一个人要得到别人的承认，首先必须自我肯定。所以，他们对于自己的能力和成绩总是实事求是地加以评价。被上司委以重任的时候，他们会感谢上司，并表示自己肯定能干好。西方人从来不掩饰自己的自信心、荣誉感以及在获得成就后的狂喜。

三、中西方不同的思维方式

从思维方式看，中国文化属于“整体型”思维文化，西方文化属于“个体型”思维文化。中国人的整体思维是受远古的狩猎生活影响而形成的，因为狩猎靠个人的力量很难完成，只能通过合作才能完成。西方人的个体倾向是受殖民生活影响而形成的。拓荒者为了挣脱社会桎梏，他必须独立自主、自力更生、自给自足。这种自立的精神延续至今，成为西方人特别是美国人信奉的精神之一。

第一，思维的方向不同。中国人传统的思维方式是由宏观到微观，考虑问题的方向总是由大到小、由上至下。例如，中国人计时顺序是年–月–日，写地址时从大到小的顺序写，撰写履历一般是由过去到现在。西方人的思维方式是由微观到宏观，考虑问题的方向总是由小到大、由下至上。例如，西方人计时顺序是日–月–年，写地址时从小到大的顺序写，撰写履历一般是由现在到过去。

第二，思维的精度不同。中国文化喜欢模糊。在生活中，当无法具体确定或精确确定思维对象范围的大小时，语言就带有模糊色彩。例如：表示时间用早一点去、晚一些来等，表示数量用几十、上下、左右、大约等，表示年龄时用儿童、青年、老年等，表示颜色时用深黄、浅绿等，表示人的体型时用偏高、微胖等，菜谱中常用盐少许，味精微量等模糊词语。西方文化喜欢精确。在生活中，尽量使各种数据精确化。例如，在西方的菜谱中，各种调料都精确到具体重量单位，不仅有精确的数据量化，还有对应的量化器具，应有尽有。

第三，思维的重点不同。中国文化属于技术型文化，中国古代有辉煌的技术，如火药、造纸、印刷术和指南针四大发明，但这些技术都是经验技术。西方文化属于科学型文化，大多数自然科学的原理、定律及影响世界的人文社会科学理论都是西方人发现或创立的，西方现代技术都是在科学理论的基础上发展而来的。

四、中西方不同的文化取向

从文化取向看，中国是“家族本位型”文化，西方是“个人本位型”文化。中国人的家庭倾向是儒家孝道文化影响而形成的。讲究孝道的观念实际上就是强调家庭的观念，儒家把家的观念推广到国家，家就成了中国社会组织中的一环，是中国社会的基础构成。西方人的个人倾向是受启蒙时代古典自由主义思想的影响形成的。对个人的关注和重视，深深浸润在他们的立国思想和对新的政体的设计中，而民主选举等制度从体制和机制上强化了个人主义的原则。

第一，是对家庭的观念不同。中国文化倾向“家族本位”，以家庭、家族、宗族为基本取向单位，以血缘关系为基础，以稳定、持久的家庭、家族和宗族为纽带，因此，中国人姓名的写法是象征家族的姓在前，而表示个人的名在后。西方文化倾向“个人本位”，人与人之间的关系以“自我依赖”为主要特征，近亲者之间的血缘纽带是暂时性的，没有永久的家庭和宗族基础，因此，西方人姓名的写法是表示个人的名在前，象征家族的姓在后。

第二，对待母亲的态度不同。中国社会是以母亲为核心的。女孩出嫁后，自己的家称为娘家而不称爹家，丈夫的家称为婆婆家而不称公公家。由此可见中国人爱母亲超过父亲。热爱母亲，是因为孩子一出生给予他乳汁的是母亲。从这个意义上来说，凡是有哺育意义的，都可称为母亲，比如把饮水的河叫作母亲河、把自己曾经上过的学校称作母校。西方社会以个人为核心，孩子结婚后独立为自己选择的生活负责，父母不再承担责任，孩子对父母也没有赡养义务。夫妻AA制，男女朋友也是AA制。因此，西方人对母亲的态度比较淡漠。

第三，维系人际关系的方式不同。中国人重视血缘关系。把非血缘关系的要转化为血缘关系。如把县长称为“父母官”，把人民军队称为“子弟兵”。西方人用契约方式处理人际关系，如结婚时神甫问男女双方是否愿意，无论生老病死、灾难贫穷，答曰“YES”，然后让双方互戴戒指，即是签订一种婚姻的契约。

五、中西方不同的文化认知

从文化认知看，中国文化属于“直觉型”文化，西方文化属于“理性型”文化。中国人的直觉思维是受儒家的“豁然贯通”、佛教的“顿悟”和道家的“悟道”影响而形成的。认为自然界是一个感性的现象世界，不可分析，只能感觉，不可通过推理来把握，只能通过直觉来领悟。西方人的理性思维是受古希腊哲学家的思辨哲学影响形成的。古希腊哲学家在观察自然界时，用理性思辨的力量对收集的材料进行推理和解释。影响了近代西方哲学家用自然科学的成果、理性的力量和思辨思维来回答现实生活中的问题。

第一，饮食的观念不同。中国人饮食观念比较注重“味”，在中国的烹调术中，对美味追求几乎达到极致。在品尝菜肴时，用“色、香、味”作评价菜肴的依据。西方是一种理性饮食观念。讲究营养，一天要摄取多少热量、维生素、蛋白质等等。即便口味千篇一律，也一定要吃下去，因为有营养。在宴席上，可以讲究餐具，讲究用料，讲究服务，不讲究菜肴的“色、香、味”。

第二，对吃的看法不同。中国人是很重视“吃”的，“民以食为天”的谚语就说明我们把吃看得与天一样重要。中国人重视吃的表现随处可见。例如：谋生叫糊口，工作叫饭碗，入不敷出叫寅吃卯粮，只消费而不生产叫坐吃山空，不能胜任叫干什么吃的，多管闲事叫吃饱了撑的，拒绝别人叫不吃这一套，负不起责任叫吃不了兜着走，在挫折中增长见识叫吃一堑长一智。西方人见面聊天一般不涉及吃、收入等私人问题，否则，别人会敏感地认为你要刺探其隐私，容易发生文化冲突，造成误解。

第三，劝告人的方式不同。中国人向人劝告的时候都非常直接，常用“应该”“不应该”“要”“不要”这些带有命令口气的词。比如，“天气很冷，要多穿点衣服，别感冒了！”“路上很滑，走路要小心！”“你要多注意身体！”“你该刮胡子了！”“你该去上班了！”等。西方人在向亲朋好友提劝告的时候，措辞非常婉转，比如，“今天天气很冷，我要是你的话，我会加件毛衣，”“你最好还是把胡子刮了吧！”即使是最亲密的人之间，也不会使用像我们那样的命令语气。否则，会被认为不够尊重自己独立的人格。

发表于《共产党人》2014 年第 21 期

中西方文化差异的探因

一、中西方不同的生态环境影响

在文化多样性的形成因素中，生态环境是最基本的影响因素。中国与西方的生态环境差异，导致他们在文明诞生时，就形成了不同的社会结构，而这种社会结构的差异在后来的历史发展中延续下来，又进一步对中国与西方的文化产生了广泛而深刻的影响。生态环境是因，文化类型是果。由于高原、丘陵、盆地、平原分布不均衡及所受太阳辐射、大气环流影响的不同，各地域的地貌与气候也各不相同。即使是同一地域内，也因地势高低的差别，往往会出现大同之中的小异，即“十里不同天”。地貌的复杂、气候的多样，构成了生态环境的复杂多样。生活在特定生态环境中的人群，须依赖自然、适应自然、利用自然以求生存与发展，久而久之，在其生产生活的实践过程中，逐渐形成了相对固定的思维模式、行为方式及价值取向。生活在江河之滨、深山密林里的居民，其生产生活依靠于捕鱼、狩猎，故其文化是渔猎文化；生活于气候湿热地区的居民，其生产生活依赖于农耕生产，其文化是农耕文化。

生态环境的复杂性、差异性，导致生活其间的居民在认识自然、应对自然、利用自然、改造自然的意识和方式上的差别，从而形成了文化的多样性。这种多样性，既表现在不同地域空间文化内容与形式的不同，也表现在不同社会历史时段文化内容与形式的差别。对生态环境认识的深度和广度不同，利用和改造自然环境能力的高低和方式就有差异，一般来说，对生态自然认知度浅，改造生态自然的技能就低；对生态自然认知度深，改造生态自然的技能就高。认识生态自然的深浅，改造生态自然技能的高低，决定了文化的式样不同，民间流传的“近水知鱼性，近山识鸟音”“靠山吃山，靠水吃水”等俗语，即是这一原理形象而精练的概括。各地居民万物有灵的意识、神话传说等，无不与其生存的生态环境有着直接或间接的联系。

中西方位于不同的东西半球，自然地理环境方面的不同造就了中西方人们对自然的不同认识，也间接影响了早期的思想萌芽。人与自然的观念差异是造成中西文化差异的一个关键点，对于人与自然的关系的探讨，中西方也存在不同的思维路径。中国传统自然观在人与自然关系上认同“天人合一”，主张“顺天”“服天”，与“天命”一致，不违背自然规律。西方传统自然观坚持“天赋人权”的观点，认为人是能动的，自然则是被动的，人高于自然，能认识、控制和征服自然，即他已经体悟到人类能用理性去探究自然的奥秘和规律，并将他应用到人类的生产和社会实践中去，以达到人类预期的目的。“天赋人权”的自然观，是西方传统自然观的基本精神。

二、中西方不同的宗教信仰影响

宗教作为一种文化现象，在人类社会发展进程中扮演着十分特殊的角色。宗教作为文化的聚结点和辐射点，对区域文化的影响是全方位的，这种全方位的影响力造就了宗教对文化的强势影响作用。在多样性文化中，宗教的地位与作用是各不相同的，因此也形成了宗教与文化关系的不同模式。伊斯兰教与阿拉伯民族文化，是宗教与文化合一的关系模式，在这种模式中，宗教决定文化各个方面的特性及其发展；基督教与西方文化，是宗教在文化中占有核心地位的关系模式，在这种模式中，宗教是文化发展的主导力量之一；多元宗教与中华文化，是宗教文化构成文化的有机成分的关系模式，在这种模式中，各种宗教之间是多元通和的，宗教虽不是文化发展的主导力量，但对文化的发展具有重要影响。

宗教的形成，使文化具备了精神内核，使不同文化特性得以确立。中国传统文化是一个以儒家的人文学说为核心、以宗法性传统宗教为基础性信仰的，人文与神道互补、本土信仰与外来宗教并存、多民族多宗教的多元通和模式，各种宗教对中华民族的主流文化都发生了深刻影响。中华民族文化虽然在整个历史上看并非以宗教为主导，但宗教在其早期的民族文化中却居于核心地位。夏人、商人、周人是中华民族结构内最早的民族族群，敬天尊祖的宗法性宗教是这三个朝代的国家宗教。特别是周代，在全面改造夏代、商代国家宗教的基础上，完善了体现宗法道德的国家宗教，形成了融神道与人道为一体而人文色彩浓厚的“礼乐文化”，它所孕育的后来成为中国文化核心的儒学，极大地影响了中国文化的发展方向。从基督教在西方哲学史上的地位看，“教父”哲学是基督教哲学的早期形态，奠定了西方文化的特色，基督教经院哲学则是中世纪欧洲的最高精神成果，近现代西方哲学虽然摆脱了神权中心论，但它的每一个发展阶段，都没有离开与基督教的关系和基督教所提出的思想主题。

三、中西方不同的民族习俗影响

中西方不同的民族性格和不同的民族习俗，孕育出了不同的中西文化。

在民族性格上，一是中华民族注重群体认同，西方民族注重个体本位。以儒家学说为主流的中华民族传统思想，其宗旨是以维护国家安定，群体和谐为基点。由此产生了个体只有克制自己，服从群体，以家国的需要为需要的世俗文化；西方民族把人们对家族承担的责任引向对超越家庭的精神权威和宗教力量的效忠上，进而产生上帝面前人人平等的文化。二是中华民族重道义，西方民族重功利。中国以儒家伦理刚常为核心的思想，产生了建立在道德理性和感情欲望对立的基础之上的义利观，它着眼于用道德的理性去克制感情欲望，使义和利、整体和个人关系得到调节和控制。西方的功利思想，产生了建立在等价交换的原则基础之上的功利主义价值观。由于基督教把这种功利主义价值观宗教化，就使西方人形成了人唯求新，器唯求利的社会心理。三是中华民族趋于内向，西方民族趋于外向。中国以儒家注重内向自求的思想，产生了内向性的思维方式。内向性思维又使中国人产生了求稳的心理和好静的性格，只有静才能体悟自然，才能悟出人生真谛，寻求人际和谐。西方外向型的思想，形成了西方人具有很强的开拓求新的民族性格。

在风俗习惯上，一是在交际语言方面存在差异。中华民族受儒家文化影响颇深，儒家所宣扬的“礼”反映在社交称谓上是对长幼尊卑的不同称呼：晚辈对长辈不可以直呼其名，而是要用敬称代替，下级对上级也是如此。如果不注意这种社交称谓上的礼仪，就会被认为是缺乏礼貌教养的行为，会被人所诟病。而西方则倡导人人平等的理念，并不十分在意长幼有序这样的中国传统礼仪。在西方，日常都可以直呼其名，大家也并不觉得有什么不妥，反而如果在称呼上大分等级的话会让他们感觉十分不舒服。二是在处事方面存在差异。中华民族长期受儒家“礼”“义”思想的熏陶，行事处世大都奉行中庸的方式，喜欢凡事不温不火，不喜高调和锋芒毕露的作风。在与别人交往的过程中往往是顾虑别人的想法感受多于自己，所以常常会有言不由衷的情况发生。西方民族向来追求简洁明了的行事作风，凡事不喜欢模糊的托词和不明不白的态度。说话做事都很直接，很少顾虑到对方的心理感受。三是在礼仪方面存在差异。中华民族从古至今大多都以左为尊，在宴请客人时，要将地位很尊贵的客人安排在左边的上座，然后依次安排。西方民族则是以右为尊，男女间隔而座，夫妇也分开而座，女宾客的席位比男宾客的席位稍高，男士要替位于自己右边的女宾客拉开椅子，以示对女士的尊重。另外，西方人用餐时要坐正，认为弯腰、低头，用嘴凑上去吃很不礼貌，但是这恰恰是中国人通常吃饭的方式。吃西餐的时候，主人不提倡大肆的饮酒，中国的餐桌上酒是必备之物，以酒助兴，有时为了表示对对方的尊重，喝酒的时候都是一杯一杯地喝。

四、中西方不同的经济形态影响

中西方文化受不同的社会经济形态影响也是恒久而深刻的。中国的传统经济是典型的自给自足的自然经济。在远古时代，人们主要靠狩猎获取食物，猎物是游动的，单个人很难获取猎物的，需要多人的合作才能完成。因此，群体意识、家族意识就比较浓厚。春秋战国后随着私有制的产生出现了地主和自耕农，个体劳作的生产方式一直延续到近现代。小农经济自给自足的特征使人们缺乏对外界的联系，视野狭窄，文化相对闭塞，在这种农业社会中，人们意识到丰收离不开风调雨顺，生存离不开自然的恩赐，进而悟出了“万物一体”“天人合一”的思想，所以中国文化注重内向自求，重心术：“正心、修身、齐家、治国、平天下。”在封建君主专制下实行的是“家国同构”的政治制度，以家庭伦理道德规范外推为国家统治秩序，是

“人治”。以家庭为重的观念使人们在群体行动中容易服从某些特定的权威，不喜欢坚持个人的权利，这种“农业文明性格”造就了东方人注重伦理道德，求同求稳，以“和为贵，忍为高”为处世原则。

西方文化的发源地希腊半岛及其附近沿海地区的经济形态是手工业、商业、航海业比较发达，引起了古希腊哲学家对天文、气象、几何、物理和数学的浓厚兴趣，逐渐形成了西方注重探索自然奥秘的科学传统。西方文化以自然为认识对象，把自然人化，使思维对象指向自身而非自然。西方人受殖民生活影响，拓荒者为了挣脱殖民者的羁绊，他就要独立自主、发展自身经济。这种精神逐渐形成了追求自立、张扬个性的文化。到了近代，西方实验科学迅速发展，特别是工业革命以来，由于受到大工业生产方式所特有的组织性、科学性、民主性的陶冶，“公平理论”“自我实现理论”“竞争精神”得到发扬。这种“工业文明性格”造就了西方人有较强的斗争精神和维护自身利益的法律意识，以独立、自由、平等为处世原则。近现代的市场经济制度确立以后，市场经济中明晰的产权制度增强了尊重个人权利和保护私有财产的意识，市场经济中诚信原则增进了人们自觉遵守约定、讲究信誉的理念，市场经济中公平竞争和优胜劣汰的原则促进了“上帝召唤”的正当合法获取报酬的观念。

发表于《共产党人》2014 年第 24 期

中西方文化的比较研究

一、中西方文化基础比较

中西方文化发展的基础在于其多样性。多样性的文化更具活力，更具互补性；单一的文化更容易消亡。多样性的文化适应变化的能力更强；单一的文化类型容易僵化、保守，难以适应时代的发展。在中华民族发展的历史上，许多种族消亡了，比如匈奴、鲜卑、契丹、党项等等，这固然有与外来种族入侵、物质生产的落后有关，但文化的单一和落后也是其消亡的重要原因之一。虽然这些文化消失了，但它们存在的历史价值却十分巨大，它们以自我的消亡为其他民族和文化提供了充分的营养。中华文化之所以源远流长、长盛不衰，正是因为它的多样性，中华文化不仅仅是指汉族文化，而且包容了 56 个民族的多样文化，同时吸收了佛教、基督教等外来文化，而构成了光辉灿烂的文化乐章。同样，西方文化之所以繁荣昌盛，也是与它在发展过程中不断吸收整合各种文化分不开的，如古希腊文化、古罗马文化和希伯来文化的整合构成了西方文化的主体。

中西方文化发展的交会点在于多样性。由于文化的多样性，才使得文化的交流具有更大的意义。文化的差异越大，文化的多样性越强，其融合的过程也越艰难，但融合所产生的文化的发展性也越大。世界文化是不同多样性文化的对立和统一，中西方文化存在着明显差异，是不同的文化类型，二者之间有着显著的对立，但中西方文化之间始终存在着紧密的联系。

中西方文化之所以能够交流、共存，原因在于：

第一，从空间上看：尽管中国文化产生于东亚大陆，西方文化产生于欧洲。二者相隔数万里，似乎是独立的完成了文化的起源。但是，毕竟我们生活在同一个地球，同在与风雨雷电等自然环境的长期斗争中，在满足衣食住行等物质需要的基础上，逐步形成了某种稳定的生产和生活方式，从而产生了文化。无论是中国文化还是西方文化，其产生的目的和所形成的基础都是一致的。都是为了社会整体的运行，逐步形成的道德、习惯、法律等文化范畴，都以规范人们行为为目的，而文学艺术都是人类生活的高度反映，同时也是统一人们思想、娱乐生活的工具。

第二，从时间上看：中国文化和西方文化形成的时间大致相同。中国文化成熟于春秋时期儒家文化的兴盛，西方文化成熟于古希腊文化的繁荣，在公元前2500年左右。当时的中国和古希腊都处于奴隶社会末期，社会急需新的思想来引领改革。比如，孔子和苏格拉底二者就有很多相同之处。孔子（公元前551—前479）与苏格拉底（公元前469—前399）分别是中国文化和西方文化的代表人物，基本上处在同一时代。孔子和苏格拉底生活的时代，东西方还是彼此相互隔绝的，但是二人在教育思想上却有很多惊人的相似之处。在教育的对象上，二人都主张“有教无类”，推动了教育和文化的普及。在对教育作用的认识上，二人都高度肯定教育的重要价值，认为教育的目的是培养德才兼备的人才。在教育方法上，二人都注重启发式教学，鼓励受教育者独立思考，反对直接给出结论的灌输式教学。

第三，中西方文化有着许多共同点。中西方文化都具有较长的历史，都具有完整的体系，中西方文化都具有无限的创造能力，具有强大的自我修复能力。如中国在西周后期出现的那一段黑暗期，魏晋南北朝以及再到后来的半殖民地半封建时期，中国文化都面临着消亡的断层危机，但在之后却都出现了生机勃勃的发展新时代。对于西方来说，在希腊文明的衰落期，在黑死病时期，西方文明也没有断层。不得不说中西方文化都具有这样一种强大的文化自我修复能力，修复能力在于它的无限创造性，这为中西方文化的交流提供了结合点。

二、中西方文化发展的过程

与中西方文化冲突相对应的是中西方文化的交流交融。如果文化冲突是不同质的文化相遇后所发生的排斥现象的话，那么文化的融合则是不同质的文化之间的相互补充和相互整合的过程。

交流与融合是相互的，中西方文化交流的基本线索包含西方文化对中国文化的影响（“西学东渐”）和中国文化对西方文化的影响（“中学西传”）两个方面。中西方文化的交流与融合主要是从近代17世纪开始的。在17世纪以前，中西方文化各自独立的发展了自己独特的文化。从西方文化对中国文化的态度发展来看，经历了17世纪“好奇”、18世纪“赞美”和19世纪“不屑”的过程。而中国文化对西方文化则经历了17世纪“礼遇”、18世纪“淡漠”和19世纪“震惊”的过程。近代以来，“西学东渐”主要经历了启蒙时期：科技文化、政治文化、精神文化的进入；探索时期：问题与主义之争、马克思主义中国化、前苏联文化影响；曲折时期：封闭与半封闭、中断与悬搁；开放时期：复苏与传播、冲突与重构、借鉴与创新。而在“中学西传”的过程中，主要经历了文明西传：如道德文化、科举文化、文学艺术等；思想西进：如儒家思想、道教哲学、中国禅宗等；方法论西渐：如整体思维、古代兵法、阴阳思想等过程。

三、中西方文化发展的趋势

中西方文化的波浪式发展规律。全世界的文化本来就是应该融合的，融为一体的，觉得哪个好就用哪个，自然而然是文化从先进的往落后的一边流的，就跟水一样，就叫“洼地效应”。就是说先进的文化地区已经走到比较发达的阶段，他的文化就一定会被比较落后一些的地区所吸收。

中西方文化互相依存，互相包含，从而形成了我中有你、你中有我的关系，在中西方文化相互融合和转化的过程中，彼此的优势和力量此消彼长。

第一阶段：公元元年以前，中西方文化独立发展，各自成为当地轴心文化，属于文化定型阶段。以孔子为代表的儒家文化是中国文化的根本，到了汉代董仲舒“罢黜百家，独尊儒术”使得儒家文化占据了中国文化的统治文化。西方文化的源头是古希腊文化和古罗马文化以及希伯来文化的综合。古希腊文化提供了科技文明，古罗马文化提供了制度文明，而希伯来文化提供了信仰文明。中西方文化仿佛是太极图中的阴阳两极，此时还没有交会，形成了双峰对峙的局面。

第二阶段：公元元年到公元12世纪，中国文化继续发展，到了唐代达到了封建文化的巅峰，成为当时世界文明的核心，无论是科技、人文还是艺术等方面都遥遥领先于西方文化。而当时的西方国家正处于黑暗的中世纪，实行政教合一的专制统治，遏制自由，西方文化不仅没有发展，而且呈现没落之态。

第三阶段：公元13世纪到20世纪，中国到了宋代以后，文化逐步衰落，逐渐退出世界中心，文化封闭，思想保守，自以为是，孤芳自赏，使得中国面对崛起的西方列强不知所措。而欧洲则以文艺复兴运动为铺垫，以工业革命为导火索，通过资产阶级革命运动，使得资产阶级以崭新的力量走上了历史的舞台。科学技术突飞猛进，自由、平等、人权的观念深入人心。这一阶段西方文化占据了绝对的上风，凭借着坚船利炮，西方国家打开了保守中国的大门。自近代以来，西方文化的入侵，使得中国文化受到了严重的冲击和挑战。

第四阶段：改革开放以来，中国社会以积极的心态迎接世界的挑战，在经济高速发展的同时，传统文化的复兴逐步实现。尤其是进入21世纪之后，中国完全融入了世界文化，并以一个崭新的强大的大国姿态挺进国际舞台，体现了中国梦的巨大文化底蕴。而一度认为是绝对真理的西方文化在当前却遭遇了前所未有的挑战。经济垄断、工业文明的弊端逐步显现，金融危机、美元货币体系的瓦解，人与环境的矛盾越来越尖锐，资源的匮乏，民族矛盾，恐怖主义的威胁等等，都使得西方文化受到了巨大的冲击。而对于中国的崛起，一些西方政治家感到了无比的恐惧。一方面不断预言“中国崩溃论”，希望“中国崩溃”，然而，中国越发展越好、越发展越快，结果“中国崩溃”论“崩溃”了。他们仿佛看到了一头巨龙已经醒来。他们又推出“中国威胁论”，主张“遏制中国”。然而，这些论调都是徒劳的。中国既不会“崩溃自己”，也不会“威胁他人”，中国在世界的影响力越来越强。

发表于《共产党人》2015年第3期

后 记

2015年8月，我从自治区公共资源交易管理局党组书记、局长工作岗位上退下来以后，只履行自治区政协常委职责，可支配时间充裕，就静下心来整理自己撰写的各种文稿。我的文稿主要包括工作汇报、工作总结、读书体会、讲课教案、讲话稿和公开发表的论文等。分类整理以后，感觉公开发表的论文还有些参考价值，也怕散落以后不好保存，便产生了出版一个文集的想法。

我不是专门从事理论研究工作的，所写论文的理论性和专业性都不强。更多的是对我所从事工作实践的认识和感想。在我的人生经历中，工作涉及的行业比较多，传统的工农商学兵政党七个行业，我除了没有经商以外，其他六个行业我都经历了。因此，所写文章涉及的行业领域也相对多一些，涉及的行业多了，对每个行业的研究也只能是浅尝辄止。

我的论文涉及的行业有思想政治工作、高校后勤工作、行政管理工作、经济工作等。涉及的学科有政治学、经济学、心理学、教育学、管理学等，几乎是大杂烩。文集收集了我从1988到2017年30年间发表的51篇论文(其中核心期刊9篇、中国人民大学复印报刊资料全文复印2篇)。编辑时分为思政篇、经济篇、心理篇、管理篇和文化篇。这些文章是我在几十年工作中的心得体会，反映了我在工作的每个阶段，每项工作中的一些粗浅认识。

文集整理好了，付梓之际，有一种轻松愉快的感觉，终于了却了我的一个心愿，这是对自己几十年的写作历程的总结，也是自我心情的总结。

另外，我的硕士答辩论文只有部分内容公开发表，也全文收录本书中。在文集编辑时，对文章中的标题级别做了尽可能的统一。文集中有的论文是与同事合作完成的，有的是与我的研究生共同探讨一个问题后完成的，由于以个人名义出版文集，在编辑论文时只注明发表期刊和时间，合作者恕不一一列举。在此特作说明。

最后，我要特别感谢的是指导和帮助完成硕士论文的我的导师欧阳仑教授、徐永富教授、胡月星博士、张丽锦博士，还应感谢我的研究生张玉萍、季光旭、强国龙、孙玲、王君和张虹等给予我的帮助。

作 者

2017 年 8 月于银川